DAS
ÜBERNATÜRLICHE

DAS ÜBERNATÜRLICHE

Ein Einblick
in eine
ungeklärte Welt

tosa

BILDNACHWEIS:

INHALT

Zum Medium geboren? 7

Die geheimnisvolle Päpstin 12

Ein weiblicher Vampir? 13

Außerirdische mit grünen Fingern 16

Eisige Aussichten 19

Das chinesische Orakel 24

Der Geist der Schafgarbe 25

Die 64 Hexagramme 26

Eine spanische Bildergalerie 28

Ein unergründbares Geheimnis 31

Natürlich oder übernatürlich? 35

Das göttliche Antlitz 38

Der kosmische Orgasmus 40

Energievergeudung? 40

Tod durch Magie? 44

Warum starben die Mammuts aus? 47

Träume werden wahr 52

Ein Kriegsomen 55

Außerirdische greifen ein 56

Paranormale Zahnheilkunde 60

Sex, Sünde, Sakrament 63

Nur halb bei Verstand? 68

Sinistre Fähigkeiten 69

Wo lag Atlantis? 73

Zu neuen Ufern der Wissenschaft 76

Legionen der Hölle 80

Eine Welt aus Eis 82

Über das Gehirn hinaus 84

Spirituelle Reisen 88

Das Königshaus Christi 91

Maria Magdalena – Die Braut Christi? 93

Entführungen: Die Hintergründe 96

Multiplikationseffekte 98

Von Halluzinationen verfolgt 99

Unheilbringende Sterne 104

Homöopathie – Heilverfahren oder Humbug? 108

Die Bachblütentherapie 109

Telepathische Botschaften 112

Telepathie-Spiele 114

Große UFO-Spektakel 116

Mondsüchtige Theorien 119

Von kosmischen Stürmen 124

Der Jupitereffekt und andere Phänomene 126

Der Reiz der Meerjungfrau 128

Mit Träumen arbeiten 132

Teufel in Menschengestalt 135

Sexualmagie 137

Leuchtende Menschen 140

Farbentalent 142

Sinnestäuschungen 144

Eine Sinnestäuschung? 146

Das Rätsel von Ripperston 148

Ein tibetanisches Wunder 152

Herr, erlöse uns 153

Jungfrauen mit heidnischer Vergangenheit 155

Die Vermehrung der Jungfrau Maria . . 158

VORWORT

Eine erstaunliche neue Welt öffnet sich vor unseren Augen. Eine Welt, die Wissenschaftler und Skeptiker gleichermaßen verblüfft. Eine Welt, die jeden von uns fasziniert. Eine Welt, die sich rationalen Erklärungen entzieht.

Das Übernatürliche enthält das gesamte Spektrum des Unerklärbaren. Dieses Buch führt Sie von den tiefsten Ebenen des Unterbewußtseins bis ins Weltall zu Wundern und Geheimnissen, die Ihre Phantasie beflügeln. Mit seinen mehr als 50 Berichten über seltsame Phänomene, neue Horizonte, mentale Kräfte, Rätselhaftes und Außerirdisches könnte dieses Buch Ihr Leben ändern …

Willkommen in der Welt des Paranormalen …

ZUM MEDIUM GEBOREN?

Hellseher verwenden manchmal eine Kristallkugel als Konzentrationshilfe. Manche Forscher glauben, die Gabe der Hellsichtigkeit sei angeboren und lasse sich durch Ernährung oder sexuelle Enthaltsamkeit beeinflussen.

Haben manche Menschen aufgrund ihrer Rasse oder gar ihrer Blutgruppe

mehr Veranlagungen als andere zu parapsychologischen Fähigkeiten?

Eine umstrittene Theorie versucht zu beweisen, daß mediale Fähigkeiten

erblich sind.

Ein Medium ist eine Person, bei der sich außersinnliche Wahrnehmungen – wie Telepathie, Hellsehen oder Präkognition – in außergewöhnlichem Maße zeigen. Über einen bestimmten Anteil von *Psi* (ein anderer Ausdruck für solche medialen Fähigkeiten) verfügen wahrscheinlich alle Menschen, und er ist vor allem im Jugendalter leicht zu erkennen. So haben kleine Kinder oft eine telepathische Verbindung mit einem Bruder oder der Schwester und fast immer mit einem der Eltern, zumindest so lange, bis sich eine intensivere verbale Verständigung entwickelt. Der Psychiater Dr. Berthold Schwarz registrierte immerhin 1520 Episoden von *Psi* bei seinen eigenen Kindern vor ihrem fünfzehnten Lebensjahr. Er schloß daraus, daß Telepathie unter Familienmitgliedern sehr viel häufiger ist als oft angenommen; weil solche telepathischen Verbindungen jedoch selten sehr bedeutend sind, werden sie nicht wahrgenommen.

Der englische romantische Dichter William Wordsworth (1770–1850), links unten, glaubte, Kinder seien fleischgewordene „wehende Wolken der Glorie" und daher mit dem Spirituellen noch in Kontakt. Erst beim Heranwachsen gehe dieses unschuldige Verstehen verloren.

muß die telepathische Verbindung eher unbewußt stattgefunden haben, meßbar nur in den physischen Schwankungen des Blutdrucks.

Die mediale Aufmerksamkeit läßt wahrscheinlich nach, wenn ein Kind zu sprechen beginnt und lernt, sich auf ein Spielzeug in seiner Hand zu konzentrieren. Wenn es älter wird, läßt es sich nicht mehr von einer tickenden Uhr oder vorbeirauschendem Verkehr ablenken; und in dem Prozeß des Aussonderns solcher unwichtigen Daten dürfte es sich auch unwillkürlich gegen Informationen abschirmen, die es auf telepathischem Wege erhält.

Es gibt dennoch verschiedene mögliche Gründe, warum manchen Kindern ihre medialen Fähigkeiten anscheinend auch in ihrem späteren Leben erhalten bleiben. Ein Kind, das sich vernachlässigt oder ausgegrenzt fühlt, kann sie zum Beispiel besonders pflegen und öffentlich zeigen, um Aufmerksamkeit zu erregen.

Untersuchungen zeigten, daß Umweltfaktoren oft psychische Fähigkeiten beeinflussen. Zum Beispiel führen Tibeter wie die Mönche unten traditionell beinahe isoliert vom Rest der Welt ein einfaches, spirituelles Leben und haben nach Ansicht vieler besonders starke psychische Kräfte.

Manche halten die Ernährung für eine Hauptursache von PSI. Im Westen suchen viele das Heil in vegetarischer Ernährung. Doch sind auch Völker, die sich fast ausschließlich von Fleisch ernähren, wie die Eskimos, rechts unten, legendäre Hellseher.

Ein anderer Grund, warum diese Form von *Psi* unbemerkt bleibt, besteht in der Tatsache, daß es uns oft gar nicht bewußt ist, daß wir telepathische Informationen empfangen. Vor einigen Jahren versuchten Forscher der Ingenieurschule von Newark im US-Bundestaat New Jersey dies im Laborversuch zu beweisen. Zwei Freiwillige wurden in zwei unterschiedliche Räume gesetzt; einer erhielt eine Liste mit Namen, von denen nur einige im Leben der anderen Versuchsperson eine Rolle spielten; diese war an ein Meßgerät angeschlossen, das Schwankungen des Blutdrucks aufzeichnete. Zu Beginn des Experiments wurde die Person mit der Liste angewiesen, sich in beliebiger Reihenfolge auf die verschiedenen Namen zu konzentrieren. Nun zeigten sich immer dann, wenn ein Name an der Reihe war, der dem anderen bekannt war, Veränderungen im Blutdruck. Folglich muß der Empfänger die Informationen auf einer unterschwelligen Ebene erhalten haben: Da der Sender nirgends erkennen ließ, daß er an einen bestimmten Namen dachte,

Der vielseitige britische Schauspieler Michael Bentine hat sich auch dem Spiritualismus verschrieben. Eindeutig extrovertiert, ist er die lebende Bestätigung der These, daß offene und warmherzige Menschen für Psi besonders empfänglich sind. Manche gehen sogar so weit zu sagen, der Körperbau mache eine Person mehr oder weniger medial begabt. Von den drei klassischen Körperbau-Typen nach W. H. Sheldon, unten rechts, schneidet der knochige, introvertierte ektomorphe Typ bei ASW-Tests am schlechtesten ab.

Die Szene links stammt aus J. B. Priestleys Stück „an Inspector Calls", in dem es um die kollektive Schuld einer ganzen hochangesehenen Familie am Selbstmord einer jungen Frau geht. So wie mediale Begabungen in einer Familie durchlaufen, kann vielleicht auch ein Gruppenschicksal ererbt werden.

Ein Versuch, Psi mit physiologischen Eigenschaften zu verbinden, wurde von französischen Forschern in den sechziger Jahren unternommen. Sie stellten fest, daß medial begabte Personen gut behaart zu sein pflegten, sich leicht verletzten und bluteten und zu Bänder- und Sehnenschwäche neigten. Der amerikanische Psychologe Dr. W. Sheldon versuchte ebenfalls, mögliche Verbindungen zwischen körperlicher Anlage und Persönlichkeit festzustellen, allerdings wurden seine Theorien angefochten.

Sheldon untersuchte eine große Anzahl von Personen und fand heraus, daß menschliche Körper nach drei Typen beschrieben werden können: dem endomorphen, dem mesomorphen und dem ektomorphen. Manche fallen jedoch nicht ausschließlich unter eine dieser Kategorien, sondern stellen eher eine Mischform dar.

Der endomorphe Typus ist körperlich gedrungen und in emotionaler Hinsicht umgänglich: er liebt Bequemlichkeit, Essen und Trinken und Geselligkeit; wenn er sich unglücklich fühlt, braucht er andere Menschen. Am bemerkenswertesten ist, daß der endomorphe Typus extrovertiert ist, und extrovertierte Persönlichkeiten schneiden in parapsychologischen Experimenten wesentlich erfolgreicher ab als introvertierte. Andere Eigenschaften, die mit hohen Werten in den ASW-Tests verbunden sind, sind Wärme, soziale Kompetenz, Heiterkeit und Begeisterungsfähigkeit. (Interessanterweise scheint dieser Befund dem Zeugnis von Mystikern zu widersprechen, nach dem soziale Isolierung und Fasten Psi erhöht.)

Der mesomorphe Typus ist nach Sheldon ebenfalls eher extrovertiert, verfügt über einen athletischen, muskulösen Körperbau, ist zäh, schnell, beweglich und abenteuerlustig. Parapsychologen haben entdeckt, daß Personen mit diesen Eigenschaften ebenfalls bemerkenswert gut in ASW-Tests abschneiden.

Am anderen Ende der Sheldon-Skala befindet sich der ektomorphe Typus von schlankem, knochige Körperbau, der reizbar, angespannt und schüchtern ist und zu Zurückhaltung und Niedergeschlagenheit neigt. Diese Menschen weisen häufig schlechte Resultate bei ASW-Labortests auf. Ungeklärt ist jedoch noch, ob Introvertierte mehr spontane ASW-Erfahrungen haben.

Ein anderes Charakteristikum des Mediums sowohl in primitiven wie in zivilisierten Kulturen besteht möglicherweise in Störungen der elektrischen Hirnfunktio-

Es mag außerdem herausfinden, daß das Wissen um etwas völlig Ungewöhnliches ihm soziale Bestätigung und Genugtuung verschaffen kann. Bestimmte Faktoren können dann den Grad bestimmen, in dem die mediale Sensibilität nachläßt: so ihre ursprüngliche Intensität; die Haltung, die die Gesellschaft, der das Individuum angehört, gegenüber solchen Phänomenen einnimmt; und schließlich die Wirkung von Klima, Ernährung und Berufstätigkeit. Auch dürften individuelle Erfahrungen eine Rolle spielen. So wird z. B. jemand, der ein Ereignis im Traum vorausgesehen hat, in der Folge allen seinen Träumen wesentlich mehr Aufmerksamkeit schenken, um herauszufinden, ob seine nächtlichen Visionen tatsächlich ihre Bestätigung in der täglichen Wirklichkeit des Wachzustandes finden.

Es ist interessant, daß Psi sehr viel häufiger bei bestimmten Völkern auftritt als bei anderen – insbesondere bei Sinti und Roma, Kelten und Basken, bei denen seltsamer- und vielleicht bezeichnenderweise ein negativer Rhesusfaktor ungewöhnlich häufig ist.

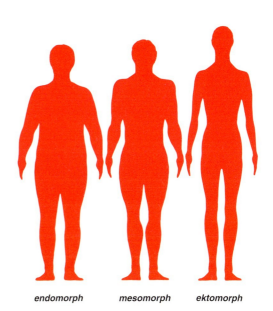

endomorph   mesomorph   ektomorph

nen, ganz besonders in Form von Epilepsie, die früher und z. T. auch heute noch bei einigen Völkern als „Heilige Krankheit" galt. Als z. B. der Anthropologe Adrian Boshier unter primitiven Stämmen in Südafrika lebte, wurde er von ihnen vor allem wegen seiner epileptischen Anfälle akzeptiert. Auch soll das bekannte Medium Leonora Piper (1950) von „kleinen epilepsieartigen Anfällen" heimgesucht worden sein, bevor sie in Trance fiel. Weitere Fakten lieferte ein Aufsatz des amerikanischen Parapsychologen William G. Roll im *European Journal of Parapsychology* unter dem Titel *Auf dem Weg zu einer Theorie des Poltergeist-Phänomens.* Er vermutete, daß Epilepsie vielleicht mit Poltergeist-Aktivität zusammenhängt und daß ein besonders lebhaftes Beispiel dieses Phänomens gleichbedeutend mit einer Attacke des *grand mal* ist.

Die Vorstellungen, Sitten, Glaubensinhalte und Überzeugungen der sozialen Gruppe, in die ein Kind geboren wird und in der es aufwächst, wirken sich in jeder Hinsicht auf seine Entwicklung aus. Ein besonderer

Vincent van Goghs „Sämann", unten, ist zwar objektiv kein realisitisches Gemälde, doch von dem Glauben an die Realität der Vision getragen – als hätte van Gogh die Szene objektiv so erlebt, wie er sie malte. Er war den größten Teil seines Erwachsenenlebens geistig instabil und erlebte vielleicht gleiche neurologische und emotionale Zustände wie manche großen Mystiker und Heiligen.

ganisiertes Leben frei von Zwängen von Ordnung und Routine führen und dadurch lockerer und aufnahmefähiger sind. So läßt sich den Studien seit Beginn des 20. Jahrhunderts mit Sicherheit entnehmen, daß *Psi* eher bei Personen auftritt, die sich dieser Erfahrung bewußt und unverkrampft, gleichsam in einer Art Selbstaufgabe, auszusetzen versuchen.

Dies könnte auch der Grund sein, warum bestimmte Personen so schlecht unter Laborbedingungen reagieren. Die kontrollierte Umgebung setzt die Versuchspersonen offensichtlich unter den Erwartungsdruck, ob sie über mediale Fähigkeiten verfügen oder nicht und kann daher das Ergebnis beeinflussen. Z. B. reagieren die Personen positiver, wenn sie guter Laune sind. Auch ein gutes Verhältnis zum Parapsychologen mit einem Gefühl des gegenseitigen Vertrauens ist dem Ausgang des Experiments förderlich. Bei Telepathieversuchen ist auch die Beziehung zwischen Sender und Empfänger von Einfluß. Studien haben überdies ergeben, daß Personen, die mit der Erwar-

Grad an paranormaler Begabung kann sogar akzeptiert und rationalisiert werden. Im alten Griechenland z. B. oder später in Japan (wo es bis ins 19. Jahrhundert ein Ministerium für Weissagung gab), und in Afrika sogar noch heute, kann eine merkwürdige Veranlagung eines Kindes durchaus respektiert und gefördert werden. In einer vorwiegend industriellen Gesellschaft wird sie dagegen als Betrug oder Wahnsinn abgewehrt. Anderswo kann die Meinung dagegen gespalten sein, insbesondere dort, wo nicht zwischen medialen und spirituellen Aktivitäten bzw. dem Paranormalen und dem Übernatürlichen unterschieden wird.

Die Rolle, die die natürliche Umgebung bei der Bestimmung von *Psi* spielt, ist schwer festzumachen. Es scheint häufiger bei Nomaden als bei seßhaften Völkern vorzukommen, vielleicht weil jene ein weniger or-

Der Anführer der Trans-Antarktis-Expedition von 1914 bis 1916, Sir Ernest Shackleton (1874–1922), halluzinierte vielleicht als Folgen der extremen Strapazen und der mangelhaften Ernährung ein zusätzliches Mannschaftsmitglied. Mindestens zwei seiner Kameraden ging es genau so. Andere Entdecker machten ähnliche Erfahrungen. Manche Forscher führen das auf Kalzium- und Zuckermangel in der Nahrung zurück.

tive Folks (Medien unter primitiven Völkern) legt nahe, daß eine homosexuelle Veranlagung die Entwicklung zum Medium fördert. So könnte sein, daß diese Art von Persönlichkeit, die empfindlich für die Gefühle und Probleme beider Geschlechter ist, zutiefst unsicher in der Erfahrung ihrer eigenen Orientierung ist, was sie im Gegenzug stärker für *Psi* sensibilisiert.

Die unterschiedlichsten Motive können natürlich für das Streben nach paranormalen Kräften maßgeblich sein: wissenschaftliche Neugier, das Gefühl einer Berufung, die Sucht nach Ruhm oder der Lockruf von Geld und Macht. Manche Menschen suchen dagegen nicht aktiv nach *Psi,* sondern werden von ihm aufgesucht. So kann der fastende Einsiedler, der nur Ruhe und Einsamkeit für sein Gebet sucht, plötzlich durch telepathische Eindrücke abgelenkt werden, die er nicht ignorieren kann.

Ob *Psi* willkommen ist oder nicht, ob es akzeptiert oder unterdrückt wird und welche Faktoren es immer beeinflussen, so müssen doch wesentlich mehr Unter-

tung negativer Resultate ins Labor gehen, diese auch hervorbringen, während diejenigen mit einer positiven Haltung auch höhere positive Werte erzielen. Eine Untersuchung kam sogar zu dem Schluß, daß Telepathie sich am häufigsten in Vollmondnächten ereignet.

Unwillkürliche mediale Erfahrungen sind genau wie die unter Laborbedingungen ebenfalls vom mentalen Befinden abhängig; da jedoch die meisten Vorfälle nur unzureichend dokumentiert sind, sind die exakten Voraussetzungen dieser Erfahrungen noch schwieriger zu bestimmen. Wer eher müde und abgespannt ist, mit niedrigem Blutdruck oder in einem Zustand zwischen Wachen und Schlaf, scheint offener für außersinnliche Eindrücke zu sein als jemand, der ausgeschlafen, aufmerksam und konzentriert auf eine bestimmte Sache ist. Auch scheinen wir gerade nach der Meditation empfänglicher für *Psi*-Erfahrungen zu sein, was sowohl durch persönliche Erfahrungen und klinische Untersuchungen bestätigt wird.

Wer auf außersinnliche Wahrnehmung Wert legt, kann sie also mit Meditation und anderen psychophysischen Techniken anregen, wie Yoga- oder Atemübungen. Rhythmisches Singen, Trommeln, Chorgesang und Tanz wurden seit jeher ebenfalls eingesetzt, um mediale Fähigkeiten zu befördern.

Bewußte Ernährung

Auch spielt die Ernährung eine Rolle. Vegetarische Diät gilt als zuträglich für mediale Kräfte, jedoch sind viele Ethnien, bei denen *Psi* besonders verbreitet scheint – Eskimos, *Bushmen* und australische *Aborigines* – überzeugte Fleischesser. In den fünfziger Jahren fanden Forscher heraus, daß eine Diät mit Verzicht auf Kalzium (und möglicher Weise auf Zucker) die Neigung zu Visionen fördern kann.

Schließlich ist die Sexualität nicht ohne Einfluß. Traditionell mußte der *Scryer* – der oder die Jugendliche, die dazu bestimmt waren, die Visionen im Wasser oder in der Kristallkugel wahrzunehmen – unberührt sein und durfte noch nicht das Pubertätsalter erreicht haben. Genauso war es ein verbreiteter Glaube, daß Medien ihre Kräfte nach der Hochzeit verlieren. Allerdings traf dies nicht auf das berühmte viktorianische Medium D. D. Home zu.

Eine andere Theorie, die 1914 von Edward Carpenter in seinem Buch *Intermediate Types among Primi-*

Laboruntersuchungen zeigen, daß wir umso empfänglicher für Telepathie sind, je entspannter wir sind. Offenbar ist in entspannten Situationen des täglichen Lebens wie z. B. im Urlaub, oben, auch die Wahrscheinlichkeit spontaner Psi-Erlebnisse größer.

Eremiten wie der rechts, der vor seiner Höhle sitzt, zogen sich oft in die Einsamkeit zum Gebet und zur Meditation zurück und erlebten lange Fastenperioden. So erzeugten sie die idealen Voraussetzungen für Visionen und wurden vielleicht auch besonders empfänglich für telepathische Botschaften.

„ES IST INTERESSANT, DASS *PSI* SEHR VIEL HÄUFIGER BEI BESTIMMTEN VÖLKERN AUFTRITT ALS BEI ANDEREN – INSBESONDERE BEI SINTI UND ROMA, KELTEN UND BASKEN, BEI DENEN SELTSAMER- UND VIELLEICHT BEZEICHNENDERWEISE EIN NEGATIVER RHESUSFAKTOR UNGEWÖHNLICH HÄUFIG IST."

suchungen angestellt werden, bevor endgültige Schlüsse auf seine Natur und seinen Ursprung gezogen werden können. Aber vielleicht ist die wichtigste Perspektive, die bisher deutlich geworden ist, die, daß wir alle für *Psi* empfänglich sind.

Dem Anschein nach war Papst Johannes (9. Jahrhundert) ein Papst wie jeder andere – bis „er" während einer öffentlichen Prozession ein Kind gebar. So besagt es jedenfalls die Legende. Wie konnte es zu einer so unerhörten Behauptung überhaupt kommen?

DIE GEHEIMNISVOLLE PÄPSTIN

Oben:
Die Illustration aus dem 15. Jahrhundert aus Boccaccios Decamerone zeigt, wie Päpstin Johanna während einer Prozession ein Kind gebar. In seinem 1479 erschienenen Werk Das Leben der Päpste *erzählt der Humanist Bartolomeo Platina (links, zusammen mit Papst Sixtus IV. in der vatikanischen Bibliothek), daß sich Johanna als Mann verkleidete und mit ihrem Geliebten nach Athen durchbrannte, wo „sie sich in den verschiedenen Wissenschaften großes Wissen aneignete und es niemanden gab, der ihr ebenbürtig war". Nach ihrer Rückkehr nach Rom wurde sie „einstimmig" zum Papst gewählt.*

Die Behauptung, daß Papst Johannes VIII. in Wirklichkeit eine Frau war und dieses Geheimnis so lange für sich behalten konnte, bis sie während einer Prozession einem Kind das Leben schenkte, gehört wohl zu den ungeheuerlichsten und skandalösesten Gerüchten über den Vatikan. Der italienische Historiker Bartolomeo Platina gab in seinem 1479 veröffentlichten Buch *Das Leben der Päpste* eine Zusammenfassung der Legende:

„Papst Johannes VIII. war englischer Abstammung und erblickte in Mainz das Licht der Welt. Daß er überhaupt jemals auf den Heiligen Stuhl gelangte, verdankt er einzig und allein bösen Geistern. Denn in Wirklichkeit war er eine Frau, die sich als Mann verkleidet hatte. Als junges Mädchen brannte sie mit ihrem Geliebten nach Athen durch, wo sie sich auf vielen Gebieten so großes Wissen aneignete, daß sie später in Rom nur wenige fand, die ihr ebenbürtig waren. Niemand kannte sich in der Heiligen Schrift so gut aus wie sie, und aufgrund ihrer Gelehrsamkeit, ihres umfangreichen Wissens und Durchsetzungsvermögens wurde sie noch am Sterbebett Leos einstimmig zu seinem Nachfolger gewählt. Nach zwei Jahren, fünf Monaten und vier Tagen, auf dem Weg von der Kirche des Lateran zum Kolosseum, setzten auf einmal die Wehen ein, sie starb kurz nach der Geburt und wurde kurz danach stillschweigend begraben."

Auf den ersten Blick scheint es verwunderlich, wie die Menschen einer so ungeheuerlichen Geschichte überhaupt Glauben schenken konnten, in vielen zeitgenössischen Büchern wird über den Vorfall berichtet. Anastasius Bibliothecarius, der wegen seiner Gelehrsamkeit höchstes Ansehen genoß, war der erste, der im 9. Jahrhundert diese Geschichte in einem historischen Manuskript erwähnte. Er war der Verwalter der päpstlichen Bibliothek und stand dem Papst mit Rat und Tat

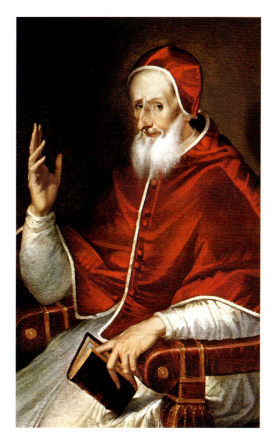

Rechts:
Papst Pius V. (1566–1572) nach
einem Gemälde von El Greco.
Angeblich gebar Päpstin
Johanna während einer
Prozession zwischen dem
Kolosseum und der Kirche
St. Clement ein Kind. An jener
Stelle stellte man eine große
Steintafel auf, die aber auf
Anordnung von Papst Pius V.,
der Angst vor einem Skandal
hatte, entfernt wurde.

zur Seite. Nach dem Tod Leos IV. im Jahre 855 wurde Anastasius zu seinem Nachfolger bestimmt. Aber schon bald stellte sich heraus, daß er für diese Aufgabe völlig ungeeignet war, er wurde wieder abgewählt und Benedikt III. (gest. 858) zum neuen Papst ernannt. Da Anastasius ein Zeitgenosse der vermeintlichen Päpstin Johanna war, ist seine Aussage von besonderem Interesse.

Diese Geschichte beschäftige die Gemüter der Menschen noch jahrelang. Martin Scotus, ein Mönch der St.-Martins-Abtei in Köln (verstorben 1086), schrieb: „A. D. 854, Lotharii 14, Johanna, eine Frau, wurde zum Nachfolger Leos ernannt und regierte während zwei Jahren, fünf Monaten und vier Tagen." Sigebert de Gemblours fügte hinzu: „Es wird berichtet, daß Johannes in Wirklichkeit eine Frau war und sie von einem ihrer Bediensteten ein Kind erwartete. Der Papst schenkte einem gesunden Kind das Leben; deshalb wird er von vielen nicht zu den wahren Päpsten gezählt."

Stefan von Bourbon (verstorben 1261) bestätigte in seinem Buch *De septem donis spiritu sancti* (Von den sieben Gaben des Heiligen Geistes) im großen und ganzen den Inhalt dieser Geschichte, enthüllt aber auch keine weiteren Details. Er berichtet, daß die mysteriöse Päpstin namenlos und ihre Schwangerschaft bei ihrem Amtsantritt schon ziemlich fortgeschritten war. Lange blieb ihr dieses Amt allerdings nicht vergönnt, denn schon während der Inaugurationsfeierlichkeiten setzten die Wehen ein, und sie schenkte einem gesunden Kind das Leben. Die wütende Menge zerrte sie vor die Tore der Stadt und steinigte sie wegen dieses Sakrilegs zu Tode.

Einzelheiten über das Leben Johannes sind von Quelle zu Quelle verschieden. In manchen mittelalterlichen Verlautbarungen wird ihr Name mit Hagnes oder Gilberta angegeben, eine andere Theorie besagt, daß sie in Wirklichkeit die Gattin Papst Leos IV. wäre, die nach seinem Tode die Regierungsgeschäfte übernommen hätte. Die wohl beliebteste Version basiert auf einer Erzählung von Martin von Troppau aus seinem Buch *Chronicon pontificum et imperatum* (Chronik der Päpste und Kaiser) aus dem 13. Jahrhundert:

„Der Nachfolger Leos IV., ein gewisser Johannes Anglikus aus Mainz, regierte während zwei Jahren, fünf Monaten und vier Tagen. Während eines Mo-

nats blieb das Pontifikat vakant. Er verstarb in Rom. Angeblich war Johannes in Wirklichkeit eine Frau, die in jungen Jahren als Mann verkleidet mit ihrem Geliebten nach Athen durchgebrannt war; dort eignete sie sich großes Wissen an, und es gab kaum jemanden, der ihr ebenbürtig war. Später setzte sie in Rom ihre Studien fort. Schon bald konnten ihr die Lehrer und Professoren nichts mehr beibringen, statt dessen lauschten sie gebannt ihren Reden. Sie genoß wegen ihrer Tugend und Gelehrsamkeit höchstes Ansehen und wurde einstimmig zum Papst gewählt. Doch während ihrer Amtszeit wurde sie auf einmal schwanger. Da sie den genauen Geburtstermin nicht kannte, befand sie sich alleine auf dem Weg von St. Peter zur Laterankirche, als auf

EIN WEIBLICHER VAMPIR?

Traditionsgemäß waren alle Päpste männlich. Die Ausnahme ist die legendäre Päpstin Johanna. Auch Vampirgeschichten handeln gewöhnlich von männlichen Vampiren, doch auch hier gibt es eine Ausnahme: Elisabeth Bathory (1560–1614), die Blutgräfin, gehörte zu einer ungarischen Adelsfamilie, die für ihre Grausamkeit berühmt und berüchtigt war. Mit 15 heiratete sie den Soldaten Ferenc Nadasdy. Während er im Felde stand, vergnügte Elisabeth sich damit, ihre Dienerinnen mit heißen Eisen zu foltern und ihnen die Finger abzuschneiden. Sie pflegte sie auch vor Wut zu beißen, wenn sie ihr widersprachen.

Das dürfte sie auf den Geschmack gebracht haben. Nach dem Tod ihre Mannes 1604 soll sie unschuldige Mädchen aus den umliegenden Ortschaften in ihr Schloß geholt und mit Prügeln, Kälte und Hunger zu Tode gequält haben. Es heißt, sie habe in ihrem Blut gebadet, um ihre Haut zu verjüngen. Elisabeths blutrünstige Karriere wurde erst beendet, als Gerüchte über ihr Treiben zum König von Ungarn drangen und ihre Komplizen vor Gericht stellte. Sie selbst wurde nie verurteilt, doch lebenslänglich in einem Zimmer ihres Schlosses eingemauert. Die Zahl ihrer Opfer wird auf 650 geschätzt.

einmal die Wehen einsetzten. Die Schmerzen waren unerträglich, irgendwo zwischen dem Kolosseum und der St.-Clement-Kirche gebar sie das Kind. Sie verschied gleich nach der Geburt und wurde an Ort und Stelle beigesetzt …"

An jener Stelle stellte man eine große Steintafel mit einer klassischen Inschrift auf, die später allerdings auf Anordnung Pius' V. (1566–1772) zerstört wurde. Nach diesem Vorfall mußten sich alle angehenden Päpste einem Geschlechtstest unterziehen.

Es ist also durchaus kein Zufall, daß im 15. Jahrhundert der Vatikan alles unternahm, um die Spuren des dubiosen Papstes Johannes zu verwischen, denn die Reformation war gerade in vollem Gange, und protestantische Pamphletisten stürzten sich auf diese Geschichte und machten sich mit größtem Vergnügen über den Klerus lustig. Die Geschichte wurde immer verworrener.

Durch die Reformation setzten sich immer mehr Menschen mit religiösen und wissenschaftlichen Fragen auseinander und stellten vieles in Frage, unter anderem auch die Geschichte über Päpstin Johanna. David Blondel (1590–1655), ein französischer Geistlicher von höchster Gelehrsamkeit, der einen Hang zum Calvinismus hatte, war weit und breit bekannt wegen seiner liberalen Ansichten, eine Art „Bilderstürmer". Sein Werk *Eclairissement familier de la question, si une femme a été assise au siège papal de Rome* (Eine gemeinverständliche Antwort auf die Frage, ob jemals eine Frau den Heiligen Stuhl innehatte) ist eine Analyse der Vatikangeschichte, stieß aber bei den Protestanten auf Mißbilligung.

Der erste auf seiner Liste war Anastasius, der sich zur gleichen Zeit wie die vermeintliche Päpstin in Rom aufhielt und der in der Politik des Vatikans eine wichtige Rolle spielte. Das erste, was Blondel auffiel, war, daß der Kommentar zu Johanna erst sehr viel später am Rand angefügt wurde. Auch vom Stil her unterscheidet sich diese Anmerkung wesentlich vom Rest seines Werkes und erinnert in vielerlei Hinsicht an Martin von Troppau, der vierhundert Jahre später lebte. Aber damit nicht genug, auch die Handschrift weicht wesentlich von der Anastasius' ab, und der Inhalt entspricht nicht den Tatsachen. Blondel schreibt:

„Es ist unmöglich, daß es zwischen Leo IV. und Benedikt III. noch einen weiteren Papst gab, denn er

Unten:

David Blondel (1590–1655), ein französischer Geistlicher, der die calvinistischen Theorien bejahte. Er war der erste, der sich ernsthaft mit der Legende über eine Päpstin Johanna auseinandersetzte. 1647 wurde sein Werk (unten rechts) veröffentlicht. Er analysierte die schriftlichen Quellen der Legende und fand heraus, daß sie in den drei frühesten Berichten nachträglich angefügt wurden und die Originale eine Päpstin Johanna mit keinem Wort erwähnen.

Ganz unten:

Eine Schnitzerei aus dem 17. Jahrhundert stellt die Hinrichtung der Päpstin Johanna dar. Über ihren Tod gibt es viele Versionen, eine besagt, daß sie mit ihrem Kind, wie gemeine Diebe, gehängt und anschließend von einem Drachen verschlungen wurden.

(Anastasius) sagt: Nach dem Tode Leos wurde sofort eine Versammlung des Klerus, der Adeligen und des römischen Volkes einberufen und Benedikt zum Papst ernannt. Ein Dekret wurde unterzeichnet, worin die Wahl bestätigt wurde. Als sie Benedikt die Neuigkeit überbringen wollten, konnten sie ihn nirgends finden, schließlich entdeckte man ihn beim Gebet in der Titularkirche des heiligen Callixtus. Danach schickte man ihn zu den Kaisern Lothar und Ludwig (Ludwig der Deutsche), ersterer verstarb am 29. September 855, nur 74 Tage nach dem Tode von Papst Leo IV.

Wenn Anastasius auch diskret versuchte, seine Wahl zum Papst im Jahre 855 zu vertuschen, sind seine Zeitangaben präzise. Nichts läßt darauf schließen, daß während „zwei Jahren, fünf Monaten und vier Tagen" eine Frau den Heiligen Stuhl innehatte. Mit einer unwahrscheinlichen Genauigkeit durchkämmte Blondel das Werk und fand immer mehr Unstimmigkeiten. Martin Scotus war der nächste auf seiner Liste. Blondel hegte von Anfang an Zweifel an der Authentizität seines Manuskripts, schließlich wurde Martin Scotus erst zwei Jahrhunderte später in Köln geboren, einer Stadt, die Hunderte Kilometer von Rom entfernt liegt, in einer Zeit, in der die Nachrichtenübermittlung schwierig war. Aber Blondel fand noch weitere Hinwei-

se auf verfälschte Tatsachen. In einigen Kopien von Scotus' Vorlage wird das Ereignis ungenau wiedergegeben, manchmal unterscheidet sich der Wortlaut wesentlich vom Original; alles deutet darauf hin, daß die ganze Geschichte nur auf Gerüchten basierte, in einigen Ausfertigungen wurde sie überhaupt nicht erwähnt. Auch im Bericht von Guillaume de Nangiac aus dem Jahre 1302, der Siegeberts Werk aufnahm und fortsetzt, geht mit keinem Wort auf eine Päpstin ein.

Kurz und gut, Blondel stellte fest, daß in den Originalen dieser drei Werke nie die Rede ist von einem weiblichen Papst. Einzelheiten über Johannas Leben wurden erst viel später angefügt. Da sich diese mit den Aussagen von Martin von Troppau decken, kann angenommen werden: er oder seine Anhänger sind die Brutstätte der Gerüchte.

Der erste echte Hinweis auf einen weiblichen Papst stammt demnach von Stefan von Bourbon, aber er erwähnt die Dame nie namentlich. Seiner Meinung nach war sie weit weniger abenteuerlustig als angenom-

men. In den darauffolgenden Jahrhunderten scheiden sich die Geister der Chronisten. Einige behaupten, sie hieße Margareta oder Jutta. Auch über ihre Nationalität war man sich nicht ganz im klaren, Engländerin sagten die einen, Deutsche die anderen. Martin war der erste, der sich genauer mit ihrem früheren Leben befaßte. Er nannte sie abwechselnd Johannes oder Johanna. Sein Werk ist so einleuchtend, daß es nur wenige Historiker der Mühe wert fanden, sich weiter mit dem Thema zu befassen.

Jene, die davon überzeugt sind, daß es einmal eine Päpstin Johanna gegeben hat, schließen die Möglichkeit von unkorrekten Daten in den Chroniken nicht aus. Aber die Angaben in den Aufzeichnungen des 9. Jahrhunderts sind sehr präzise: Von 847 bis zum 17. Juli 855 herrschte Leo IV., Vorgänger der vermeintlichen Päpstin, am 1. September desselben Jahres kam Benedikt III. auf den Heiligen Stuhl, den er zweieinhalb Jahre innehatte, sein Nachfolger war Nikolaus I.

Es trifft zu, im 9. Jahrhundert gab es einen Papst Johannes VIII., der Mitte des Jahrhunderts als Archidiakon der römisch-katholischen Kirche in Rom lebte. Aber erst 20 Jahre später wurde er zum Papst ernannt. Während seiner 10jährigen Amtszeit war er vor allem damit beschäftigt, die Mittelmeerkuste vor muslimischen Angriffen zu verteidigen. Dazu ließ er eine Mauer um die päpstliche Zitadelle errichten und versuchte, Europa im Kampf gegen die „Heiden" politisch und religiös zu vereinigen. Diese Zeitspanne ist hervorragend dokumentiert, und nichts deutet darauf hin, daß Johannes VIII. ein Transvestit war. Wie er in diese Geschichte verwickelt wurde, ist unbekannt.

Wo ist der Ursprung der Behauptung zu suchen, es habe einmal einen weiblichen Papst gegeben? Sehr wahrscheinlich im 10. Jahrhundert. Zu jener Zeit herrschte großes Elend, auch für mittelalterliche Verhältnisse. Der Vatikan war in die politischen Streitigkei-

La Papesse, die Päpstin Johanna, abgebildet auf einer Tarot-Spielkarte. Bei Wahrsagungen ist diese Karte das Symbol für Intuition, Inspiration und unterbewußte Erinnerung – aber auch für mangelnde Voraussicht.

2 LA PAPESSE

Als Papst verkleidet, betritt der Antichrist Rom, Illustration aus einem französischen Manuskript des 15. Jahrhunderts. Die wohl unsinnigste Version besagt, daß ihr Liebhaber der leibhaftige Teufel war und ihr Kind der Antichrist. So ist es nicht weiterhin überraschend, daß die Legende für die Kritiker der Kirche besonders willkommen war.

ten der europäischen Herrscher verwickelt; Laster und Unmoral hatten im Vatikan Oberhand gewonnen. Der Papst war wohl der mächtigste Mann in Europa, ohne Skrupel ließ er Menschen töten und foltern, um seine Stellung noch weiter ausbauen zu können. Papst Stefan VII., der 896 gewählt wurde, ließ den Leichnam seines Vorgängers ausgraben und in den Tiber werfen. Kurz danach wurde er vom aufgebrachten Pöbel erwürgt. Auch seinen vier Nachfolgern war das hohe Amt nur für kurze Zeit vergönnt. Der fünfte, Leo V., wurde von seinem Erzfeind in den Kerker geworfen und zu Tode gefoltert. Aber auch sein Nachfolger hielt sich nur vier Monate. Sergius III., der von 904 bis 911 auf Petris Stuhl saß, ließ ihn brutal ermorden. Es kursierten Gerüchte, daß er nur das Werkzeug seiner Geliebten, Theodora, der Frau eines ehrgeizigen römischen Senators, gewesen sei. Nach dem Tode Sergius' machten sich Theodora und ihre wunderschöne, verführerische Tochter, Marozia, an seine Nachfolger heran. Hemmungslos nutzten sie ihre Stellung aus. Sie hätten den Borgias sicher alle Ehre gemacht. 20 Jahre regierte dieses „Frauenregiment". Die frommen Gläubigen waren entsetzt: „Nun haben wir eine Frau als Papst." Gerüchte aus dieser Zeit veranlaßten Stefan von Bourbon zu der Annahme, daß es einmal eine Päpstin gegeben hat. Er ist der einzige unter den Chronisten, der keine Namen nennt und die Ereignisse ins 12. Jahrhundert plaziert. Jahrhundertelang war die „Päpstin Johanna" Symbol der Korruption in der katholischen Kirche, aber auch Inspiration für Künstler.

AUSSERIRDISCHE MIT GRÜNEN FINGERN

Humanoiden sollen bei ihren Besuchen auf der Erde bei verschiedenen Zwischenfällen in Frankreich und Spanien ein lebhaftes Interesse an Kulturpflanzen gezeigt haben. Zu welchem Zweck?

Ufologen klagen häufig, dass so wenig UFO-Sichtungen von „Fachleuten" gemacht werden, womit sie Wissenschaftler und Ingenieure meinen. Aber dies ist wirklich nicht überraschend, da die Kompetenz dieser „Fachleute" Vorurteile beinhaltet, die sie daran hindert, eine außergewöhnliche Erfahrung zu schildern, und sie statt dessen veranlaßt, sie hinwegzuerklären. Andererseits sind unvoreingenommene Beobachter, die nicht mit der UFO-Kontroverse vertraut sind, oftmals beeindruckende Zeugen, die ihre Geschichten erzählen, ohne sie auszuschmücken. So besteht der Wert der klassischen Sichtungen von „Fliegenden Untertassen", die hier beschrieben werden, gerade darin, daß sie von Personen mit geringer Schulbildung oder technischer Qualifikation stammen.

Die Zeichnung zeigt ein ovales UFO auf einem Lavendelfeld in Südostfrankreich und zwei Aliens, die Pflanzen untersuchen, die in der Nähe ihres Luftschiffs wachsen.

Kurz nach 5 Uhr morgens am 12. Juli 1965 begann Maurice Masse, ein 41jähriger Lavendelbauer, auf seinem Feld zu arbeiten; es lag auf dem Valensole-Plateau in den Basses-Alpen in Südostfrankreich. Gegen 5.45 Uhr machte er eine Zigarettenpause und stoppte seinen Traktor an einem kleinen Hügel am Ende eines kleinen Weinbergs am nördlichen Ende des Feldes.

Plötzlich hörte er ein schrilles, pfeifendes Geräusch und sah nach dem Hügel. Er erwartete, einen Helikopter zu sehen, statt dessen bemerkte er ein Objekt von dunkler Farbe in der Größe eines Renault Dauphine, geformt wie ein amerikanischer Fußball mit einer Kuppel. Es stand auf sechs metallischen Beinen, und es gab auch eine Art zentralen Ständer, der in den Boden gebohrt zu sein schien. Neben der „Maschine" sah Masse zwei etwa achtjährige Jungen, die sich über eine Lavendelpflanze beugten.

Masse überquerte den Weinberg und näherte sich den Jungen, weil er glaubte, sie seien die Vandalen, die im vergangenen Monat bei verschiedenen Gelegenheiten die jungen Schößlinge von seinen Lavendelpflanzen gepflückt hatten. Dann sah er jedoch zu seiner Überraschung, daß er nicht etwa auf zwei Jungen zuging, sondern auf zwei zwergenartige Kreaturen mit großen, kahlen Köpfen. Er war noch etwa fünf Meter entfernt, als eins dieser Wesen ein bleistiftartiges

Maurice Masse, unten, Lavendel-anbauer in Südostfrankreich, steht an jenem Platz, auf dem das UFO gelandet war, das er beobachtete, unfähig, sich zu bewegen. Nur Gräser wuchsen nach dem Ereignis noch an dieser Stelle.

Einer der Aliens, unten, ist dargestellt, wie er mit einer Art Waffe – vielleicht einem Immobilisator – auf den Bauern zeigt.

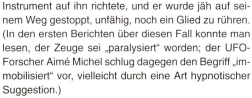

Instrument auf ihn richtete, und er wurde jäh auf seinem Weg gestoppt, unfähig, noch ein Glied zu rühren. (In den ersten Berichten über diesen Fall konnte man lesen, der Zeuge sei „paralysiert" worden; der UFO-Forscher Aimé Michel schlug dagegen den Begriff „immobilisiert" vor, vielleicht durch eine Art hypnotischer Suggestion.)

Nach Masses Beschreibung waren die Wesen weniger als 1,20 Meter groß und trugen enganliegende, graugrüne Overalls. Sie hatten hohe, kürbisförmige Schädel, jedoch keine Haare, und große, schräg gestellte Augen. Der Zeuge erwähnte keine Nasen, aber er beschrieb ihre Münder als dünne Schlitze, die sich zu einer Art von lippenlosen Löchern öffneten. (Es ist selten, daß sich bei solch nahen Begegnungen die Humanoiden mit unbedeckten Köpfen außerhalb ihres Fahrzeugs zeigen.)

Körpersprache

Die Wesen schienen miteinander zu kommunizieren, aber nicht mit dem Mund, denn aus der Mitte ihres Körpers schienen unartikulierte Laute zu kommen. Der unglückliche Lavendelpflanzer dachte, sie würden sich über ihn lustig machen, aber er räumte ein, daß ihre Blicke nicht feindlich erschienen, und er hatte in keinem Augenblick den Eindruck, er habe es mit Ungeheuern zu tun. Masse erzählte nie, was während der restlichen Zeit geschah, als er sich unbeweglich 5 Meter entfernt von den Wesen befand.

Nach ein paar Minuten gingen die beiden zurück zu ihrer Maschine und bewegten sich auf ungewöhnliche Weise, „wie Blasen in einer Flasche stiegen sie hoch und fielen ohne sichtbaren Halt … sie glitten an Bändern von Licht entlang", und sie betraten ihr Fahrzeug durch eine Schiebetür. Masse erklärte, daß sie ihn vom Inneren der Maschine anblickten. Plötzlich kam ein dumpfes Geräusch von dem zentralen Ständer, der eingezogen wurde, die sechs Beine begannen sich zu drehen, und die Maschine glitt in einem Winkel von 45°

mit dem schrillen, pfeifenden Geräusch hinweg. In 20 Meter Entfernung verschwand sie einfach, obwohl die Spuren ihres Fluges in Richtung auf Manosque noch an den Lavendelpflanzen mehr als 100 Meter entfernt bemerkbar waren. (Geheimnisvollerweise verdorrten diese Pflanzen zunächst, erholten sich aber dann wieder und wuchsen höher und schöner als die anderen.)

Der Bauer wurde unruhig, als seine unsichtbare Fessel zunächst nicht nachließ, aber nach 10 Minuten gewann er langsam wieder die Herrschaft über seine Glieder. Er bemerkte Spuren von den Beinen des Fahrzeugs am Boden und einen noch fast flüssigen Schlamm um das Loch, das der zentrale Ständer in den Grund gebohrt hatte. (Dies war merkwürdig, weil es in der gesamten Gegend seit mehreren Wochen nicht geregnet hatte.)

Masse rannte herunter nach Valensole, an dessen Rand sich das *Café des Sports* befand. Der Besitzer, ein Freund von ihm, öffnete gerade, und Masse erzählte ihm zitternd und weiß wie ein Bettuch einen Teil der Geschichte. Der Cafébesitzer drängte auf weitere Einzelheiten, aber der Bauer weigerte sich, weil er fürchtete, der Rest der Geschichte würde nicht geglaubt. Sein Freund riet ihm, der Polizei den Zwischenfall zu berichten, aber Masse wollte nicht. So ging der Cafébesitzer selber zum Feld, sah die Spuren und erzählte dann Masses Geschichte.

Am Abend nahm Masse seine 18jährige Tochter mit, um den Landeplatz anzuschauen: sie stellten fest, daß nur vier der Beine des Fahrzeugs Spuren hinterlassen hatten und daß der Schlamm um das zentrale Loch wie Beton erstarrt war.

Die Reaktion der Welt

Bald, nachdem Masses Erlebnis bekannt wurde, wurde er von dem örtlichen Polizeichef verhört. Mengen von Besuchern strömten auf das Feld, und Valensole wurde überflutet von Vertretern von Presse, Funk und Fernsehen. Am 4. Juli, überdrüssig der ganzen Interviews und Fragen, brach Masse mit einem unüberwindlichen Schlafbedürfnis zusammen. Es heißt, daß er 24 Stunden ohne Pause geschlafen hätte, wenn ihn seine Frau nicht zum Essen geweckt hätte.

Die Untersuchungen wurden anfangs privat von einem Beamten am Ort durchgeführt, der seinen Bericht im Oktober 1965 der *Flying Saucer Review* übergab. Er besagte, daß Masse seine Tochter daran hinderte, sich dem Loch allzusehr zu nähern, weil er fürchtete, daß schädliche Wirkungen von ihm ausgehen könnten; auch war er besorgt wegen möglicher Schäden seiner Erbanlagen. Schließlich füllte er das Loch auf, das die Form eines umgekehrten Schornsteins hatte.

Aimé Michel befragte den Bauern 1965 zweimal in Valensole und fand ihn verängstigt und abgespannt und immer noch um mögliche Gesundheitsschäden besorgt vor. Während seines zweiten Besuchs zeigte Michel Masse ein Foto von einem Modell, das nach einer Beschreibung eines UFOs angefertigt worden war, das in Socorro, New Mexico, gesichtet worden war. Masse war sehr verwundert darüber, daß jemand seine Maschine fotografiert hatte; als man ihm sagte, daß es sich in Wirklichkeit um das Bild eines Flugobjekts handele, das in den USA ein Polizist gesehen hatte, atmete er erleichtert auf: „Da sehen Sie, daß ich nicht geträumt habe und nicht verrückt bin."

Zwei Jahre später erhielt Masse noch einmal Besuch von UFO-Forschern, und er zeigte ihnen den Landeplatz. Er maß drei Meter im Durchmesser und war immer noch gut erkennbar, weil die Lavendelpflanzen in der Umgebung verdorrt waren und im inneren Bereich nur Gestrüpp wuchs, obwohl er seit dem Vorfall mehrfach umgepflügt und neu bepflanzt worden war.

Obwohl sich Masse von seinem Erlebnis erholt hatte, befürchtete er dennoch weiteres öffentliches Aufsehen. So schnitt er das Gestrüpp auf die Form von Lavendelpflanzen zurück, um den Landeplatz zu verbergen. Später gab er auch den Weinberg auf, pflügte den Lavendel unter und bepflanzte alles mit Weizen.

Die Erscheinung im Luzernenfeld

1974 erschien in der *Flying Saucer Review* ein Bericht der Charles-Fort-Gruppe von Valladolid in Spanien, die eine UFO-Beobachtung untersucht hatte, die ein paar Jahre vorher stattgefunden hatte. Die Zeugin war eine 22jährige Frau, eine Hausangestellte bei einem Bauern in Puente de Herrera, in der Nähe des Flusses Duero südlich von Valladolid. Ihr Name wurde auf ihre Bitte hin zurückgehalten; sie verfügte über keinerlei Schulbildung und war Analphabetin.

In der Nacht des 15. August 1970 saß die Señorita vor dem Fernseher, als sie plötzlich ein durchdringendes, pfeifendes Geräusch hörte. Gleichzeitig verschwand das Bild vom Fernsehschirm, man sah nur noch Linien. Die Regler reagierten nicht, und so schaltete sie das Gerät aus und ging zur Vordertür, um dem Geräusch auf den Grund zu gehen.

Dort sah sie erstaunt auf der Zufahrt ein unheimliches Objekt mit verschiedenen Lichtern. Daneben stand ein seltsam aussehender „Mann", der anscheinend eine Luzernenkultur in dem angrenzenden Feld studierte. Völlig verschreckt rannte die junge Frau zurück ins Haus und schloß die Tür. Dann begann das pfeifende Geräusch von Neuem; als sie aber später

noch einmal aus dem Fenster schaute, waren sowohl die Maschine aus auch der „Mann" verschwunden.

Die Señorita erzählte damals nur ihrem Freund von dem Erlebnis. Die anderen Familienmitglieder erfuhren erst im März 1972 davon, nachdem ihr Schwager einige Beobachtungen über UFOs angestellt hatte und sie ihm erzählte, was sie gesehen hatte. Ihr Schwager gab denn auch die Information an die Charles-Fort-Gruppe weiter.

Während der folgenden Untersuchung fanden J. Macias und seine Kollegen heraus, daß zwischen dem Einsetzen des pfeifenden Geräuschs und dem Augenblick, als die Zeugin zum ersten Mal aus dem Fenster schaute, etwa fünf Minuten vergingen. Das Geräusch hielt an, als sie die Tür öffnete, schien aber etwas leiser zu werden. Sie hatte wie üblich die Hoflichter zwischen 22.30 und 23.00 Uhr gelöscht, und so meinte sie, daß sie niemand gesehen haben könnte.

Das UFO, das auf mehreren „Füßen" auf der Straße stand, war etwa 4 Meter breit und 2,50 Meter hoch. Das Oberteil bestand aus einer halbkugelförmigen Kuppel, anscheinend aus Kristall. Auf dem Dach drehte sich ein blauweißes Blinklicht, das schwächer wurde, wenn es sich langsamer drehte. Die Kuppel lag auf einer Scheibe, die von einem Ring von bunten Lichtern umgeben war, die von Weiß zu Purpurfarben und dann wieder zu Gelb wechselten.

Der Besitzer dieses Fahrzeugs war etwa 1,80 Meter groß und trug einen dunklen, enganliegenden Anzug und einen Helm. Um seine Fuß- und Handgelenke hatte er weiß leuchtende „Armbänder", und an seinem Gürtel befand sich eine viereckige „Schnalle" aus demselben leuchtenden Material. Die Señorita war sich nicht über seine Hautfarbe im Klaren und konnte keinerlei Haare sehen. Sie sagte, daß der „Mann" an den Luzernen interessiert zu sein schien und daß er mit ungewöhnlich weiten Schritten darauf zuging.

Ein bleibendes Nachleuchten

Nach der Zeugin hinterließ das Objekt an dem Landeplatz bleibende Spuren, denn von ihrem Zimmerfenster aus sah sie dort ein schwaches Leuchten, wo das Objekt gestanden hatte. Beunruhigt untersuchte sie den Boden und fand auf der Straßendecke schwarze Abdrücke wie von normalen Schuhen, wobei jedoch der Absatz schmaler war als die Sohle. Diese Spuren müssen von jedem, der auf das Haus zu kam, bemerkt worden sein, aber die Señorita erzählte niemandem von ihrem Erlebnis, und so schenkte man ihnen keine Beachtung. Solange sie sichtbar blieben, leuchte auch weiterhin bei Nacht der Bereich, wo das UFO gelandet war.

Die Forscher waren der Ansicht, daß ihre Geschichte gerade wegen ihrer mangelnden Bildung glaubhaft war, denn sie war kaum in der Lage, eine solch komplizierte Episode zu erfinden. Nachdem sie mit anderen Familienmitgliedern gesprochen hatten, stellten sie fest, daß deren Wissen über andere Begegnungen mit UFOs so gering war, daß sie so detaillierte Information auch nicht von ihnen aufgeschnappt haben konnte. Auch für eine Täuschung gibt es kein Indiz, denn nur durch Zufall erwähnte sie ihr Erlebnis 18 Monate später gegenüber ihrem Schwager. Andere Verwandte berichteten den Forschern, daß sie nach ihrer ersten Befragung in hysterisches Weinen ausgebrochen sei und ihren Schwager beschuldigt hatte, ihr Geheimnis verraten zu haben.

Die künstlerische Wiedergabe einer anderen Begegnung in Nordspanien: Ein Raumschiff steht mit farbig blinkenden Lichtern auf einer Straße, während ganz in der Nähe ein Alien ein Luzernenfeld betrachtet.

Es gab schon eine ganze Reihe von Eiszeiten, in denen riesige Gletscher die halbe Erde, von den Polen bis zum Äquator, bedeckten und sich selbst bis in das Hochland tropischer Regionen zogen. Während jeder dieser Vereisungen, die zum Teil von Millionen von Jahren anhielten, schob sich das Eis weiter vor und schmolz wieder entsprechend den Klimaschwankungen und warmen Perioden, den kalten Eiszeiten und Zwischeneiszeiten. Wir leben in einer Zwischeneiszeit, doch niemand weiß, ob und wann die nächste Eiszeit beginnt. Allerdings existieren mehrere Theorien.

Eine Lehrmeinung besagt, daß Eiszeiten zyklisch und somit vorhersagbar aufträten und mit der nächsten Eiszeit in weniger als 1000 Jahren zu rechnen sei. Sollten jedoch die abweichenden Ansichten eines angesehenen Forschers zutreffen, ist dieses Ereignis im Grunde nicht vorhersehbar: Die auslösende

Unten:
Mount McKinley, Alaska, mit seiner ewigen Decke aus Eis und Schnee. Auf dem Höhepunkt der letzten Eiszeit vor ungefähr 20 000 Jahren sah es in weiten Teilen der Erde ähnlich aus.

Katastrophe könnte sich erst in Jahrhunderten ereignen.

Wie kommt es zu so völlig unterschiedlichen Theorien? Den Geologen des 19. Jahrhunderts verschlug es den Atem, als sie entdeckten, daß es Eiszeiten gegeben hatte. Dies war eindeutig belegt durch Anzeichen von weiträumigen Vereisungen in ganz Europa und Nordamerika, aber auch in Gegenden, die heute heiß und trocken sind, wie etwa Indien und der Nahe Osten. Das Problem, dieses Phänomen zu erklären, beflügelte die Phantasie der Wissenschaftler vieler Disziplinen, und es wurden zahlreiche Theorien entwickelt.

Einer der einleuchtendsten Vorschläge bestand in einer Temperaturschwankung der Sonne. Die Wärmeleistung der Sonne ist zweifellos in den letzten 3000 Millionen Jahren stetig gestiegen. Die Schwierigkeit besteht darin, eine Erklärung für die relativ kurzlebigen Schwankungen zu finden. Eine rein theoretische

In etwa 1000 Jahren könnte die Erde von einer neuen Eiszeit heimgesucht werden. Was löst diese entsetzlichen und lebenszerstörenden Zeitalter aus? Gibt es irgendeinen Weg, sie zu verhindern? Eine revolutionäre Theorie zeigt eine mögliche Lösung auf.

EISIGE AUSSICHTEN

Vorstellung besagt, daß das Sonnensystem in seiner 250 Millionen Jahre dauernden Umlaufbahn häufig Staubwolken durchquere und diese interstellaren Staubwolken die Sonnenwärme senkten. Andere Astronomen machen Störungen auf der Sonne selbst dafür verantwortlich, daß ihre Strahlungswärme variiert. Seit den dreißiger Jahren, als man die Sonnenaktivitäten als nukleare Reaktionen beschrieb, sah es nicht so aus, als ob es einen plausiblen Grund gebe, warum die Sonne nicht über Tausende von Jahrmillionen mit einer beständigen Temperatur scheinen sollte. Doch nun liegt eine Theorie vor, daß die Sonne in ihrem Kern vielleicht kälter ist, als eine Berechnung ihrer Oberflächentemperatur vermuten ließe; und diese

derung der Sonnentemperatur zu betrachten, machen sie somit auch unvorhersagbar. Das derzeit bevorzugteste Modell aber beinhaltet die Berechenbarkeit der nächsten Eiszeit. Es wurde in den zwanziger Jahren von dem Jugoslawen Milutin Milankovic entwickelt, der behauptet, die Lösung sei in den winzigen, regelmäßigen Störungen der Erdbahn zu finden. Bei diesen Veränderungen gibt es drei Hauptzyklen. Der erste ist der der Erdbahn selbst. In einem Zeitraum von etwa 95 000 Jahren wechselt ihre Form von einem Kreis zu einer Ellipse und wieder zu einem Kreis. Wenn die Erdbahn elliptisch ist, variiert der Abstand zwischen Erde und Sonne im Verlauf eines Jahres. Die hierdurch verursachte geringfügige Differenz in der Wärmemenge,

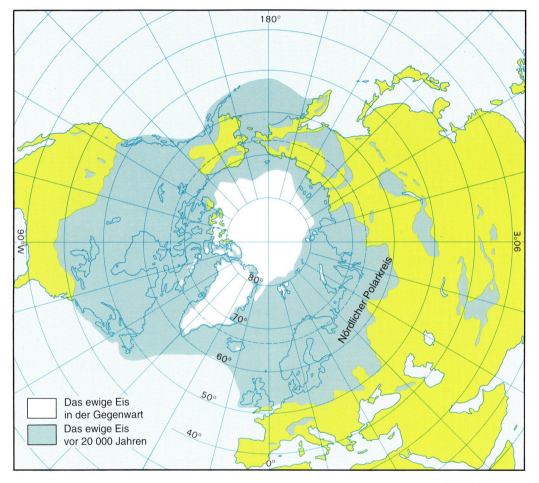

Das ewige Eis in der Gegenwart

Das ewige Eis vor 20 000 Jahren

Oben: Der abgeflachte Tafelberg, der sich bei Kapstadt, Südafrika, erhebt, entstand vor 150 Millionen Jahren durch die Aufschichtung von Sedimentgestein. Die unterste Schicht enthält geschliffene und gletscherverschrammte Kiesel aus einer Eiszeit, die einst große Teile der südlichen Hemisphäre bedeckte.

Rechts: Die Insel Surtsey im Nordatlantik entstand am 14. November 1963 als Folge eines submarinen Volkanausbruchs. Man nimmt an, daß die riesigen Staubwolken, die bei Vulkanausbrüchen solchen Ausmaßes in die oberen Schichten der Atmosphäre geschleudert werden, teilweise für die Entstehung von Eiszeiten mitverantwortlich sein könnten.

Schwankungen könnten der Grund für das Entstehen von Eiszeiten sein.

Die meisten Klimaforscher glauben, daß bereits eine prozentual geringe Veränderung der Menge an Sonnenlicht, das auf die Erde fällt, ausreicht, um eine neue Eiszeit auszulösen. Doch es ist keineswegs klar, ob dazu eine Zu- oder eine Abnahme der Bestrahlung erforderlich ist. Es wird vermutet, daß eine größere Intensität mehr Wasser verdampfen ließe und sich dadurch weltweit die Regen- bzw. Schneemenge erhöhte. Durch die zusätzlichen Wolken könnte ein Teil des Sonnenlichts niemals bis zur Erdoberfläche durchdringen; der vermehrte Schneefall würde zu einer Ausdehnung der schneebedeckten Gebiete auf der Erde führen und somit mehr Sonnenlicht ins Weltall reflektieren. All dies hätte ein Absinken der Durchschnittstemperatur auf der Welt zur Folge und dies wiederum eine Steigerung des Schneefalls – und so weiter.

Alle Theorien, die Eiszeiten als Folge einer Verän-

Rechts: Die graphische Darstellung zeigt die geschätzten Durchschnittstemperaturen in Nordwesteuropa während der letzten 3 Millionen Jahre. Eine Eiszeit tritt immer dann auf, wenn die Durchschnittstemperatur im Sommer unter 10° Celsius sinkt. Klimaschwankungen werden nicht nur häufiger, sondern auch extremer.

Oben: Die Ausdehnung des Eises auf dem Höhepunkt der letzten Eiszeit ist grau dargestellt, die des ewigen Eises unserer Zeit weiß.

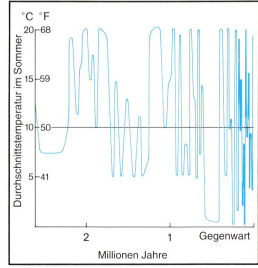

die die Erde erreicht, kann den jahreszeitlichen Unterschied zwischen Sommer- und Wintertemperaturen in einem bestimmten Teil der Erde entweder verstärken oder abmildern. Gegenwärtig ist die Erdumlaufbahn nur leicht elliptisch und nähert sich wieder der Kreisform an. Dennoch macht die Veränderung der Entfernung Erde–Sonne die nördlichen Sommer und südlichen Winter gewöhnlich kühler sowie die nördlichen Winter und südlichen Sommer wärmer als bei absolut kreisförmiger Erdbahn.

Der zweite Zyklus ist der der Jahreszeiten, der aus der Neigung der Erdachse resultiert. Gewöhnlich beträgt der Neigungswinkel etwa 23° 27', doch schwankt er zwischen 21° 48' und 24° 24'. Die Erde braucht etwa 40 000 Jahre, um einmal zu „nicken". Zur Zeit nimmt der Neigungwinkel der Erde ab, die Erde steht etwas „aufrechter" in ihrer Umlaufbahn, und dies mildert den Kontrast zwischen Sommer und Winter. Dies ist eine Erklärung für die momentane klimatische Situation.

Der dritte Zyklus in Milankovic' Theorie ist größtenteils auf die Präzession, die Richtungsveränderung der Erdachse, zurückzuführen. In der Folge verändert sich die Jahreszeit, zu der die Erde der Sonne am nächsten steht. Daraus resultiert wieder, daß sich der Kontrast zwischen Sommer und Winter verstärkt oder ab-

schwächt, und das über einen Zeitraum von 11 500 Jahren.

Auch wenn die Gesamtmenge an Sonnenlicht, die im Verlauf eines Jahres die Erde erreicht, von keiner dieser Wirkungen verändert wird, so wandelt sich die Milde oder Strenge der Jahreszeiten doch nach einem komplexen Muster. Dieses Muster wurde, so behaupten einige Wissenschaftler, durch die geologische Aufzeichnung von Meerestemperaturen entschlüsselt. Man kam darauf, als man den Sauerstoffgehalt fossiler Meeresorganismen untersuchte, die man durch Bohrungen dem Meeresboden entnommen hatte. Eine komplexe statistische Analyse des Graphen aus Meerestemperatur und Zeit, den man auf diese Weise erhielt, zeigte zyklische Veränderungen über Zeiträume von etwa 95 000, 40 000 und 11 500 Jahren auf.

Ein gravierender Kritikpunkt an Milankovic' Theorie bestand darin, daß nach ihr Eiszeiten offenbar nur abwechselnd auf der nördlichen oder der südlichen

Halbkugel auftreten könnten. Modifizierungen dieser Theorie, die die Verteilung der Landmassen auf der Erde berücksichtigen, zeigen jedoch, wie es möglich ist, daß es etwa gleichzeitig in beiden Hemisphären zu Eiszeiten kommt, eine Tatsache, die geologische Befunde nachweisen.

Eiszeiten können, wie es scheint, nur dann auftreten, wenn an oder nahe bei einem oder beiden Pole Festland liegt, so daß sich dort dauerhafte Eiskappen bilden können. Da die Kontinente langsam über die Erdoberfläche driften, gab es in langen Perioden in beiden Polarregionen nur Meer. Unter solchen Umständen hätten unmöglich Eiszeiten entstehen können.

Seit vielen Jahrmillionen liegt die Antarktis jedoch am Südpol, und das Nordpolarmeer ist nahezu von Land umgeben, so daß es leicht gefriert. Unter diesen Voraussetzungen sind für eine Eiszeit bitterkalte südliche Winter erforderlich, damit große Teile der antarktischen Meere gefrieren. Die südliche Hemisphäre leitet dann die Ausdehnung des Eises ein und sorgt für kühle nördliche Sommer, so daß nicht allzuviel von der Schnee- und Eisdecke im Norden schmilzt. Diese Bedingungen wurden durch den Milankovic-Effekt während der letzten 150 000 Jahre erfüllt. Die Zu- oder Abnahme der Vereisung in den nördlichen Breiten war außerdem eng mit der mangelnden oder ausgiebigen Sonneneinstrahlung auf der nördlichen Halbkugel gekoppelt. Während der letzten 18 000 Jahre wurde der nördlichen Hemisphäre überdurchschnittlich viel Sonnenwärme zuteil, und das Eis nahm ab. Doch von nun an aber wird die Sonnenwärme im Norden stetig abnehmen und in 10 000 Jahren ein Minimum erreichen. Doch bereits lange vorher wird eine neue Eiszeit angebrochen sein. Nach dieser Theorie dürfte sie ihren Höhepunkt in 1000 Jahren erreicht haben und 100 000 Jahre dauern.

Abweichende Meinungen

Viele Wissenschaftler lehnen indes die Milankovic-Theorie ab. Zu ihnen gehört der anerkannte Astrophysiker Sir Fred Hoyle. Das Modell von Milankovic zeigt, wie Hoyle ausführt, daß zyklische Schwankungen der Erdtemperatur zu erwarten seien, aber nicht, daß Eiszeiten nicht entstünden, wenn es diese Schwankungen nicht gäbe. Überdies glaubt er nicht, daß Schwankungen von wenigen Prozent ausreichen, um die Erde in eine Eiszeit zu stürzen oder sie aus einer zu befreien. Er schreibt: „Wenn ich behaupten würde, daß man in einem Raum, der im Winter von Nachtspeicheröfen geheizt wird, eiszeitliche Verhältnisse herbeiführen könne, indem man einfach einen Eiswürfel in diesen Raum legte, dann wäre dieser Vorschlag kaum unrealistischer als Milankovic' Theorie."

Hoyle ging auch davon aus, daß die langsamen astronomischen Veränderungen niemals den plötzlichen Beginn von Eiszeiten erklären könnten, die sich in einem oder zwei Jahrhunderten zu entwickeln vermögen. Noch viel schneller, innerhalb von Jahrzehnten, können sie beendet sein. Hoyle nahm daher an, daß Eiszeiten eine gewaltsame Ursache haben mußten. Für ihn bestand die einzige Möglichkeit im Impakt eines riesigen Meteoriten. Interessanterweise schlagen solche Körper mit einem Durchmesser von 300 Metern oder mehr etwa alle 10 000 Jahre auf der Erde ein – also ungefähr so häufig, wie Eiszeiten vorkommen.

Was also würde passieren, wenn ein solcher Körper morgen auf unsere Erde prallte? Angenommen, das

Objekt hätte ein Gewicht von 50 Millionen Tonnen, dann dürfte es etwa 50 Millionen Tonnen Trümmer in die Stratosphäre schleudern. Die dadurch entstehende Decke aus reflektierenden Teilchen würde genug Sonnenlicht abschirmen, um die Temperatur auf der Erde gravierend zu senken.

Das Land würde schneller abkühlen als der Ozean, und diese Temperaturunterschiede ließen das Wetter auf der Erde rauher werden mit heftigen Stürmen, Regen- und Schneefällen. In der Folge gäbe der Ozean seine gespeicherte Wärme ab und die Abkühlung der Atmosphäre verlangsamte sich. 10 Jahre lang sänke die Temperatur der Erde ab, bis sich die Staubpartikel in der oberen Atmosphäre abgesetzt hätten und die gespeicherte Wärme des Ozeans aufgebraucht wäre.

Unser Klima hängt größtenteils von der Stellung der Erde zur Sonne ab, wie unten gezeigt wird. In der nördlichen Hemisphäre sind die Tage im Sommer lang, weil der Nordpol sich zur Sonne neigt, und im Winter kurz, weil er von ihr abgewandt ist. Doch zudem „nickt" die Erde – der Neigungswinkel ihrer Achse variiert zwischen 21° 48' und 24° 24' (s. Abb.), und je nachdem, wie sich der Winkel verändert, wird der Kontrast zwischen den Jahreszeiten größer oder geringer.

Auch fiele immer mehr Schnee und bliebe in immer weiteren Gebieten liegen.

An diesem Punkt träte eine Katastrophe ein, die die Erde in eine neue Eiszeit einschlösse. Die obersten Schichten aus Wasserdampf in der Atmosphäre sind erwärmt, und zwar nicht vom Sonnenlicht, das Wasserdampf nicht gut absorbieren kann, sondern von der Wärmestrahlung der Erde. Sie würden nun bis zu dem Punkt abkühlen, an dem sich plötzlich unzählige winzige Eiskörnchen („Diamantenstaub") bilden. Vom Weltraum aus betrachtet, ergäben sie eine blendendweiße Decke in der oberen Atmosphäre, die viel von der Sonnenwärme zurück ins All reflektierte. Diese Eisdecke würde auch einen großen Teil der Wärme abstrahlen, die sonst bis zur Erdoberfläche durchdringt. Daraufhin

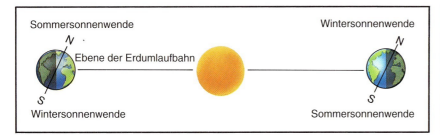

Sommersonnenwende · Wintersonnenwende
N · N
Ebene der Erdumlaufbahn
S · S
Wintersonnenwende · Sommersonnenwende

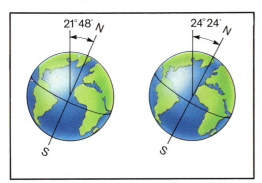

21° 48' N · 24° 24' N
S · S

Nicht nur das „Nicken", sondern noch zwei weitere Faktoren der Erdrotation wirken sich auf das Klima des Planeten aus. Über einen Zeitraum von 95 000 Jahren wandelt sich die Form der Erdbahn von einem Kreis zu einer Ellipse und wieder zum Kreis (s. Abb.). Auch die geringen Differenzen in der Wärmemenge, die die Erde erreicht, können die Unterschiede zwischen den Jahreszeiten verstärken oder abschwächen, und die Präzession der Erde (unten) hat innerhalb eines Zeitraums von 11 500 Jahren die gleiche Wirkung. Nach Milankovic können diese drei Zyklen zusammenfallen und eine Eiszeit herbeiführen.

Januar · Juli

„SOGAR IN TROPISCHEN REGIONEN TRÜGEN DIE BERGE KAPPEN VON EIS, VON DENEN SICH UNGEHEURE GLETSCHER AUSBREITETEN."

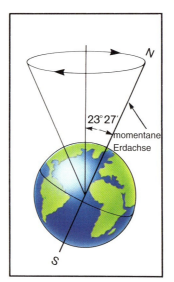

N
23° 27'
momentane Erdachse
S

würde die Temperatur auf der Erde weiter absinken.

Wenn erst einmal die überschüssige Wärme des Meeres verloren und die Temperaturen in den Ozeanen, in der Luft und auf dem Festland im Gleichgewicht wären, dann gäbe es nach Hoyles Theorie fast keine Winde mehr. Es würde kaum noch regnen oder schneien, doch im Laufe der Jahrhunderte entständen 800 Meter dicke Eisplatten über Großbritannien, Nordeuropa und großen Teilen Nordamerikas. Sogar in tropischen Regionen trügen die Berge Kappen aus Eis, von denen sich ungeheure Gletschermassen ausbreiteten. Die Menschheit würde stark dezimiert, weil Millionen aufgrund der jähen Verschiebung der Vegetationszonen verhungert wären.

Hoyle ist der Ansicht, daß nur ein erneuter Meteoriteneinschlag die Auswirkungen des ersten wieder rückgängig machen könnte. Dafür wären ein Meteorit mit einem hohen Eisenanteil erforderlich; doch nur jeder fünfte bis zehnte ist ein Eisenmeteorit.

Sollte ein solches Objekt einschlagen, so würden Millionen Tonnen feinster Eisenpartikel in die obere Atmosphäre geschleudert. Sie würden die Menge des Sonnenlichts, das direkt bis auf die Erdoberfläche durchdringt, um vielleicht 20 bis 30 Prozent verringern. Doch die Eisenteilchen würden Hitze eher absorbieren, als sie ins All reflektieren, so daß sich die Atmosphäre schnell aufheizte. Dann wandelte sich der Diamantenstaub zu Wasserdampf, und Land und Meer würden sich ihrerseits erwärmen. Die Eisenpartikel bedürften einiger Jahrzehnte, um die Atmosphäre zu verlassen, doch dann wäre die Erde imstande, zum „Normalzustand" zurückzukehren.

Was wir als „normales" Klima ansehen, war jedoch in unserer Glazialepoche der vergangenen 2 Millionen

Jahre die Ausnahme. Wärmeperioden dauerten etwa 10 000 Jahre, Eiszeiten hingegen etwa 100 000 Jahre. Das stimmt mit der Tatsache überein, daß Steinmeteoriten zwischen fünf- und zehnmal häufiger auf der Erde einschlagen als solche aus Eisen.

Hoyle schlug ernsthaft vor, die Menschheit solle etwas unternehmen, um eine nächste Eiszeit zu verhindern, die ansonsten unweigerlich käme, und zwar so rasch, daß wir mit der dadurch verursachten Störung nicht fertig würden. Sein etwas absonderlicher Vorschlag bestand darin, den Wärmevorrat in den Ozeanen zu erhöhen.

Die Tiefen der Ozeane sind kalt, das liegt weitgehend an der Eiskappe in der Antarktis. Eisberge brechen ab und schmelzen langsam während des südlichen Sommers. Das kalte, dichte Meerwasser sinkt auf den Grund, wo es von der Wärme der Atmosphäre und des Sonnenscheins abgeschnitten ist.

Hoyle schlug vor, die Tiefen der Ozeane zu erwärmen, indem Wasser von dort an die Oberfläche gepumpt und hier von der Wärme der Luft aufgeheizt würde. Es wäre jedoch noch immer kälter und dichter als das Oberflächenwasser und sänke daher wieder nach unten, wobei es von dem umgebenden Wasser erwärmt würde.

Die Erwärmung sollte nicht zu schnell geschehen, da das zu einer Abkühlung des Oberflächenwassers führen und eine Eiszeit nur fördern würde. Hoyles Berechnungen zufolge müßte man ein Jahrhundert lang

Sowohl die Admiralty Bay, King-George-Insel, in der Antarktis (oben) wie auch die Tundra Grönlands in der nördlichen Hemisphäre (rechts) würden die Auswirkungen einer zukünftigen Eiszeit zu spüren bekommen. Nach Milankovic wird die nächste Eiszeit wahrscheinlich durch eine Kombination folgender Faktoren ausgelöst: eine Reihe bitterkalter Winter in der südlichen Hemisphäre, die Ausdehnung dauerhaft gefrorener Flächen Antarktischer Meere und kalte Sommer in der nördlichen Hemisphäre, die die Schneedecke auf dem Land nahe dem Nordpol auf Dauer vereisen lassen.

pumpen, um den Vorrat der im Meer gespeicherten Wärme so weit zu erhöhen, daß er ein Jahr lang die Bildung von Diamantenstaub und also auch den Beginn einer Eiszeit verhindern könnte.

Es würde somit ein Jahrtausend dauern, um einen Zehnjahresvorrat anzulegen, das heißt, die gegenwärtigen Wärmereserven der Erde zu verdoppeln. Nach weiteren 1000 Jahren, mit einem Vorrat für 30 Jahre, wäre die Erde laut Hoyle sicher vor der Gefahr einer neuen Eiszeit.

Um diese behutsame Erwärmung der Erde zu erreichen, müßte man das Ozeanwasser aus einem Bereich von 4 Quadratkilometern nach oben pumpen. In gut einer Stunde wäre das Wasser aus der durchschnittlichen Meerestiefe von 3800 Metern aufgestiegen. Dieses System liefe selbständig, da es die Pumpen mit der Energie betriebe, die es aus dem Temperaturunterschied zwischen dem Oberflächen- und dem Tiefenwasser gewänne.

Im Endeffekt würde man die Gesamttemperatur der Meere auf den Stand von vor 20 Millionen Jahren bringen, als es keine Eiszeiten gab. Die polaren Eiskappen schmölzen zwar zu einem Teil, so daß der Weltmeerspiegel stiege, doch innerhalb weniger tausend Jahre könnte man dieses Problem leicht meistern. Hoyle stellte sich vor, daß wir in dieser Zeit die Ozeane von den Schellen der Kontinente zurückdrängen sollten, um ihre reichen Mineralvorkommen auszubeuten. Er sieht kein Problem darin, zusätzliche Wälle als Schutz gegen das Meer bauen zu müssen, da man ähnliche Projekte technisch bereits realisiert hat.

Einige werden diesen visionären Plan für eine der arrogantesten Ausgeburten menschlichen Technologiewahns halten, für Hoyle aber erscheint er unabdingbar. Eines Tages, so warnt er, werde ein weiterer Steinmeteorit einschlagen, und dann liege es bei uns, ob die katastrophalen Folgen nur ein Jahrzehnt oder hundert Jahrtausende andauerten.

DAS CHINESISCHE ORAKEL

Eine der ältesten und flexibelsten Methoden des Wahrsagens ist zugleich die faszinierendste. Das über 3000 Jahre alte chinesische I-ching bietet eine Fülle von Inspirationen für alle, die seine okkulten Aussagen deuten können.

Der große chinesische Philosoph Konfuzius (551–479 v. Chr.) soll 481 v. Chr. gesagt haben: „Wenn ich einige zusätzliche Lebensjahre erhielte, würde ich fünfzig auf das Studium des I-ching verwenden und könnte dann vielleicht großen Fehlern entgehen." Damals war er schon fast 70 Jahre alt und hatte eine Reihe von Kommentaren zu den Texten des I-ching geschrieben, das die Chinesen das „Buch der Wandlungen" nennen.

Unten: Eine Befragung des I-ching in westlich romantisiertem Licht: Die Stäbe werden durch Weihrauchnebel geschwenkt, während der Ratsuchende Kotaus vor ihnen macht.

Das I-ching gehört zu den ältesten und angesehensten Orakelbüchern der Welt. In seiner gegenwärtigen Form läßt es sich mindestens 3000 Jahre zurückverfolgen – und selbst damals hielt man es schon für verehrungswürdig, da es auf noch älteren Orakelformen beruhte.

Die philosophischen Wurzeln des I-ching liegen im uralten chinesischen Glauben des Tao. „Tao" ist am ehesten mit „Weg" zu übersetzen – wie in der christlichen Losung „Ich bin der Weg und die Wahrheit und das Leben".

Eine wirklich treffende Entsprechung bietet unsere Sprache nicht, und selbst im Chinesischen gibt es mehrere Deutungen. „Das Tao, das sich in Worte fassen läßt, ist nicht das Ewige Tao", heißt es in einer chinesischen Inschrift.

Der Tao-Kundige sieht die Welt nicht aus Einzelelementen von Zeit und Raum zusammengesetzt: Alles ist Teil von allem, und die Wirklichkeit beruht auf ewigem Wandel. Das Wasser eines Flusses bleibt niemals dasselbe, und entsprechend gilt das Universum als eine bewegte Struktur, in der nichts von Dauer ist. Das I-ching unterscheidet sich darin von anderen Orakelbüchern, daß es Vergangenheit, Gegenwart und Zukunft nicht als festgelegt betrachtet. Zeit und Schicksal werden als dynamisch und fließend, von einem Moment zum nächsten wechselnd angesehen. Eine Wahrsagung nach dem I-ching zeigt daher nur Möglichkeiten auf.

Um das I-ching zu befragen, muß man eines der 64 möglichen Hexagramme erstellen – Blöcke aus sechs

Oben: K'ung fu-tzu, der große chinesische Philosoph, der uns als Konfuzius bekannt ist.
Unten: Die Philosophie des Tao enthält ein stark sexuelles Element, und der Geschlechtsverkehr wird als der Austausch des Yin und Yang der beiden Partner betrachtet. Die Schale stellt die Herbsttage dar, die letzte der dreißig Stellungen von Himmel und Erde: „Der Gebieter Yang liegt mit der Hand am Hinterkopf auf dem Rücken, und die Herrin Yin sitzt auf seinem Bauch, das Gesicht seinen Füßen zugekehrt."

Linien, die nach entsprechender Auslegung das Leben von Natur und Mensch erklären sollen. Jedes Hexagramm besteht aus zwei dreizeiligen Zeichen, den „Trigrammen", deren Linien durchgezogen oder durchbrochen sein können. Es gibt acht verschiedene Trigramme und somit als Summe aller möglichen Anordnungen 64 Hexagramme, jedes mit einem eigenen chinesischen Namen.

Die Linien der Trigramme werden mit den beiden polaren, sich aber ergänzenden Prinzipien der taoistischen Philosophie, Yin und Yang, erklärt. Yin ist passiv, Wasser und Mond zugeordnet und weiblicher Natur. Yang ist aktiv, Feuer und Sonne zugeordnet und männlicher Natur. Eine durchbrochene Linie stellt Yin dar, eine durchgezogene Yang. So veranschaulicht das Hexagramm das unaufhörliche Wechselspiel zwischen den beiden, das heißt, es spiegelt den beständigen Wandel im Leben selbst wider, der diesem Orakel seinen Titel gab: Buch der Wandlungen.

Das System, durchbrochene und durchgezogene Linien zu verwenden, um Yin und Yang zu symbolisieren, sowie die Bildung der Trigramme selbst sollen das Werk des legendären Kaisers Fu-hsi um 2800 v. Chr. sein. Die Zusammenstellung der Hexagramme wird dem chinesischen König Wen aus dem 12. Jahrhundert v. Chr. zugeschrieben.

Die den Hexagrammen zugeordneten Texte des I-ching, die der Fragende konsultieren muß, stammen aus verschiedenen Geschichtsepochen und sind in mehrere Abteilungen unterteilt. Die erste Abteilung beschreibt das Hexagramm entsprechend den beiden Trigrammen; es folgt das sogenannte „Urteil", das König Wen zusammengestellt haben soll. Die dritte Abteilung, das „Bild", beschreibt in knapper, prägnanter Form dem Aufgeschlossenen, allgemein als „der Edle" angesprochen, was er tun sollte. Dieser Text wird Konfuzius zugeschrieben.

Auch die vierte Abteilung, die „Linien" oder der „Kommentar", gilt traditionell als Werk des Konfuzius. Sie ist im allgemeinen länger als das „Urteil" und bezieht sich auf die Bedeutung der einzelnen Linien, die das ganze Hexagramm bilden.

Jedes der acht Trigramme – entsprechend auch die daraus gebildeten Hexagramme – hat viele Bedeutungsebenen. Dazu gehören Naturgegebenheiten wie Erde oder Donner, allgemeine Eigenschaften wie schöpferisch oder störrisch, Jahres- und Tageszeiten sowie Körperteile. Das Trigramm mit drei durchgehenden (Yang-)Linien zum Beispiel heißt ch'ien und symbolisiert das Schöpferische. Es drückt Stärke, Dynamik und männliche Kraft aus und ist dem Tageslicht und dem Frühsommer (Mai–Juni) zugeordnet.

Das erste der 64 Hexagramme heißt auch ch'ien, da sein oberes und unteres Trigramm beide das Zeichen ch'ien darstellen. Dieses Hexagramm ist dem Himmel, dem König, dem Führer und dem Familienoberhaupt zugeteilt. Nach einer Deutung repräsentiert es jemanden, der seine Kraft und Vitalität konstruktiv einsetzt, enthält aber auch die Warnung vor dem Versagen, wenn die Stärke anmaßend oder übermäßig ausgespielt wird.

Die Bildung eines Hexagramms

Auch wenn die Hexagramme des I-ching schon alle vorhanden sind, können Sie nicht willkürlich eines auswählen. Jeder muß sein eigenes Hexagramm bilden, um Antwort auf eine bestimmte Frage zu bekommen.

DER GEIST DER SCHAFGARBE

Ein traditioneller Weg der Befragung des I-ching basiert auf der Verwendung von 50 getrockneten Schafgarbenstengeln, einer Pflanze, die einst den Chinesen heilig war. Ein Stengel wird beiseite gelegt und nicht weiter gebraucht, doch der Grund für diesen Brauch liegt im dunkeln. Die übrigen 49 Stengel werden auf zwei Häufchen verteilt. Danach wird folgendermaßen verfahren:

1. Ein Stengel vom rechten Stapel wird zwischen den kleinen Finger und den Ringfinger der linken Hand gesteckt.

2. Je vier Stengel gleichzeitig werden vom linken Stapel entfernt, bis vier oder weniger übrigbleiben. Diesen Rest nimmt man zwischen Ring- und Mittelfinger der linken Hand.

3. Je vier Stengel gleichzeitig werden vom rechten Stapel entfernt, bis vier oder weniger übrigbleiben. Diesen Rest steckt man zwischen Mittel- und Zeigefinger der linken Hand. Die Summe der Stengel zwischen den Fingern der linken Hand ergibt nun entweder 5 oder 9:

1 + 1 + 3 = 5 oder	1 + 2 + 2 = 5 oder
1 + 3 + 1 = 5 oder	1 + 4 + 4 = 9

4. Diese Stengel werden dann beiseite gelegt, und der Vorgang wird mit den übrigen 40 oder 44 Stengeln wiederholt. Am Ende bleiben zwischen den Fingern entweder 4 oder 8 Stengel:

$$1 + 1 + 2 = 4 \text{ oder}$$
$$1 + 2 + 1 = 4 \text{ oder}$$
$$1 + 4 + 3 = 8 \text{ oder}$$
$$1 + 3 + 4 = 8$$

5. Auch dieser Stapel wird beiseite gelegt und der Vorgang mit den verbliebenen Stengeln wiederholt. Wiederum beträgt die Summe der Stengel in der linken Hand entweder 4 oder 8. Nun liegen drei Häufchen vor: Das erste enthält 5 oder 9 Stengel, das zweite und dritte je 4 oder 8. Es gibt somit acht mögliche Kombinationen dieser drei Mengen. Diese ergeben eine Yin- oder Yang-Linie:

5 + 4 + 4	——⊖——	alte Yang-Linie
9 + 8 + 8	——✕——	alte Yin-Linie
5 + 8 + 8		
9 + 8 + 4	—————	junge Yang-Linie
9 + 4 + 8		
5 + 4 + 8		
5 + 8 + 4	—— ——	junge Yin-Linie
9 + 4 + 4		

Damit ergibt sich erst eine Linie, die als unterstes Element des Hexagramms aufgezeichnet wird. Den Vorgang muß man dann noch fünfmal wiederholen und die Linien in aufsteigender Reihenfolge notieren.

Das geschieht Linie für Linie, von unten angefangen, indem man jeweils ein Los wirft.

Hierfür gibt es zwei Methoden. Man kann entweder drei Münzen oder etwa 20 Zentimeter lange Stecken auf eine flache Oberfläche werfen. (Die traditionellen Entsprechungen sind die alten chinesischen Bronzemünzen mit einem Loch in der Mitte oder getrocknete Schafgarbenstengel.) Bei den Münzen wird jeder Seite ein Wert zugeteilt; Kopf bei heutigen Münzen erhält den Wert drei, Zahl zwei.

Sie müssen zunächst dem Orakel eine klare Frage stellen, vorzugsweise eine, die nicht ein eindeutiges Ja oder Nein verlangt. Dann werfen Sie die Münzen sechsmal (die ersten drei Würfe für das untere Trigramm, die nächsten drei für das obere). Von jedem Wurf werden die Werte zusammengezählt – das ergibt

entweder sechs, sieben, acht oder neun – und übereinander aufgeschrieben.

So ergibt jeder Wurf eine Linie, und das Hexagramm baut sich von unten auf. Sie müssen allerdings wissen, ob sie eine durchbrochene (Yin-) oder durchgezogene (Yang-)Linie ziehen sollten. Jede Summe hat einen ihrem Wert entsprechenden Namen: sechs bedeutet „altes Yin", sieben „junges Yang", acht „junges Yin", neun „altes Yang". Es empfiehlt sich, jedes „alte Yang" mit einem Kreis und jedes „alte Yin" mit einem Kreuz in der Mitte zu versehen.

Der Beiname „alt" bezieht sich auf das t'ai chi, eine Lebensweisheit, die zuerst im I-ching erwähnt wird. Dort steht, wenn eine Urkraft wie Yang ihre größte Entfaltung erreiche („alt" wird), dann wandele oder mildere sie sich in ihr Gegenteil, Yin. Das läßt sich etwa an der

DIE 64 HEXAGRAMME

Die hier aufgeführten 64 Hexagramme bilden die Grundlage des I-ching, des Buchs der Wandlungen. Jedes Zeichen ist mit einer stark vereinfachten Interpretation versehen, die den Bedeutungsgehalt des Hexagramms zusammenfaßt. Zum besseren Verständnis sollten Sie eine Übersetzung des I-ching zu Rate ziehen. Neben dem chinesischen Namen des Hexagramms steht die sinngemäße Bedeutung.

1. ch'ien *(Das Schöpferische)*
Nutze deine Kraft richtig, dann hast du Erfolg, doch hüte dich vor Anmaßung und Übermut

2. k'un *(Das Empfangende)*
Anpassungsfähigkeit und die Nachgiebigkeit des Weiblichen zusammen mit Beharrlichkeit bringen Heil

3. chun *(Die Anfangsschwierigkeit)*
Eine neue Situation, ringt sich durch; erzwinge nichts und handle bedachtsam und überlegt

4. meng *(Die Jugendtorheit)*
Unerfahrenheit führt nur mit Hilfe eines Lehrers zum Verstehen. Sei ehrerbietig und bedacht

6. hsü *(Das Warten)*
Stehe widrige Zeitenh mit positiven Gedanken durch. Bewahre deine Ruhe, aber sei zum Handeln bereit

6. sung *(Der Streit)*
Innerer oder äußerer Unfriede lassen sich nur durch Kompromisse oder Rat von außen schlichten

7. shih *(Das Heer)*
Heerscharen bedürfen eines starken Führers, der die Soldaten (Macht) im Zaum halten kann

8. pi *(Das Zusammenhalten)*
Wahre Partnerschaft und Zusammenarbeit, die auf gegenseitigem Vertrauen und Pflichtgefühl beruht, bringt Heil

9. hsiao-chu *(Des Kleinen Zähmungskraft)*
Große Vorhaben können durch Kleinigkeiten beeinträchtigt werden und einen Kompromiß erzwingen

10. lü *(Das Auftreten)*
Trete bei deinem Tun behutsam auf, indem du dein und der anderen inneres Wesen und Ansehen achtest

11. t'ai *(Der Friede)*
Wenn Stärke Nachgiebigkeit zeigt, erfolgt Harmonie in persönlichen Beziehungen und Umständen

12. pi *(Die Stockung)*
Wenn das Schöpferische und das Empfangende sich trennen, hinterläßt das mangelnde Harmonie

13. t'ung-jen *(Gemeinschaft mit Menschen)*
Die Gemeinschaftsbande werden durch Zusammenarbeit sowie Annehmen der Verschiedenheit erhalten

14. ta yu *(Der Besitz von Großem)*
Großer persönlicher und materieller Besitz verlangt Demut, das rechte Verhalten und hohe Gesinnung

15. ch'ien *(Die Bescheidenheit)*
Bescheidenheit im Denken und Tun bei Wohlstand und Ansehen bewahren den Erfolg

16. yü *(Die Begeisterung)*
Eine Zeit schöpferischer Energie, die besonders günstig für neue Vorhaben und Regelung von Angelegenheiten ist

17. sui *(Die Nachfolge)*
Sich den Wünschen anderer unterzuordnen oder sich dem Strom anzupassen, macht zufrieden und spart Kraft

18. ku *(Die Arbeit am Verdorbenen)*
Nach Zerstörung und Verfall kommt die Zeit des Aufbaus und der Erneuerung, der ewige Kreislauf der Natur

19. lin *(Die Annäherung)*
Das rechte Verhalten zwischen einem Vorgesetzten und dem Untergebenen bewirkt Gelingen für beide

20. kuan *(Die Betrachtung)*
Nach getaner Arbeit betrachte mit Muße deine Lage; das schafft Klarheit und Verständnis bei dir und anderen

21. shih-ho *(Das Durchbeißen)*
Durch Anfangsschwierigkeiten muß jeder sich durchbeißen; tatkräftiges und gerechtes Handeln bringt Gelingen

22. pi *(Die Anmut)*
Anmut und Jugend sind anziehend und hilfreich, aber du mußt auch tiefer blicken können

23. po *(Die Zersplitterung)*
Verfall und Unordnung drohen den Starken zu überwältigen; bewahre deine Würde durch selbstloses Handeln

24. fu *(Die Wiederkehr)*
Nach einem Unglück bessern sich die Aussichten wieder; das ist der immerwährend Kreislauf des Tao

25. wu-wang *(Die Unschuld)*
Unschuldige Schlichtheit und Güte im Denken, mit Beharrlichkeit gepaart, bringt großes Wohl

26. ta-chu *(Des Großen Zähmungskraft)*
Geistige und materielle Kraftreserven werden vergeudet, wenn sie nicht angezapft werden

27. i *(Die Ernährung)*
Auf der Suche nach geistiger und körperlicher Nahrung unterscheide stets zwischen Gesundem und Unreinem

28. ta-kuo *(Des Großen Übergewicht)*
Auch bei der Stärke ist jegliches Übermaß gefährlich; der Weise jedoch erkennt die Gefahr

29. k'an *(Das Abgründige)*
Tiefe Krisen kommen in einem inneren wie äußeren Zustand vor, doch wo Gefahr ist, wächst auch das Rettende

30. li *(Das Feuer)*
Die Kräfte einer feurigen Person müssen gezügelt werden; Kraftüberschuß wirkt schöpferisch wie auch zerstörerisch

31. hsien *(Die Einwirkung)*
Ruhige und beharrliche Stärke zieht das Schwache an, wirkt auf es ein und bringt Glück und Frieden

32. heng *(Die Dauer)*
Das Zusammenwirken einer aktiv leitenden Kraft mit einer passiv sanften erweist sich als dauerhaft

Bewegung einer Welle veranschaulichen, die sich zu Yang aufbaut und zu Yin zerfällt, oder am Lauf der Sonne, die im Zenit Yang ist und dann in die Dunkelheit (Yin) taucht.

Die „alten" oder „bewegten" Linien zeigen Wandel an. Wenn sie auftreten, muß daher ein neues Hexagramm gebildet werden („altes Yang" wird „junges Yin" und „altes Yin" wird „junges Yang"). Erst der Text dieses zweiten Hexagramms gibt die Antwort auf Ihre Fragen.

Das folgende Beispiel zeigt Ihnen, wie Sie ein Hexagramm bilden und den Text konsultieren. Sie brauchen dazu natürlich eine gute und vollständige Übersetzung; im Buchhandel sind mehrere erschwingliche Ausgaben erhältlich.

Wenn Sie zum Beispiel das Hexagramm 63, das chi-chi (nach der Vollendung), werfen, ist das obere Trigramm k'an und symbolisiert Gefahr, das Abgründige, Wasser, Mond, Winter, Norden, den mittleren Sohn, ein Ohr, das „Element" Holz und die Farbe Rot. Das untere Trigramm ist li, Sinnbild für Feuer, Sonne,

Sommer, Süden, die mittlere Tochter, das Auge und die Farbe Gelb. Dies ist zwar ein sehr günstiges Hexagramm, das eine Zeit des Erfolgs und der Harmonie andeutet, doch es besteht auch Grund zur Vorsicht. Das „Urteil" zu chi-chi lautet: „Gelingen im Kleinen. Fördernd ist Beharrlichkeit. Im Anfang Heil, am Ende Wirren."

Nehmen wir einmal an, daß das Hexagramm chi-chi, wie rechts abgebildet, zustande kam. Wenn die Linien sich in ihr Gegenteil verwandelt haben, ergibt sich das Hexagramm 31 oder hsien (Einwirkung), wie unten abgebildet.

Das „Urteil", „Bild" und die „Linien" für dieses zweite Hexagramm sollten deswegen zur Interpretation gelesen werden.

Einige Erläuterer des I-ching warnen davor, das Orakel zu leicht zu nehmen. So besagt auch das Hexagramm 4 (meng oder Jugendtorheit): „Nicht ich suche den jungen Toren; er sucht mich. Beim ersten Orakel gebe ich Auskunft. Doch fragt er weiter, ist das Belästigung, und ich gebe keine Auskunft mehr."

CHI-CHI

HSIEN

33. tun (Der Rückzug)	34. ta-chuang (Des Großen Macht)	35. chin (Der Fortschritt)	36. ming-i (Die Verfinsterung des Lichts)
Bewahre deine Kraft, indem du rechtzeitig einer möglicherweise gefährlichen Lage ausweichst	Wachsende persönliche Energie bewirkt Macht, aber hüte dich vor Übermaß und Mißbrauch der Macht	Fortschritt und Wohlstand schaffen nur ein gerechter Herrscher und gehorsame, doch selbständige Diener	In dunklen Zeiten fügt sich der Weise äußerlich, bewahrt aber sein inneres Licht und seine Grundsätze
37. chia-jen (Die Sippe)	**38. k'uei** (Der Gegensatz)	**39. chien** (Das Hemmnis)	**40. hsieh** (Die Befreiung)
Jedes Glied in der Sippe spielt eine unwandelbare Rolle; so wird die allgemeine Ordnung bewahrt	Voneinander abweichendes Denken und Tun hemmt, aber es kann doch Fortschritt in kleinen Dingen geben	Droht ein Hemmnis, so halte inne und versuche es zu überwinden, indem du dich mit anderen verbindest	Probleme werden gelöst und Spannungen und Kummer behoben; das Leben wird wieder normal und bringt Halt
41. sun (Die Minderung)	**42. i** (Die Mehrung)	**43. kuai** (Die Entschlossenheit)	**44. kou** (Das Entgegenkommen)
Des einen Verlust ist des anderen Gewinn; so bringt die Hinnahme wechselnden Glücks innere Stärke	Fortschritt und Gelingen werden durch Aufopferung und Eifer des Starken herbeigeführt	Nach einer Zeit der Anspannung bringt gesammelte Kraft den Durchbruch und die Verbesserung der Lage	Stärke mag durch scheinbare Schwäche getäuscht werden; so wird das männliche Prinzip vom weiblichen verführt
45. t'sui (Die Sammlung)	**46. scheng** (Das Empordringen)	**47. kun** (Die Bedrängnis)	**48. ching** (Der Brunnen)
Gemeinschaft und Familien gedeihen, wenn ihre Mitglieder unter einem guten Führer zusammenarbeiten	Das Empordringen zu Macht und Einfluß geschieht durch Willenskraft und Anpassungsfähigkeit	Die Zeit der Bedrängnis kann aufgehoben werden, wenn man innerlich frohen Muts bleibt	Unabdingbar sind tiefe Gefühle sowie seelische und körperliche Stärkung, symbolisiert durch den Brunnen
49. ko (Die Umwälzung)	**50. ting** (Der Tiegel)	**51. chen** (Die Erschütterung)	**52. ken** (Das Stillhalten)
Gesellschaftliche, politische und persönliche Umwälzungen dürfen nur in arger Not vollzogen werden	Praktische Werte (der Tiegel zum Kochen) sind höheren Werten geweiht (körperliche und seelische Nahrung)	Ein erschütterndes Ereignis erregt oft Furcht und Schrecken, aber der wirklich Weise bleibt stets gefaßt	Völlige Ruhe wird durch Meditation und den Rückzug von den Problemen der anderen erreicht
53. chien (Die Entwicklung)	**54. kuei-mei** (Das Heiratende Mädchen)	**55. feng** (Die Fülle)	**56. lü** (Der Wanderer)
Jeder Fortschritt beruht auf einer allmählichen, beständigen Entwicklung, er folgt Vorbildern	Beziehungen wie zwischen einem Mann und seiner Nebenfrau verlangen taktvolle Zurückhaltung	Eine Zeit der Größe, ähnlich der Sonne im Zenit, ist gekommen, auch wenn sie kurz ist	Der Wanderer muß vorsichtig und zuvorkommend sein; er muß auch auf seine innere Würde achten
57. sun (Das Eindringliche)	**58. tui** (Das Heitere)	**59. huan** (Die Auflösung)	**60. ch'ieh** (Die Beschränkung)
Wie ein sanfter, aber doch eindringlicher Wind kann behutsamer Einfluß dauerhaften Wandel herbeiführen	Eine Zeit des Gelingens und des Wohlbefindens, die für den Beginn neuer Unternehmungen günstig ist	Ganzheitlich läßt sich nur erreichen, wenn starre Eigensinnigkeit durch Sanftheit gelöst wird	Das rechte Maß Selbstbeschränkung ist weise, doch zuviel Einschränkung kann unheilvoll sein
61. chung-fu (Die innere Wahrheit)	**62. hsiao-kua** (Des Kleinen Übergewicht)	**63. chi-chi** (Nach der Vollendung)	**64. wei-chi** (Vor der Vollendung)
Inneres Verständnis aufgrund von Lernen und Lehren vermag Großes zu leisten und viel zu bewegen	Überschreite nicht die eigenen Grenzen. Erfolge lassen sich erzielen, wenn man seine Stärken kennt	Erfolg und Harmonie sind erreicht, aber der Lebensfluß könnte auch wieder Verfall bringen	Die Zeit des Übergangs ist noch nicht vorbei; sei wachsam auf deinem Weg, dann kommst du ans Ziel

EINE SPANISCHE BILDERGALERIE

Porträts erschienen auf mysteriöse Weise auf dem Fußboden einer Küche in Spanien. Sie veränderten sich und verblaßten mit der Zeit, zogen Tausende von Besuchern an und narrten Psychologen und Wissenschaftler.

Am Morgen des 23. August 1971 betrat eine Hausfrau im südspanischen Dorf Belmez de la Moraleda ihre Küche und stellte erschreckt fest, daß über Nacht ein Gesicht auf den Fußboden gemalt worden war. Es war weder ein Gespenst noch eine Halluzination: Die Hausfrau, eine einfache Bäuerin namens Maria Gomez Pereira, konnte nur annehmen, daß sich ein paranomales Phänomen in ihrem Haus ereignet hatte. Die Neuigkeit verbreitete sich schnell, und bald hatte jeder im Dorf von der merkwürdigen Begebenheit gehört und drängelte sich in das Haus in der Calle Rodriguez Acosta, um das Gesicht in Augenschein zu nehmen. Es ähnelte einem expressionistischen Porträt, und die Gesichtszüge zeichneten sich in ihrer Farbigkeit sehr naturalistisch auf dem Betonboden ab.

Schließlich versuchte die Familie Pereira, das außergewöhnliche Phämomen, das ihr bis dahin eher ruhiges Dasein empfindlich störte, aus der Welt zu schaffen und beschloß, das geheimnisvolle „Gemälde" zu zerstören. Sechs Tage, nachdem es erschienen war, hackte Miguel Pereira den Küchenfußboden auf und putzte ihn mit frischem Zement aus.

Eine Woche lang geschah nichts weiter. Dann, am 8. September, betrat Maria Pereira wieder einmal ihre Küche, um wiederum die merkwürdige Ähnlichkeit mit einem menschlichen Gesicht zu bemerken, das sich gerade genau an derselben Stelle im Beton des Fußboden herauszubilden begann. Dieses Mal traten die Umrisse eines männlichen Gesichts sogar noch deutlicher hervor.

Es war nun unmöglich, die Massen von Neugierigen im Zaum zu halten. Jeden Tag bildeten sich Schlangen vor dem Haus, um das „Gesicht aus der anderen Welt" anzusehen. Es blieb etliche Wochen auf dem Boden; und dann, obwohl es nicht verschwand, änderten sich die Züge doch langsam, als würde es altern oder eine Art Verfallsprozeß durchmachen.

Der Bürgermeister von Belmez erkannte die Wichtigkeit der Gesichter und beschloß, daß das zweite nicht zerstört, sondern erhalten werden sollte wie ein wertvolles Kunstwerk. Am 2. November 1971 war eine große Menschenmenge Zeuge, wie man das Bild aus dem Boden schnitt, es hinter Glas faßte und neben dem Kamin an die Wand hängte. Inzwischen hatte sich die Geschichte jedoch bereits weit über die Dorfgrenzen hinaus verbreitet, und Fotos waren in den lokalen Zeitungen erschienen.

Maria Gómez Pereira, unten, in der Tür ihres Hauses in Belmez, rechts. Als sich die Nachricht von den paranormalen Porträts, die auf ihrem Küchenfußboden erschienen, herumsprach, stand ständig eine Gruppe Schaulustiger vor dem Haus. Der ständige Besucherstrom störte das Familienleben so sehr, daß sie das erste Portrait zerstörten.

Forscher fotografierten das zweite Gesicht, nachdem es aus dem Boden ausgeschnitten und an die Wand versetzt worden war. Im Laufe der Monate veränderte sich der Gesichtsausdruck von Erstaunen in Ironie, und die feinen Linien begannen sich aufzulösen. Zeugen sahen auch andere Gesichter erscheinen. Sie entwickelten sich aus sehr groben Linien zu fein gezeichneten Bildnissen.

Der Boden der Küche wurde dann aufgegraben, um festzustellen, ob dort irgend etwas verborgen war, das das mysteriöse Auftauchen der beiden Gesichter erklären könne. In einer Tiefe von etwa 2,70 m fanden die Ausgräber eine Anzahl menschlicher Knochen. Diese Entdeckung stellte v. a. die Spiritisten zufrieden, die sich für die Gesichter von Belmez interessierten, denn es entspricht spiritistischer Überzeugung, daß ein ruheloser Geist an dem Ort spukt, an dem er begraben wurde, oder sich dort als Poltergeist betätigt. Für die Bewohner von Belmez kam die Entdeckung jedoch weniger überraschend, da ihnen wohlbekannt war, daß die Häuser in der Calle Rodriguez Acosta an der Stelle eines ehemaligen Friedhofs erbaut worden waren.

Die Gesichtszüge ändern sich

Das Gesicht hinter Glas wurde von einem Kunstsachverständigen, Professor Camon Aznar, begutachtet, der sehr überrascht war von der Feinheit der Ausführung des „Gemäldes". Er beschrieb es als das Porträt eines überraschten oder erstaunten Mannes mit leicht geöffnetem Mund. Aber in den folgenden Wochen begannen die Linien des Gesichts zu verwischen, und der Ausdruck änderte sich ins Ironische.

Zwei Wochen nachdem der Küchenfußboden aufgegraben und dann wieder geschlossen worden war, erschien ein drittes Gesicht nahe der Stelle, wo die beiden ersten entdeckt worden waren, und nach zwei weiteren Wochen ein viertes; das erstere hatte eindeutig weibliche Gesichtszüge. Nachdem er auch die letzten untersucht hatte, befand Professor Aznar, daß es sich um Malereien in expressionistischen Stil handle. Andere Beobachter, so der Maler Fernando Calderon und der Parapsychologe German de Argumosa, hielten sie für Meisterwerke der Kunst, die auf paranormalem Weg zustande gekommen waren.

Nicht weniger merkwürdig begannen sich wenig später um das vierte Gesicht weitere, kleinere zu zeigen. Maria Pereira zählte neun, während Professor Argumosa, der den Fall begeistert aufgegriffen hatte und

zu seinem Hauptanliegen gemacht hatte, auf insgesamt 18 kam.

Auf einer internationalen Konferenz für Parapsychologie 1977 in Barcelona äußerte Argumosa die Ansicht, daß die Gesichter das Produkt einer Art von poltergeistartiger Aktivität unruhiger Seelen wären. Er sei sehr überrascht gewesen, „als ich sehen konnte, wie sich manche der Gesichter von roh gezogenen Linien zu fein gezeichneten Porträts fortbildeten."

Am 9. April 1972 hatte Argumosa die Herausbildung eines Gesichts über eine längeren Zeitraum verfolgt. Andere Zeugen waren der Journalist Rafael Alcala von der Zeitung *Jaén* und Pedro Sagrario von *Patria*. „Es war unglaublich", schrieb Argumosa später, „wie das Gesicht langsam Konturen annahm vor unseren erstaunten Augen … Ich muß gestehen, daß mein Herz schneller schlug als normal." Auch Pedro Sagrario beschrieb, was er gesehen hatte: das allmähliche Erscheinen auf dem ziegelgepflasterten Teil des Fußbodens zunächst unverbundener Linien, die sich dann nach und nach zu einem eindrucksvollen und attraktiven „Gemälde" zusammenschlossen. Es wurde mehrfach fotografiert, aber am Ende des Tages war es schon wieder so gut wie verschwunden.

Chaotische Reaktionen

Später lud Argumosa seinen Kollegen, den Parapsychologen Professor Hans Bender von dem Freiburger Institut in Deutschland, ein, ihm bei seinen Nachforschungen zu helfen. Professor Bender traf im Mai 1972 in Belmez ein, um chaotische Zustände vorzufinden. Viele hatten die Phänomene begutachtet, Priester, Maler, Parapsychologen und Journalisten, und jeder hatte eine andere Theorie über ihre möglichen Ursachen.

Nachdem er die Zeugen am Ort befragt hatte, kam Bender zu der Überzeugung, daß die Gesichter wirklich paranormalen Ursprungs waren. Er bemerkte noch einen anderen Aspekt: Sie wirkten sehr unterschiedlich auf die Betrachter. Ein Gesicht, das dem einen als junger Mann erschien, hielt der andere für

störende Reflektionen auf der Plastikplane produzierte.

So sollte eigentlich sichergestellt werden, daß keines der noch entstehenden Gesichter von irgend jemandem außerhalb hergestellt wurde. Jedoch sammelte sich Wasser unter der Plane, und die Familie Pereira beschloß, sie zu entfernen, bevor weitere Gesichter sichtbar wurden. Obwohl Bender und Argumosa mehrmals während der folgenden Monate Belmez besuchten, kamen ihre Nachforschungen zu keinem endgültigen Ergebnis. Das „Spukhaus" jedoch war zu einem Wallfahrtsort für okkultistisch Interessierte aus Spanien, Frankreich, England und Deutschland geworden, die es unterschiedlich als dämonisch oder heilig interpretierten. Sie brachten auch Tonbandgeräte mit, um Sitzungen mit den „Geistern" mitzuschneiden, die sie immer noch im Haus vermuteten. Eine ganze Reihe ungewöhnlicher Aufnahmen entstanden, auch eine von Argumosa selber. Auf dieser hört man laute Schreie, den Lärm vieler gleichzeitig redender Stimmen und das Weinen von Menschen. Das Band wurde in Barcelona der Spezialistin für Medien, Carole Ramis, vorgespielt, und sie attestierte ihm beeindruckende paranormale Züge. Ihrer Meinung nach mußte vor Jahrhunderten in dem Haus in Belmez etwas sehr Schlimmes passiert sein – vielleicht im Zusammenhang mit dem Friedhof darunter.

Aber es konnte bisher immer noch keine gänzlich befriedigende Lösung gefunden werden: Auch Chemiker, die den Zement untersuchten, waren nicht in der Lage, hieraus das Erscheinen der Gesichter zu erklären.

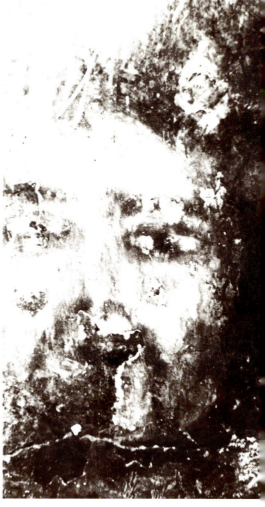

einen Greis. Manche der Gesichter schienen wie ein Puzzlespiel angelegt zu sein und mit anderen, größeren ineinander zu greifen. (Daß eine Linie verschieden wahrgenommen werden kann, wird oft auf Werken medial begabter Künstler beobachtet.)

Versuchen, sie mit Reinigungsmitteln oder durch Scheuern zu entfernen, hielten die Gesichter stand; sie schienen sich nach einer seltsamen Eigengesetzlichkeit zu entwickeln und zu verfallen.

Bender unternahm auch einen Versuch, die Entstehung der Gesichter unter experimentellen Bedingungen zu dokumentieren mit einem Verfahren, das Argumosa ohne Erfolg angewandt hatte. Er und sein Team fotografierte zuerst den Küchenfußboden in seinem Normalzustand und bedeckte ihn dann ganz mit einer dicken Plastikplane. Diese Plane zog sich auch zu den Wänden hoch und wurde im Abstand von jeweils 15 Zentimetern befestigt. Der Plan, auch eine Kamera zu installieren, um das paranormale Entstehen der Gesichter aufzuzeichnen, erwies sich allerdings als unpraktikabel, da das Licht in dem Raum zu schwach war und eine zusätzliche Beleuchtung

Das zweite Porträt in Belmez wurde im Abstand von sechs Monaten zweimal forografiert. Am 10. September 1971, oben, waren die Züge noch recht klar. Am 10. April, rechts, begannen sie sich aufzulösen. Andere Porträts auf dem Küchenfußboden entstanden und vergingen innerhalb eines Tages. Wissenschaftler und Parapsychologen waren angesichts dieses Phänomens gleichermaßen sprachlos.

Rechts: Im Sommer 1980 sah die Mannschaft des Schleppers „Caioba-Seahorse" vor der brasilianischen Küste ein seltsames Objekt treiben. Es schien, wie die Zeichnung zeigt, mit verschiedenen bunten Lichtern Signale auszusenden. Kurz darauf schwebte ein UFO herab, dockte an das Objekt an und flog mit seiner Ladung davon. Wie manche glauben, hatte die Mannschaft die Bergung eines USOs erlebt.

EIN UNERGRÜNDBARES GEHEIMNIS

UFOs sind heute jedem ein Begriff, doch haben Sie schon einmal von USOs gehört? Da sich die Berichte über USO-Sichtungen häuften, versuchte man, dieses Phänomen zu erforschen.

Am Abend des 30. Juli 1967 hatte Jorge Montoya Dienst als wachhabender Offizier auf dem argentinischen Handelsschiff „Naviero", das sich 190 Kilometer vor der brasilianischen Küste im Südatlantik befand. Die nicht eingeteilten Offiziere und Mannschaftsmitglieder nahmen gerade unter Deck das Abendessen ein. Alles war ruhig verlaufen, als Montoya plötzlich steuerbord in 15 Metern Entfernung ein zigarrenförmiges Objekt ausmachte, das geräuschlos durch das Wasser glitt. Einen Moment starrte er verblüfft ins Meer und alarmierte dann über Bordfunk den Kapitän, Julian Ardanza, der sich sofort an Deck begab. Die beiden Männer konnten das seltsame Objekt etwa 15 Minuten lang in derselben Position beobachten. Sie schätzten seine Länge ungefähr bis 33,5 Meter. Es strahlte ein bläulichweißes Licht aus und schlug keinerlei wahrnehmbare Wellen.

Mit einem Mal steuerte das unbekannte U-Boot auf die „Naviero" zu, leuchtete grell auf, als es beschleunigte, tauchte unter das Handelsschiff und verschwand in den Tiefen des Meeres. Die „Naviero" war auf eines dieser rätselhaften USOs (unidentified submarine objects – unbekannte Unterseeobjekte) gestoßen. Kapitän Ardanza beteuerte in einem späteren Presseinterview, daß es mit Sicherheit kein gewöhnliches U-Boot oder gar ein Wal gewesen sei und er in seinen 20 Dienstjahren auf See niemals etwas Vergleichbares zu Gesicht bekommen habe.

Die große Zahl von Augenzeugenberichten lassen den Schluß zu, daß es in den Gewässern unseres Planeten beinahe ebenso viele USOs gibt wie UFOs am Himmel. Dieses Ergebnis überrascht nicht, wenn man bedenkt, daß die Ozeane über 70 Prozent der Erdoberfläche einnehmen. Ihre Durchschnittstiefe beträgt etwa drei Kilometer, und der Mensch steht in diesen Bereichen erst am Anfang seiner Forschung. Theoretisch könnten sich hier technologisch hochentwickelte Lebewesen aufhalten und ungestört entfalten.

Wie bei den UFOs, die nicht, wie man heute weiß, erst 1947 zum ersten Mal gesichtet wurden, gibt es auch über USOs schon Berichte aus dem vorigen Jahrhundert. In der Nacht vom 24. Februar 1885 zum Beispiel beobachtete die Besatzung der „Innerwich" im Nordpazifik, wie ein riesiges Objekt, das strahlend rot leuchtete, vor ihren Augen ins Wasser tauchte und dabei meterhohe Wellen schlug. Eine ähnliche Entdeckung machte Kapitän Moore vom britischen Schiff „Siberian". In der Nähe vom Kap Race bei Neufundland sichtete er etwa fünf Minuten lang „einen großen Feuerball", der aus dem Ozean in eine Höhe von 15 Metern aufstieg, gegen den Wind auf sein Schiff zusteuerte und dann seinen Blicken entschwand. Diese und andere Schilderungen legen nahe, daß USOs sich

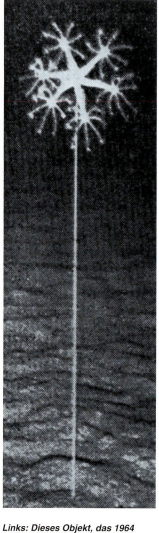

Links: Dieses Objekt, das 1964 westlich des Kaps der Guten Hoffnung fotografiert wurde, ist den Meeresbiologen nach wie vor ein Rätsel. Die gekreuzten Formen erinnern stark an Antennen. Sollte es sich etwa nicht um ein Tier handeln, oder ist es nur eine ungewöhnliche Abart der riesigen Tintenfische (oben), die in diesen Gewässern leben?

in einigen Fällen in UFOs verwandeln können und umgekehrt.

Eine der aufregendsten USO-Sichtungen ereignete sich in der Nacht vom 26. Juli 1980. Der Schlepper „Caioba-Seahorse" befand sich 95 Kilometer vor der brasilianischen Küstenstadt Natal, als der Erste Kapitänleutnant vor sich ein graues Objekt mit ungefähr zehn Metern Durchmesser treiben sah. Gleichzeitig näherte sich vom Horizont mit hoher Geschwindigkeit ein grelles Licht. Der Offizier änderte sofort den Kurs, um eine Kollision mit dem Objekt zu vermeiden, an dem daraufhin gelbe, rote, grüne und blaue Lichter aufflammten. Auch der grelle Schein hatte sie inzwischen erreicht und schwebte geräuschlos als leuchtender ovaler Körper etwa 60 Meter über dem USO. Die Maschinen des Schleppers waren ausgefallen, und angsterfüllt, aber dennoch fasziniert beobachtete die Mannschaft, wie das UFO langsam an das im Wasser treibende USO andockte. Nach diesem Manöver erloschen die Lichter des USOs, beide Objekte stiegen auf, schwebten einige Minuten in der Luft und entfernten sich dann sehr schnell. Dieser Vorfall rief eine großangelegte Untersuchung seitens der Marinebehörden hervor und gab den brasilianischen Ufologen etliche Fragen auf. Hatte die Mannschaft des Schleppers die Rettungsaktion eines USOs durch ein UFO erlebt? Oder handelte es sich um ein Routinemanöver an einem festgelegten Treffpunkt? Zu welchen Ergebnissen die Marine gelangt ist, blieb geheim.

Grünes Leuchten auf offener See

Auch vor der nordamerikanischen Küste wurden USOs gesichtet. Zu den Augenzeugen gehörte der 19jährige Wesley Gruman, der am Abend des 27. März 1979 nach Oak Bluff in Massachusetts unterwegs war. Als er über den Sanddünen ein grünes Leuchten bemerkte, suchte er eine Stelle, an der er das Meer überblicken konnte, und entdeckte in etwa 60 Metern Entfernung einen langen leuchtenden Zylinder auf dem Wasser. Er hielt an, und da das USO gerade geräuschlos aufstieg, verließ er den Wagen, um es zu beobachten. Als er seine Taschenlampe holen wollte, bemerkte er, daß er nur noch seinen Kopf bewegen konnte. Diese Lähmung löste sich erst wieder, als das USO schon seinen Blicken entschwunden war. Wie Gruman später berichtete, hatte das Autoradio während des Vorfalls ein tiefes Brummen von sich gegeben, und am nächsten Tag stellte er fest, daß seine mechanische Armbanduhr, die normalerweise um drei Tage vorging, plötzlich das richtige Datum anzeige.

In Newport, Rhode Island, beobachtete John Gallagher im April 1961 bei Tageslicht, wie ein merkwürdiges Objekt vom Meer abhob. Gallagher arbeitete an einem Haus, als er plötzlich eine rote Kugel auf den Wellen tanzen sah. Neugierig stieg er in den zweiten Stock, um eine bessere Sicht zu haben, und stellte fest, daß das Objekt ungefähr 180 Meter von der Küste entfernt war und auf die offene See hinaustrieb. Mit einem Mal stieg es langsam auf eine Höhe von etwa 18 Metern und flog mit circa 160 Stundenkilometern zielstrebig davon. Die kontrollierten Bewegungen und die hohe Geschwindigkeit des Objekts überzeugten Gallagher davon, daß es sich nicht um einen Ballon handelte, den der Wind antrieb, sondern um ein gesteuertes Fahrzeug.

Die unbekannten U-Boote scheinen ihre Aktivitäten auch auf Binnengewässer auszudehnen, denn zahlrei-

che Augenzeugen wollen sie auf Seen, Flüssen, in Häfen, kleinen Buchten und Fjorden gesehen haben. Im November 1980 zum Beispiel beobachteten über 70 Menschen, die am Araguaia-Fluß in Brasilien auf eine Fähre warteten, wie ein festes Objekt mit fünf Metern Durchmesser aus dem Wasser aufstieg. Es schwebte etwa vier Minuten in 200 Meter Höhe und flog dann in Richtung Meer davon. Kurzzeitig befand es sich sogar nur 30 Meter vom Ufer entfernt.

Ein anderer Augenzeuge, der behauptet, am Thompson River nahe Kamloops in der kanadischen Provinz British Columbia eine „typische fliegende Untertasse" gesehen zu haben, möchte anonym bleiben, doch der weltberühmte UFO-Forscher Dr. J. Allen Hynek verbürgt sich für seine Zuverlässigkeit. Der Mann angelte am sonnigen Nachmittag des 16. Mai 1981 am Thompson River, als etwa 90 Meter vom Ufer entfernt mit einem zischenden Geräusch, „als gieße man Wasser in eine heiße Pfanne", ein seltsames Objekt aus dem Fluß aufstieg, über seinem Kopf hochzog und schnell davonflog. Dabei lösten sich kleine Kugeln von der Maschine und prasselten auf ihn nieder.

Am 13. April 1964 konnten der Fahrer, Bob Fall, und die Passagiere der Londoner Buslinie 123 nach Tottenham aus nächster Nähe beobachten, wie ein silbernes zigarrenförmiges USO in den Fluß Lea tauchte, nachdem es mehrere Telefonleitungen durchbrochen und die asphaltierte Uferstraße aufgerissen hatte. Die Polizei suchte den zwei Meter tiefen Fluß mit einem Schleppnetz ab, fand aber nichts und vermutete, daß die Zeugen vielleicht einen Schwarm Enten gesehen hatten. Doch können Enten Telefonleitungen zerreißen und Beton beschädigen?

Auch im St.-Lorenz-Strom in der Nähe der Stadt Quebec, Kanada, wurde im März 1965 ein solches „Ding der Unmöglichkeit" gesichtet. Kapitän Claude Laurin von der Quebecair und sein Copilot konnten vier bis fünf Minuten lang vom Flugzeug aus ein „U-Boot" beobachten, das mehr als 320 Kilometer vom offenen Meer entfernt im Fluß lag. Für jedes herkömmliche U-Boot wäre diese Position viel zu riskant gewesen. Am 23. Mai 1969 sahen drei Augenzeugen, wie ein „rundes glänzendes Objekt mit rot strahlenden Lichtern" in den St. Lorenz tauchte. Die polizeiliche Untersuchung des Vorfalls verlief jedoch ergebnislos.

Die Theorie, daß einige UFOs nach einem Überschallflug durch die Atmosphäre überhitzte Konstruktionsteile kühlen müssen, scheint der folgende Bericht zu bestätigen. Im Sommer 1967 lagerte eine Gruppe von Pfadfindern am Ufer eines ruhig gelegenen Sees in der kanadischen Provinz New Brunswick, 32 Kilometer von St. John entfernt. Die Jungen schliefen bereits, als die beiden Pfadfinderführer zum See gingen, um Wasser zu holen. Plötzlich sahen sie in der Dunkelheit ein UFO heranschweben. Es hatte die Form zweier gegeneinander gelegter Untertassen, um deren Rand herum rote, orangefarbene, grüne und blaue Lichter blinkten. Als es ins Wasser tauchte, hörten die Männer ein zischendes Geräusch von der Art, wie es 1981 der anonyme Zeuge am Thompson River vernahm. Der See führte normalerweise kristallklares, eiskaltes Wasser aus den Bergen, doch am nächsten Morgen war es seltsam trübe und warm.

Die wenigsten Menschen verbringen ihre Nächte an einem See und haben deshalb kaum Gelegenheit, solch merkwürdige Dinge zu beobachten wie zum Beispiel das Ehepaar Bordes, das in der Nacht vom 16. September 1955 am Titicus-Stausee im Staate

> „DER SEE FÜHRTE NORMALERWEISE KRISTALLKLARES, EISKALTES WASSER, DOCH AM NÄCHSTEN MORGEN WAR ES SELTSAM TRÜBE UND LAUWARM."

Am Titicus-Stausee im Staat New York sichtete das Ehepaar Bordes 1955 ein USO. Sie wurden zwar einige Zeit von den Lichtern des seltsamen Schwimmobjekts verfolgt, kamen aber nicht zu Schaden. Stauseen scheinen, den Berichten zufolge, für USOs von besonderem Interesse zu sein.

New York angelte. Um 1.30 Uhr hatten sie immer noch keinen Fisch, als Mrs. Bordes plötzlich eine rosaleuchtende Kugel aus dem Wasser steigen und wieder eintauchen sah. Kurz darauf entdeckten sie beide auf dem Stausee ein dunkles Objekt, an dem unten zwei weiße Lichter strahlten und oben sich ein blaßgelbes Licht drehte. Mr. Bordes, den die Neugier gepackt hatte, ruderte auf das Ding zu, doch es wich sehr schnell zurück, um danach direkt auf ihn zuzukommen, so daß er die Flucht ergriff. Da seine Frau sich unbehaglich fühlte, kehrten sie zu dem etwa 1,5 km entfernten Anlegeplatz zurück, doch die Lichter folgten ihnen in einigem Abstand. Als sie bereits im Auto saßen, konnten sie die hellen Strahlen noch immer über dem See erkennen.

Stauseen scheinen UFOs und USOs besonders anzuziehen, denn viele Zeugen sahen sie hier sowohl im wie über dem Wasser. Experten haben dafür die verschiedensten Erklärungen, angefangen von der Vermutung, daß Außerirdische sich über die zunehmende Umweltverschmutzung informieren, bis zu der Theorie, daß sie – aus welchen Gründen auch immer – unserem Trinkwasser systematisch irgendwelche Wirkstoffe zusetzen.

Diese rätselhaften Maschinen – falls es sich darum handelt – besitzen offenbar ungeheure Kräfte, wie das folgende Fallbeispiel zeigt. Am 30. April 1976 beobachteten drei Zeugen zwischen 17.15 und 17.30 Uhr, wie sich ein neun Meter langes, dunkelgraues Objekt einen Weg durch die 20 Zentimeter dicke Eisschicht des Siljansees in Mittelschweden bahnte. Es entstand ein etwa 3 bis 3,6 Meter breiter Kanal, der sich mehr als 800 Meter über den See zog. Das USO soll mit circa 95 Stundenkilometern durch das Eis gebrochen sein, so daß zu beiden Seiten Eisblöcke flogen und Wasserfontänen spritzten. Acht Jahre zuvor, am

5. April 1968, hatte bereits in *The Times* gestanden: „… Etwas unglaublich Kraftvolles hat ein riesiges Loch in die Eisdecke eines Sees in Mittelschweden geschlagen, aber Wissenschaftler wie Militärexperten sind unschlüssig, was es war." Zwei Einwohner aus der Umgebung von Malung hatten das 585 Quadratmeter große Loch entdeckt. Oberst Curt Hermansson, der die Untersuchung leitete, schloß einen Flugzeugabsturz aus, da man keinerlei Spuren fand, „nur große Eisblöcke, die hochgeschleudert wurden. Was immer in den See stürzte, muß also eine unglaubliche Kraft entfaltet haben." Die Tatsache, daß die ein Meter dicke Eisschicht hochgeschleudert wurde, legt in Anbetracht der übrigen USO-Sichtungen nahe, daß diese Kraft sie von unten her aufbrach – doch auch dies bleibt reine Spekulation. Auch Taucher konnten auf dem schlammigen Seeboden keine Lösung für dieses Rätsel finden.

Verständlicherweise gingen die Behörden schließ-

Im Sommer ist der Siljansee in Schweden üppig bewachsen (oben), im eisigen Winter 1976 aber war er völlig zugefroren (unten). Drei Zeugen beobachteten damals, wie ein großes graues Objekt einen Kanal durch die dicke Eisschicht brach. Bis heute konnte der Vorfall nicht geklärt werden. Das riesige Loch, das man acht Jahre früher in der Eisdecke des Sees entdeckt hatte, ließ auf etwas schließen, das mit ungeheurer Kraft von unten durchgebrochen war und dabei riesige Eisbrocken aufgeworfen hatte.

lich davon aus, daß die Eislöcher durch herabstürzende Objekte verursacht wurden. Die skandinavischen Seen waren seit vielen Jahren Ziel solcher unbekannter Flugobjekte. Im Jahre 1946 traten ähnliche Vorfälle gehäuft auf, und man hielt zunächst Meteoriten für die Ursache. Als jedoch immer häufiger, oft mehrmals täglich, Berichte über silberne, torpedoförmige Geschosse eingingen, die eine Rauchfahne hinter sich herzogen, sprach man zunehmend von „Geisterraketen". Manche glaubten, daß es sich um erbeutete V2-Raketen handle, die die Russen testeten, doch dies entbehrte jeder Grundlage. Das deutsche Raketenentwicklungsgelände in Peenemünde war erst im Mai 1945 von den Russen besetzt worden, als sich die Deutschen längst den Amerikanern ergeben und alle Einrichtungen zerstört hatten. Den russischen Wissenschaftler wäre es in der verbliebenen Zeit bis 1946 ohnehin nicht möglich gewesen, die V1- oder V2-Raketen zusammenzubauen und abzuschießen bzw. Hunderte neuer Raketen selbt zu entwickeln.

Der folgende Bericht vom 19. Juli 1946 ist kennzeichnend für die Beschreibung dieser „Geisterraketen". An jenem Tag sichtete eine Familie 60 Kilometer nördlich von Oslo zwei Raketen von je zwei Metern Länge mit je einem Meter langen Seitenflügeln. Sie sollen mit „orkanartigem" Geräusch über ihre Köpfe gerast und in den Mjösasee gestürzt sein. Auf dem Grund des Sees entdeckten die Militärbehörden einen Krater, den man ergebnislos absuchte. Auf dem Radar hatte man die „Geisterraketen" ausmachen und abrupte Richtungsänderungen verfolgen können, ihren Absturz aber bekam man nur selten zu Gesicht, und wenn, so fielen sie immer in Seen. Trotz intensiver Suche ist es dem Militär aber nie gelungen, irgendwelche Wrackteile zu finden.

Rechts: Ein Blitz trifft eine Familie in einem ländlichen Teil Frankreichs – und fordert zwei Todesopfer, wie es diese Illustration in der Literaturbeilage des Le Petit Parisien von 1901 darstellt. Blitze verhalten sich oftmals recht ungewöhnlich und scheinen sich regelrecht „auszusuchen", wen oder was sie treffen.

NATÜRLICH ODER ÜBERNATÜRLICH?

In der Natur ereignen sich ständig rätselhafte Dinge, die die Wissenschaftler nicht erklären können – oder es gar nicht erst versuchen. Wie entstehen solche kuriosen Phänomene?

Die Welt ist voller Phänomene, die von Hunderten von Menschen bezeugt werden, für die die Wissenschaft aber unerklärlich sind oder von ihr einfach ignoriert werden. Dazu gehören solche eindeutig dubiosen Dinge wie UFOs oder Geistererscheinungen. Es gibt aber noch vieles andere, was die Wissenschaft zwar nicht ganz so in Ratlosigkeit stürzt, aber nicht minder außergewöhnlich ist. Hierzu zählen z. B. Kugelblitze, die man trotz vieler glaubhafter Zeu-

35

cher, als dieses Haus niederiger lag als die umstehenden Gebäude und damit eigentlich weniger gefährdet war.

In ihrer Ausgabe der Zeitschrift *Nature* aus dem Jahre 1902 wird von einem ähnlich merkwürdigen Ereignis berichtet. In einem Haus in Jefferson im Staat Iowa, USA, entdeckte man nach einem Blitzeinschlag, daß in einem Stapel von zwölf Tellern exakt jeder zweite zerbrochen war. Wurde hier das elektrische Feld auf irgendeine Weise in jedem zweiten Teller besonders

genberichte bis ins späte 19. Jahrhundert nicht als echtes Naturphänomen anerkannte.

In der Tat haften Blitzen grundsätzlich etwas Geheimnisvolles an. In jedem Schulbuch kann man nachlesen, daß ein Blitz lediglich eine gewaltige elektrische Entladung in die Erde ist. Die Ladung baut sich meist in den Wolken auf, und der Blitz nimmt in der Regel den kürzesten Weg zur Erdoberfläche. Gelegentlich beobachtet man jedoch auch Blitze, die nach oben schießen. Gibt es vielleicht im Himmel irgendwo einen elektrischen Pol, der normale Blitze und langsame, polarlichtähnliche Entladungen zuweilen stärker anzieht als die Erde? Hängt die Wirkung eines solchen Pols möglicherweise von der Sonnenaktivität oder auch von Meteorschauern ab?

Manchmal schlagen Blitze auch waagrecht ein. Zwischen zwei Wolken lassen sich solche Entladungen leicht erklären. Die Wolken enthalten unterschiedlich starke elektrische Ladungen, und der Blitz verläuft vom höheren zum niedrigeren Potential. Wie aber steht es mit Blitzen, die zielstrebig über riesige Entfernungen hinweg in ein bestimmtes Objekt einschlagen?

Genau dies geschah am 16. Juli 1873 in Hereford, England. W. Clement Ley teilte den Vorfall dem *Symons's Monthly Meteorological Magazine* mit. Nachdem es am frühen Morgen geregnet hatte, brauten sich Gewitterwolken zusammen. Gegen 10 Uhr erschien in Westsüdwest eine riesige Kumuluswolke am klaren blauen Himmel und zog stetig nach Nordosten. Es entlud sich ein Blitz, und nach Leys Worten „bewegte sich das elektrische Fluidum in Erdnähe über das baumbewachsene Gelände, über die Dörfer hinweg und ganz knapp an den Kirchtürmen von ‚All Saints' und ‚St. Peter's' vorbei und wählte als Ziel ein Haus im östlichen Teil der Stadt." Das klingt um so unglaubli-

verstärkt, oder handelte es sich um ein rein mechanisches Phänomen? Die Herausgeber jedenfalls konnten keinerlei plausible Erklärung anbieten.

Vermag sich ein Blitz seinen Einschlagsort tatsächlich „auszusuchen"? Die genannten Beispiele verdeutlichen, daß eine wissenschaftliche Untersuchung solcher Erscheinungen äußerst schwierig ist.

Wie bei den Kugelblitzen gibt es genügend Augenzeugenberichte, um diese Phänomene ernst zu nehmen, doch die lassen sich nicht ohne weiteres im Labor reproduzieren. Es müßte schon der glückliche Zufall eintreten, daß ausgerechnet ein kompetenter Wissenschaftler Zeuge eines solchen Ereignisses wäre. Ein Aspekt der augenscheinlichen Zielauswahl von Blitzen ist indes gründlich erforscht worden. Aus Untersuchungen von 1898 und 1907 geht hervor, daß Blitze vorzugsweise in Eichen und nur selten in Buchen einschlagen – daher rät wohl der Volksmund bei Gewitter: „Eichen sollst du weichen, Buchen sollst du suchen." Warum dies so ist, blieb leider offen.

Im 19. Jahrhundert beschäftigte sich die Wissenschaft mit der Streitfrage, ob es „Blitz-Bilder" gebe, d. h. „Fotografien" auf Lebewesen oder Objekten, die von einem Blitz getroffen wurden. Man gab dem Studium dieses Phänomens sogar einen eigenen Namen – „Keranographie". Ob es solche Abbilder wirklich gibt, ist aber nach wie vor umstritten.

Der erste glaubhafte Bericht zu diesem Thema stammt von keinem Geringeren als dem amerikanischen Diplomaten und Wissenschaftler Benjamin Franklin. 1786 teilte er der „Meteorological Society of London" seine Erinnerungen über einen Vorfall mit, der sich 20 Jahre zuvor ereignet hatte: Ein Mann stand damals dicht neben einem Baum, in den ein Blitz einschlug, und war „höchst erstaunt, als er auf seiner Brust ein genaues Abbild ebenjenes Baumes entdeckte". Von ähnlichen Ereignissen wurde aber auch schon früher berichtet: Im Jahr 1596 schlug während eines Sommergewitters ein Blitz in die Kathedrale von

Oben: Diese Zuni-Indianer aus New Mexico vollführen einen Regentanz. Das Ritual der Wolkenbeschwörung – hier in Form einer Gruppen-Zeremonie – gilt seit eh und je als eine besondere Macht von Schamanen und Medizinmännern.

Links: Dieses dendritische bzw. verästelte Muster wurde in einem Acrylblock durch die elektrische Entladung eines Stromgenerators erzeugt – verblüffend ähnlich sehen Blitze aus (links). Durch Blitze hervorgerufene Abbilder von Bäumen auf Lebewesen sind für Wissenschaftler daher nichts anderes als dendritische Muster. Wie aber erklären sich dann Blitz-Bilder, die Kreuze oder nichtverzweigte Objekte darstellen?

Wells in Somerset ein. In seinem Buch *Adversaria* schreibt der Gelehrte Isaac Casaubon, der 1614 starb: „Das Wunderbare daran war, daß auf den Körpern der Gläubigen, die dem Gottesdienst beiwohnten, das Abbild eines Kreuzes erschien, wie viele hernach bezeugten."

Nach der klassischen Erklärung entstehen solche Blitz-Bilder aus dem sogenannten dendritischen – oder verästelten – Muster, das bekanntlich von elektrischen Entladungen auf der Oberfläche vieler Materialien hervorgerufen wird. Das erklärt vielleicht die Abbildungen von Bäumen, aber wie steht es mit den Kreuzbildern von Wells? Und gilt diese Erklärung auch für den folgenden außergewöhnlichen Vorfall, über den James Shaw bei einer Tagung der „Meteorological Society" am 24. März 1857 berichtete?

„Etwa sieben Kilometer von Bath entfernt, in der Nähe des Dorfes Coobe Hay, lag ein weitläufiger Wald mit Haselnußsträuchern und vereinzelten Eichen. In seiner Mitte befand sich ein quadratisches Feld von etwa 45 Metern Länge, auf dem sechs vom Blitz tödlich getroffene Schafe lagen. Als man die Tiere häutete, entdeckte man auf der Innenseite jeder Haut ein naturgetreues Abbild der Umgebung …

Die Sache verursachte damals großen Aufruhr … die Landschaft war mir und meinen Schulkameraden so vertraut, daß wir sie auf den Häuten sofort wiedererkannten …"

Phantasiemuster

Man könnte nun behaupten, daß die Bilder lediglich auf einer zufälligen Verteilung von Hautpigmenten beruhten, die sich nur in der Phantasie der Betrachter zu einem erkennbaren Muster zusammenfügten. Bekanntlich neigt das menschliche Gehirn dazu, Gesehenes sinnvoll einzuordnen. Auf dieser Fähigkeit basiert weitgehend der Rorschach-Test in der Psychiatrie, bei dem eine Versuchsperson völlig willkürlich erzeugte, symmetrische Tintenklecksbilder deuten soll. Ob sich dieses Assoziationsprinzip nun auf das oben geschilderte Ereignis anwenden läßt oder nicht, so gilt es doch, wie viele meinen, für Augenzeugen, die sonderbar geformte Wolken zu sehen glauben. Die große Bedeutung, die man solchen Wolkenformationen seit jeher beimaß, läßt jedoch fast vermuten, daß vielleicht doch mehr dahintersteckt mag.

Wolkenbeschwörung gehörte schon immer zu den Zeremonien von Medizinmännern und Schamanen. Oft ging es dabei nur darum, Regen herbeizuführen, denn Wolken bringen Regen. Häufig jedoch war auch die Gestalt der herbeibeschworenen Wolken von großer Bedeutung – das galt besonders für die alten Chinesen, die nordamerikanischen Indianer und einige Anhänger des „animalischen Magnetismus" im 19. Jahrhundert.

Im Jahre 1801 kniete Klemens Hofbauer, der von der römisch-katholischen Kirche später heiliggesprochen wurde, eines Tages betend vor dem Altar der Kirche St. Joseph in Warschau. In seinem *Buch der Wunder* berichtet Zsolt Aradi:

„Hunderte von Menschen sahen, wie sich über dem Altar eine Wolke bildete, die die Figur des Heiligen umhüllte und ihn vor ihren Blicken verbarg. An seiner Stelle erblickten sie eine himmlische Vision. Es erschien eine Frau von großer Schönheit und mit strahlendem Antlitz, die den Gläubigen zulächelte …"

Am 3. Oktober 1843 arbeitete Charles Cooper gerade auf einem Feld in der Nähe von Warwick, England, als er über sich ein rumpelndes Geräusch vernahm. Am Himmel erblickte er eine merkwürdig geformte Wolke, unter der drei vollkommen „weiße" Gestalten schwebten und ihn „laut und klagend" anriefen. Cooper hielt sie für Engel. Weitere Augenzeugen, die sich zur selben Zeit auf einem etwa 9 Kilometer entfernten Feld aufhielten, hatten diese Wolken ebenfalls gesehen, aber nicht alle nahmen die „Engel" wahr.

„Spektakulär und beunruhigend"

In einem anderen Bericht geht es um eine nicht minder merkwürdige, aber doch wesentlich fundiertere Wolkensichtung als in den oben beschriebenen Fällen. Demnach können Wolken die seltsamsten Formen annehmen, und zwar unter völlig natürlichen Umständen.

Am 22. März 1870 kreuzte das Schiff „Lady of the Lake" im Mittelatlantik in Äquatornähe, als gegen 19 Uhr in Richtung Südsüdost eine sonderbar geformte Wolke auftauchte. Bis auf einige verstreute Schäfchenwolken war der Himmel klar und blau. Die Wolke hatte eine runde Form und sah aus wie ein Rad mit vier Speichen, wovon eine sehr viel dicker war als die anderen. Aus der Mitte ragte eine fünfte Speiche heraus, breiter und ausgeprägter als die übrigen und am Ende gebogen. Die Wolke war von hellgrauer Farbe und besaß einen Schweif „ähnlich dem eines Kometen". Sie war etwa 45 Minuten lang zu sehen.

Berichte über ringförmige, oft auch rotierende Wolken sind nicht ungewöhnlich. Wissenschaftlich lassen sich solche Formationen als Folge atmosphärischer Verwirbelungen erklären, und dennoch wirkt ihr Anblick spektakulär und beunruhigend.

Auf dem Meer läßt sich noch ein weiteres eigenartiges Phänomen beobachten, das ganz natürlichen Ursprungs sein soll, das sogenannte „Meeresleuchten". Vor allem rund um den Persischen Golf treffen Schiffe, die den Indischen Ozean durchqueren, häufig auf

DAS GÖTTLICHE ANTLITZ

Als „Simulacra" bezeichnet man die schemenhaften Abbilder natürlicher Objekte, die sich zuweilen im Feuer, im Wasser, in Wolken oder an feucht-modrigen Wänden, Steinböden und anderen Flächen zeigen. Als eines der häufigsten „Simulacra" erscheint das Antlitz Christi – obwohl es zumeist der lebhaften Phantasie der Beobachter entspringt und kein echtes, übernatürliches Phänomen darstellt.

So berichtet die *Houston Post* vom

blendend hell leuchtende Wasserflächen. In einer anonymen Meldung in Heft 36 der *Monthly Weather Review* von 1908 ist die Rede von einer „bemerkenswerten Meereserscheinung", die von der Besatzung der *SS Dover* auf der Strecke von Mobile, Alabama, nach Tampa, Florida, beobachtet wurde. Etwa 56 Kilometer von Mobile entfernt bewegte sich das Schiff gegen 19 Uhr plötzlich in teils blau, teils grün strahlende Gewässer. Die Farben „waren so gleißend, daß das Schiff wie von farbigen Bogenlampen angestrahlt erschien". Etwa 800 Meter weiter traf das Schiff auf einen zweiten Lichtstreifen, genauso breit wie das Schiff selbst und so hell, daß man dabei lesen konnte. Der Kapitän sagte aus: „Ich griff ein Blatt Papier und konnte selbst das Kleingedruckte mühelos entziffern."

Eine vielleicht noch erstaunlichere Variante dieses Phänomens erlebte W. Rutherford, Kapitän der *„SS Stanvac Bangkok"*, als er am 27. September 1958 von den Fidschiinseln im Pazifischen Ozean nach Indonesien unterwegs war. Gegen Mitternacht fuhr das Schiff durch eine Flotte von Fischerbooten. Der wachhabende Offizier und der Kapitän hielten durch ein Fernglas Ausschau nach den kleinen Booten, um sie nicht zu rammen. Sie bemerkten auf den Wellen weiße Schaumkronen und gingen davon aus, daß sich der Wind aufgefrischt haben mußte. Die gleichmäßige Brise auf ihren Gesichtern sprach jedoch dagegen. Dann leuchteten im Wasser Lichtstrahlen auf, und der wachhabende Offizier meinte, daß die Fischer wahrscheinlich Taschenlampen verwendeten. Die Strahlen wurden jedoch immer heller und bewegten sich schließlich als etwa 2,5 Meter breite Lichtbänder auf das Schiff zu. In Abständen von etwa einer halben

> „AM HIMMEL ERBLICKTE ER EINE MERKWÜRDIG GEFORMTE WOLKE, UNTER DER DREI VOLLKOMMEN WEISSE GESTALTEN SCHWEBTEN UND IHN LAUT UND KLAGEND ANRIEFEN."

23. April 1977 von einer Kirche in Shamokin, Pennsylvania, die zu einer Art Wallfahrtsort wurde, seit am Altar das Gesicht Christi erschienen war. Viele, die das Phänomen besichtigen wollten, konnten jedoch nichts als ein gewöhnliches Altartuch entdecken. Auch die Fotos, die damals gemacht wurden, zeigen nichts Besonderes. Einen ungewöhnlichen Fall meldet der *International Herald Tribune* vom 25. Juli 1978: Eine Frau namens Maria Rubo aus einem kleinen Bauerndorf im südlichen Teil von New Mexico war gerade dabei, eine *Tortilla* (eine Art Fladenbrot aus Maismehl) auszurollen, als sich im Teig ein Gesicht abzeichnete, das wie das Antlitz Christi aussah. Noch erstaunlicher aber war, daß die *Tortilla* nach vier oder fünf Tagen immer noch nicht schlecht wurde. Die Dorfbewohner hielten sie für ein „Wunder", und der Pfarrer erklärte sich bereit, sie zu segnen. Der Erzbischof von Santa Fé allerdings befürchtete, daß sich daraus ein Kult entwickeln könnte, und riet zur Vorsicht.

Eines der bekanntesten Christi-Simulacra (oben links) erschien angeblich in Form von Schattenumrissen auf einer Schneefläche. Es fand in den Medien weite Verbreitung und ist zwar eindrucksvoll, aber recht zweifelhaften Ursprungs. Viele glauben, daß jemand die Schneeoberfläche fotografierte, um seine Filmrolle aufzubrauchen, und das Gesicht erst nach dem Entwikkeln bemerkte. Nach einigen Berichten soll ein

12jähriges Mädchen das Bild aufgenommen haben; andere behaupten, es seien Kalifornier gewesen, die einen ungewöhnlichen Scheefall dokumentieren wollten. Laut der wohl phantasievollsten Version hatte im Jahre 1938 eine Norwegerin zu Gott gebetet, er möge ihr ein Zeichen seiner Existenz geben. Einer Inspiration folgend, habe sie ihren Garten fotografiert – und dieses Bild erzielt. Ein weiteres berühmtes Christus-Gesicht erschien in einer Wolkenformation. Das Foto soll von einem Angehörigen der US-Luftwaffe während des Koreakrieges aufgenommen worden sein, der mit seiner Kamera eigentlich nur amerikanische und sowjetische Flugzeuge in Aktion festhalten wollte. Erst nach dem Entwickeln des Films bemerkte er das Phänomen. All diese Beispiele haben leider eines gemeinsam: Es liegen keinerlei Belege für ihre Authentizität vor, so daß eine sachliche Auswertung der Bilder unmöglich ist. So gibt es keine Hinweise auf die damals herrschenden Witterungsbedingungen oder andere relevante Faktoren. Dennoch wirken diese Bilder auf die meisten Menschen derart bezwingend, daß der Versuch, sie als erklärbare Launen der Natur abzutun, von vornherein zum Scheitern verurteilt ist. Die Faszination, die von solchen Phänomenen ausgeht, setzt manchmal die Vernunft außer Kraft.

„DAS SCHIFF SCHIEN DAS ZENTRUM DIESER ERSCHEINUNG ZU SEIN, UND EINMAL HATTE ICH SOGAR DAS GEFÜHL, DASS DAS SCHIFF SELBST SIE VERURSACHTE UND SICH DAS LICHTMUSTER BEI EINEM GESCHWINDIGKEITS- ODER KURSWECHSEL ENTSPRECHEND VERÄNDERTE."

Sekunde tauchten sie unter dem Bug hindurch. Kapitän Rutherford verglich sich mit einem Fußgänger, der auf einem riesigen Zebrastreifen steht und sieht, wie er unter ihm hinwegzieht. Plötzlich veränderte sich das Bild. Das Strahlenmuster verformte sich zu gigantischen leuchtenden Rädern, die sich erst nach links, dann nach rechts herum langsam um einen Mittelpunkt drehten und zunächst in Richtung Steuerbord, anschließend in Richtung Backbord bewegten. Schließlich ordneten sich die Strahlen wieder zu parallelen Linien an und schienen das Schiff zu verfolgen, bis sie allmählich verblaßten. Zum Schluß sah man nur noch eine Reihe von Ringen von etwa 60 Zentimeter Durchmesser, die jeweils zwei Meter voneinander entfernt lagen und rhythmisch blinkten.

Kapitän Rutherford bemerkte, der Anblick habe ihn an „einen Baum voller Glühwürmchen" erinnert. Die Lichtstrahlen schienen sich über der Wasseroberfläche zu befinden, aber er hielt das für eine Illusion. Er meinte, daß das Licht von unten aufstieg. „Das Schiff", so Rutherford, „schien das Zentrum dieser Erscheinung zu sein, und einmal hatte ich sogar das Gefühl, daß das Schiff selbst sie verursachte und sich das Lichtmuster bei einem Geschwindigkeits- oder Kurswechsel entsprechend veränderte."

Dieser Vorfall wirkt zwar äußerst sonderbar, hat aber eine ganz natürliche Ursache: Es handelt sich um die Leuchtkraft zahlloser winziger Meeresorganismen, wie sich leicht beweisen läßt, wenn man einen Eimer hineintaucht. Wie aber entstehen diese streng geometrischen Figuren? Vollführen diese marinen Lebewesen hier etwa eine Art „Formationstanz"? Dies ist wohl kaum der Fall. Eher darf man vermuten, daß diese Le-

bewesen von gewissen Kräften beeinflußt werden – von seismischen Wellen, dem Kielwasser eines Schiffes oder vielleicht von etwas noch Subtilerem –, auf die sie mit so schönen und spektakulären Formen reagieren.

Wenn Meerleuchten (Noctiluca milaris), marine Einzeller aus der Gattung der Dinoflagellaten, in Massen auftreten, erzeugen sie angeblich so viel Helligkeit, daß man dabei lesen kann – zweifellos eine äußerst kuriose Laune der Natur.

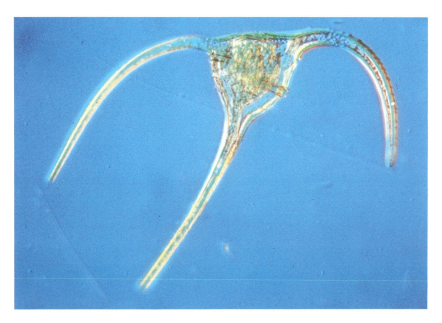

DER KOSMISCHE ORGASMUS

Wilhelm Reich glaubte, im Orgasmus das Geheimnis körperlicher und geistiger Gesundheit gefunden zu haben. Für ihn war sexuelle Energie eine reale Größe, die sich nutzen ließe, um die Welt von allen Übeln zu befreien.

Rechts: Wilhelm Reich (1897–1957) stellte die kühne Theorie auf, daß der Orgasmus sowohl für das Individuum als auch für die Gesellschaft von großer Bedeutung sei. Männer wie Frauen könnten durch den ungehemmten Orgasmus – freilich nur den heterosexuellen – all ihre Verspannungen abbauen und vollkommene innere Harmonie erlangen. Reich nahm sogar für sich in Anspruch, sogenannte „Bionen", eine Art Mittelding zwischen totem und lebendem Zellgewebe, erschaffen zu haben.

ENERGIEVERGEUDUNG?

Reichs Behauptung, er habe aus anorganischer Materie Leben erschaffen, das Traumziel der Alchimisten (unten), trug ihm heftige Kritik ein.

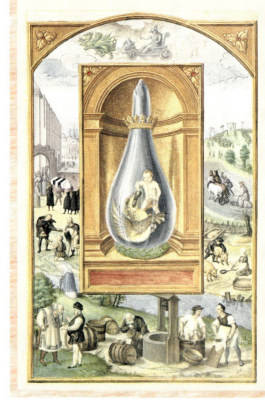

Die Suche nach dem Geheimnis des Lebens und nach jener verborgenen Kraft, die das Protoplasma von unbelebter Materie scheidet, beschäftigt schon seit Jahrhunderten Okkultisten, Alchimisten und Wissenschaftler. In den meisten Fällen dienten diese Studien dem reinen Selbstzweck, doch es gab auch Forscher, die der Natur das Vorrecht streitig machten und Leben aus anorganischer Materie erschaffen wollten.

Noch in den 30er Jahren versuchte dies der Londoner Alchimist Archibald Cockren in Form des „alchimistischen Baums", den man für ein lebendes Mineral hielt. Paracelsus beschrieb ihn im 16. Jahrhundert als „wunderbares und erfreuliches Gesträuch, welches die Alchymisten ihr Gülden Pflänzlein nennen." Der Dichter C. R. Cammell berichtete, er habe in Cockrens Labor beobachtet, wie diese mineralische „Pflanze" im Laufe mehrerer Monate zu beträchtlicher Größe anwuchs.

Der Anspruch, Leben erschaffen zu haben, blieb aber nicht auf exzentrische Okkultisten beschränkt. Auch Wilhelm Reich (1897–1957), ein Wissenschaftler mit untadeligem akademischen Hintergrund, behauptete im Alter nicht nur, lebende Materie erzeugt, sondern dadurch zudem viele Geheimnisse der Natur gelöst zu haben, von der Krebserkrankung bis hin zu UFO-Sichtungen.

Reich war der Sohn wohlhabender österreichischer Juden. Im Ersten Weltkrieg diente er in der k. u. k. Armee, studierte dann an der Universität Wien und promovierte 1922 zum Doktor der Medizin. Schon als Student befaßte er sich mit den Schriften Sigmund Freuds (1856–1939) und anderer Pioniere der Psychoanalyse und schloß sich der Meinung an, daß die

Oben: Die fieberhafte Suche der mittelalterlichen Alchimisten nach dem Geheimnis des Lebens zielte auf die Isolierung chemischer oder physikalischer Ingredienzen ab, mit deren Hilfe man aus toter oder anorganischer Materie lebendes Zellgewebe erschaffen wollte. Reich und seine Anhänger glaubten, in den strahlenden „Bionen", die sie aus sterilisiertem Seesand gewannen, diese Ingredienz gefunden zu haben. Die Strahlung der „Bionen" hielten sie für den Urstoff des Universums.

Auch John Sladek, ein Erzskeptiker gegenüber allen paranormalen Phänomenen, nahm in seinem Buch *The New Apocrypha* (Die neuen Apokryphen) wahrlich kein Blatt vor den Mund, als er in einem Kapitel über Reich dessen unselige ORANUR-Experimente schilderte. OR – Reichs Abkürzung für Orgonstrahlung, hielten seine Anhänger in sehr vieler Hinsicht für sehr wohltuend. Seine Frau, Ilse Ollendorf-Reich, erklärte, daß Reich die schrecklichen Folgen der Atombombe durch eine dreifache Strategie ausmerzen wollte. Die Orgonenergie sollte die Menschen von der Strahlenkrankheit heilen, die Auswirkungen von Atombomben neutralisieren und die Menschheit gegen Strahlung immunisieren.

Beim ORANUR-Experiment wurde eine größere Zahl von Mäusen radioaktivem Material ausgesetzt und danach einer Bestrahlung durch OR unterzogen, das, wie Reich und seine Mitarbeiter glaubten, die schädliche Strahlung neutralisieren würde. Schon kurz nach Beginn des Experiments bemerkten die Assistenten, wie Sladek beschreibt, daß die Geigerzähler verrückt spielten, doch sie führten dies auf einen Überschuß an Orgonenergie zurück. Innerhalb eines Tages verendeten vierzig Mäuse, die alle Symptome einer radioaktiven Vergiftung zeigten. Dann traten dieselben Symptome auch bei den Laborassistenten auf. Auch Reichs Frau war derart strahlenverseucht, daß sie sich sogar einer Operation unterziehen mußte. Reich hielt jedoch an seiner Überzeugung fest.

> „REICH HIELT DIE SEXUELLE ENERGIE FÜR EINE BESONDERE KRAFT, VERGLEICHBAR MIT DER GRAVITATION UND DEM ELEKTROMAGNETISMUS."

Sexualität im Leben des Menschen von zentraler Bedeutung sei. Am 1. März 1919 schrieb er in sein Tagebuch, er sei aufgrund seiner Erfahrungen und Beobachtungen davon überzeugt, daß die Sexualität das Zentrum sei, um das sich das gesamte soziale als auch innere Leben des Individuums drehe.

1920 wurde Reich in Freuds Wiener Psychoanalytische Gesellschaft aufgenommen. Als er 1922 das Wiener Seminar für Psychoanalytische Therapie mitbegründete, galt er innerhalb der analytischen Bewegung bereits als Kapazität für therapeutische Techniken. Ab 1927 aber entfernte sich Reich von der orthodoxen Lehre Freuds. Er entwickelte ein Gebiet der frühen Freudschen Theorie weiter, das dieser selbst seit einem Vierteljahrhundert mißachtet hatte: die Aktualneurosen.

In der Entstehungsphase der Psychoanalyse hatte Freud die Neurosen in zwei Gruppen eingeteilt: Psychoneurosen, die durch lange zurückliegende Erlebnisse, speziell aus der frühen Kindheit, verursacht wurden, und Aktualneurosen, psychische Krankheiten, die vermutlich durch aktuelle Sexualstörungen wie vorzeitigen Samenerguß und zwanghaftes Masturbieren bedingt waren. Freud konzentrierte sich ganz auf die Psychoneurosen, und nach 1900 erwähnte er die Aktualneurosen kaum mehr.

Reich hielt dies jedoch für einen Fehler, denn nach seiner Ansicht rührten fast alle Krankheiten, auch die Schizophrenie und manisch-depressive Zustände, von der Unfähigkeit her, einen „wahren Orgasmus" zu erleben. Diesen Orgasmus definierte er als das Vermögen, durch unwillkürliche, lustvolle Kontraktionen des Körpers die aufgestaute sexuelle Erregung vollständig zu entladen. Ziel der psychoanalytischen Therapie, so Reich, sei die volle „orgastische Potenz".

Das Individuum solle in die Lage versetzt werden, einen lang andauernden und vollkommen befriedigenden sexuellen Höhepunkt zu erreichen, unabhängig von Phantasien oder Fetischen. Dieser Orgasmus, der das Ergebnis einer heterosexuellen Beziehung wäre, hinterließe dann im Individuum auch keine Schuldgefühle oder Versagensängste.

Wenn die aufgestaute sexuelle Energie nicht durch die Konvulsionen des Orgasmus freigesetzt werden könne, so glaubte Reich, bewirke dies einen Muskelpanzer, das heißt eine Verspannung oder Versteifung der Muskeln. Diese wiederum verstärke die ursprünglichen Störungen, die ihrerseits weitere Verspannungen hervorriefen – ein Teufelskreis physischer und geistiger Degeneration.

Weder die traditionelle Freudsche Analyse (Enthüllung verdrängter Erinnerungen) noch Reichs Methode, die auf der Untersuchung des aktuellen Charakterbildes beruhte, vermochten diese „Panzerung" aufzubrechen. So entwickelte Reich eine neue Therapietechnik, die Charakteranalyse, Tiefenmassage, Atemübungen und sogar gewaltsame physische Mani-

pulationen einschloß, um die Verspannungen der Patienten zu lösen und die blockierte sexuelle Energie freizusetzen. Diese Behandlungsform nannte er „Vegetotherapie", da nach seiner Meinung die im Muskelpanzer gefangenen Energien im vegetativen Nervensystem gespeichert wurden.

Reich hielt die sexuelle Energie für eine besondere Kraft, vergleichbar mit der Gravitation und dem Elektromagnetismus, und meinte, man könne sie speichern wie Elektrizität in einer Batterie. Er führte eine Versuchsreihe durch, die zeigen sollte, ob die Sexualorgane im Zustand der Erregung eine erhöhte bioelektrische Ladung aufweisen. Freiwillige Testpersonen wurden an entsprechende Geräte angeschlossen und die Ergebnisse ihrer sexuellen Aktivitäten aufgezeichnet. Sexuelle Erregung, so berichtete Reich, bewirke eine deutliche Erhöhung der bioelektrischen Ladung, Angst, Schmerz und Schuldgefühle eine Verminderung.

Unten: Das Orgonenergie-Observatorium in Orgonon bei Rangley, Maine (USA), das Reich und seine Helfer begründet hatten, um das Wesen des Orgon zu erforschen und es der Menschheit nutzbar zu machen. Die Orgonenergie-Akkumulatoren (links) dienten dazu, die Auswirkung erhöhter Orgonkonzentrationen zu untersuchen. Reich glaubte, daß sich mit dieser Vorrichtung das Orgon jeder Person, die darin saß, auffangen und speichern ließe. Mit dieser konzentrierten Orgonenergie hoffte er jede Art von Krankheit heilen zu können.

Orgonenergie

1935 begann Reich, der vor den Nazis nach Norwegen geflüchtet war, noch ehrgeizigere Experimente durchzuführen. Bald konnte er seinen verblüfften Kollegen verkünden, daß es ihm gelungen sei, aus Substanzen wie sterilisierter Kohle und Ruß sogenannte „Bionen" herzustellen. Dies seien Energiebläschen, ein Mittelding zwischen toter Materie und lebendem Zellgewebe, die sich zu Protozoen (Einzellern) weiterentwickeln könnten. Obwohl ein Assistent Reichs diese „Bionen" sogar durch ein Mikroskop gefilmt hatte, machte die Entdeckung auf Biologen keinerlei Eindruck. „Bionen", behaupteten sie, seien lediglich winzige Partikel nichtlebender Materie und ihre Bewegungen das Ergebnis normaler pyhsikalischer Erscheinungen.

Reich ließ sich von dieser Kritik nicht entmutigen und setzte seine Experimente fort. Er konzentrierte

sein Interesse nun auf ein „strahlendes Bion", das er aus sterilisiertem Seesand gewonnen zu haben glaubte. 1939 gab er bekannt, daß die von den sogenannten Sandpäckchen-Bionen (die er auch „Sapabionen" nannte) abgegebene Strahlung eine bislang unbekannte Form von Energie darstelle, den Grundstoff des Lebens im Universum. Dieses „Orgon", wie Reich es nannte, sollte von nun an seine Forschung bestimmen.

Noch im Jahr seiner Entdeckung emigrierte Reich in die USA, wo er bald eine kleine, aber begeisterte Anhängerschaft um sich scharte. Die Orgonenergie, so behauptete er, sei identisch sowohl mit der „vis animalis" (animalische Kraft) der alten Alchimisten als auch mit der „vis vitalis", der Lebenskraft – einer geheimnisvollen Qualität, die lebende von toter Materie scheidet, wie sie der Philosoph Henri Bergson zugrunde legte. Das Orgon war jedoch keine metaphysische Abstraktion. Es konnte nicht nur mit einem „Orgonenergiefeldmeßgerät" (einem von Reich modifizierten Elektroskop) gemessen, sondern auch mit bloßem Auge wahrgenommen werden (z. B. die blaue Verfärbung sexuell erregter Frösche). Zudem ließ es sich in sogenannten „Orgonenergie-Akkumulatoren", einer anderen Reichschen Erfindung, einfangen und speichern. Diese Geräte könne man zur Behandlung sämtlicher Krankheiten einsetzen, von der Depression bis zum Krebs.

Der Orgonenergie-Akkumulator ist eine Kiste aus anorganischen und organischen Materialien (gewöhnlich Metall und Holz), die abwechselnd aufeinandergeschichtet werden. Je mehr Schichten man verwendet, desto stärker wirkt der Akkumulator. Dient das Gerät zu Behandlungszwecken, baut man es so groß, daß ein Patient darin sitzen kann.

Zwischen 1939 und 1957 veröffentlichte Reich zahlreiche Artikel und Bücher, in denen er immer verblüffendere Behauptungen über das Orgon aufstellte. Hatte er ursprünglich gemeint, diese Energieform sei auf lebende Organismen beschränkt, so hielt er 1951 das Orgon für den Urstoff der Schöpfung. Nach Reichs Überzeugung war die gesamte Materie aus der Über-

Mit zunehmendem Alter wurden Reichs Ideen immer seltsamer. Er gab eine Flut von Broschüren mit Anweisungen heraus, wie diese geheimnisvolle, aber elementare Energie aufgespürt und nutzbar gemacht werden könne. Auch bediente er sich dabei seltsamer Geräte (unten). Zu seinen Bewunderern gehörten recht skurrile Menschen wie der amerikanische Architekt Frank Lloyd Wright (oben), der bei seinem letzten, quälenden Prozeß zu ihm stand. Ein nicht minder extravaganter Schüler Reichs war der Beat-Poet Allen Ginsberg (oben rechts bei einer Auseinandersetzung mit der britischen Polizei), der mit Reichs Theorien den Drogenkonsum legitimieren wollte.

lagerung („kosmischer Orgasmus") zweier Orgonströme entstanden. Die unterschiedlichsten Phänomene, von der Störung des Radioempfangs und dem Blau des Himmels (das Orgon ist blau) bis zu den Wirbelstürmen und der Gravitation, konnten als Manifestationen des Orgons gelten. Die einzige Ausnahme bildete die atomare Strahlung, denn in ihr sah Reich einen Widerpart zur Lebensenergie des Orgons, eine Art Satan im Gegensatz zum Jehova, dem Orgon.

Noch seltsamer muteten Reichs Schriften zum Thema UFO an. Er behauptete, daß die Erde im Mittelpunkt eines intergalaktischen Kampfes stehe und die UFOs die Kriegsschiffe der gegnerischen Parteien seien. Auf der einen Seite, so Reich, stand das Böse, das der Erdatmosphäre Orgon entzog in der Absicht, den Planeten in eine radioaktive Schlackekugel zu verwandeln; auf der anderen Seite kämpften die Verbündeten der Menschheit und damit auch Wilhelm Reich, die der Erde das gestohlene Orgon zurückerstatten wollten.

Reich starb 1957 im Gefängnis. Er war wegen Mißachtung des Gerichts verurteilt worden, das den Verkauf seiner Akkumulatoren als betrügerischer Instrumente verboten hatte. Eine Zeitlang schien es, als würden seine Theorien schnell in Vergessenheit geraten, denn einige seiner Anhänger waren fast noch verschrobener als ihr Idol: Eine Gruppe zum Beispiel hüllte sich (dem Orgon zu Ehren) in blaue Roben und versammelte sich im Halbdunkel, um mit dem toten Meister über das Qui-ja-Bord zu kommunizieren. Andere angebliche Reichianer, die mit den Schriftstellern Allen Ginsberg und William Burroughs in Verbindung standen, verknüpften Reichs Theorien mit dem Eintreten für Homosexualität und den Gebrauch psychedelischer Drogen.

Manche von Reichs Schriften haben aber auch ernsthafte Wissenschaftler angezogen. Mittlerweile gibt es bereits in vielen Großstädten Therapeuten, die seine Ideen in die Praxis umsetzen. Bislang hat jedoch noch niemand versucht, Reichs Laborexperimente mit Orgon zu wiederholen.

TOD DURCH MAGIE?

Manche glauben, daß zwei außergewöhnliche viktorianische Frauen vielleicht die wahre Identität des Frauenmörders „Jack the Ripper" aufdeckten, als sie den verschlossenen Koffer des geheimnisvollen Dr. Donstan öffneten, der bei ihnen wohnte.

Unten: Der bizarre Okkultist Aleister Crowley ließ unbeabsichtigt den unglaublichen Verdacht aufkommen, Jack the Ripper sei in seinen Augen kein Geringerer als Madame Blavatsky (ganz rechts). Der Irrtum entstand durch eine Fehlinterpretation von Crowleys umständlichem Satz: „Es ist kaum jemandes erste und nicht einmal seine hundertste Vermutung, daß der berüchtigte Jack the Ripper kein Geringerer war als Helena Petrowna Blavatsky." Zweifellos hätte die Vorstellung, daß die Gründerin der „Theosophischen Gesellschaft" Prostituierte dahinmetzelte, Crowleys Art von Humor entsprochen.

Aleister Crowley wird in einer Biographie für zumindest halb verrückt erklärt, weil in seinen Augen Jack the Ripper kein Geringerer gewesen sei als Madame Blavatsky, die verehrte Mitbegründerin der Theosophischen Gesellschaft.

Crowley glaubte zweifellos viele merkwürdige Dinge – beispielsweise, daß er der wahre Messias sei, der „Erlöser der Welt", und daß die „Offenbarung" Einzelheiten aus seinem Leben prophezeit habe. Aber er glaubte keineswegs, daß die stark übergewichtige und todkranke Madame Blavatsky sich als Mann zu verkleiden und durch halb London zu fahren pflegte, um Prostituierte im Stadtteil Whitechapel zu ermorden. Diese abwegige Vorstellung scheint der Biograph irrtümlicherweise aus dem zweiten Satz eines Schriftstücks Crowleys herausgelesen zu haben: „Es ist kaum jemandes erste und nicht einmal seine hundertste Vermutung, daß der berüchtigte Jack the Ripper kein Geringerer war als Helena Petrowna Blavatsky."

In Wirklichkeit mutmaßte Crowley, daß der geheimnisvolle Mörder ein eingeweihter Okkultist auf der Suche nach höchster magischer Macht war, ein geschickter Astrologe und persönlich bekannt mit vielen aktiven Mitgliedern der führenden Kreise der Theosophischen Gesellschaft.

Der Mann, an den Crowley dachte, benutzte viele Namen, hatte sich im Laufe eines langen und abenteuerlichen Lebens häufig in sonderbaren Situationen befunden und nach eigener Aussage viel bemerkenswerte Dinge erlebt. Der Mann, den Crowley Dr. Don-

stan nannte, war nicht von Crowley selbst, sondern von einer allgemein nur als „Cremers" bekannten Frau mit Jack the Ripper identifiziert worden.

Viele seltsame Gestalten tummelten sich zwischen 1880 und 1940 in der okkulten Welt Europas und Nordamerikas, doch kaum eine war so geheimnisvoll wie diese auch „Baronin Vittoria Cremers" genannte Frau.

Ihr genaues Geburtsdatum, vermutlich um 1865, und die Identität ihrer Eltern sind unbekannt. Es gab Gerüchte, sie sei das uneheliche Kind eines Mitglieds der Rothschild-Familie, doch ähnliches kursierte damals über so manchen. Sie behauptete, die Gattin oder vielleicht Witwe eines russischen Barons zu sein, doch niemand war diesem obskuren Adligen je begegnet. Um ihre Vergangenheit rankten sich alle möglichen Geschichten: Sie sei eine Geheimagentin der New Yorker Polizei gewesen, die unerschrocken das organisierte Verbrechen aufdeckte, oder vielleicht eine Zuhälterin, die vom lasterhaften Einkommen ihrer lesbischen Geliebten lebte.

Selbst über so grundlegende Punkte wie Aussehen und Sprechweise gehen die Aussagen auseinander. So beschrieb ein enger Vertrauter von Cremers ihren Kopf als mißgestaltet, ihre Haut als pergamentartig, ihr Haar als „schmutzigweiß" und ihren gewöhnlichen Gesichtsausdruck als gehässig und mißgünstig. Andererseits war der Dichter und Astrologe Jean Overton Fuller, der Cremers 1935 auf einem Fest traf, von ihrer Erscheinung beeindruckt. Sie besaß, wie er schilderte, eine ehrfurchtgebietende Autorität, und seichtes Gerede verstummte vor der Macht ihrer Ausstrahlung. Einer, der diese Ausstrahlung eindeutig nicht spürte, war ein Reporter des *Sunday Graphic* oder *Empire News* (die Angaben schwanken), der sich zu dem besagten Fest Zutritt erzwang und von Cremers verlangte, sie

Links und unten: Die Ripper-Morde wurden von den damaligen Medien gierig ausgeschlachtet, wie die Zeitungsausschnitte zeigen. Als Opfer um Opfer zerstückelt an Orten wie dem Mitre Square aufgefunden wurde, mußte sich die Polizei heftige Vorwürfe wegen Inkompetenz gefallen lassen.

solle ihm „ihre Geschichte von Jack the Ripper erzählen". Ob sie es tat, ist ungewiß, aber es steht fest, daß sie sie vielen Freunden erzählte.

Das Ganze begann um 1885, als Cremers, die damals nicht älter als 20 gewesen sein konnte, die Bekanntschaft von Mabel Collins machte, einem führenden Mitglied der Theosophischen Gesellschaft und Mitarbeiterin von Madame Blavatsky. Die Bekanntschaft reifte zur Freundschaft, und nach einigen Monaten zog Cremers zu Mabel Collins.

Welche Formen diese Freundschaft annahm, läßt sich unmöglich sagen. Vielleicht schwatzten die beiden Damen nur, wie junge Mädchen es lieben, oder führten außersinnliche Experimente durch – Mabel Collins war ein begabtes Trancemedium – und waren nur gerne zusammen. Laut dem verstorbenen Gerhard Heym, eine Autorität auf dem Gebiet der Alchimie und moderner okkulter Geschichte, hatten sie aber eher eine leidenschaftliche Liebesaffäre. Wenn ja, dann war Mabel Collins jedenfalls aktiv bisexuell, denn ein weiterer Gast des Hauses war ihr Liebhaber, ein dem Alkohol verfallener Astrologe und Okkultist, der sich damals Dr. Donstan nannte.

„Donstan" war fast so geheimnisvoll wie Cremers. Er hatte das *Trinity College* in Dublin absolviert und behauptete, an mehreren europäischen Universitäten Medizin studiert und als Söldner in verschiedenen kleinen Kriegen gedient zu haben. Einmal soll er unter anderem Namen wegen Betrugs beim Kartenspiel vor ein Kriegsgericht gestellt und unehrenhaft aus der britischen Armee entlassen worden sein. Sein Verhalten war unberechenbar, besonders wenn er stark getrunken hatte, und im Herbst 1889, zur Zeit der Ripper-Morde, sann Mabel Collins darauf, ihn loszuwerden.

Eines Abends, kurz nach dem fünften Mord des Rippers, redeten die beiden Damen über den Fall. Die eine drückte ihr Erstaunen aus, daß der Mörder nicht schon wenige Minuten nach seinem ersten Verbrechen entlarvt worden sei, denn an seinem Hemd müßten sich Blutflecken befunden haben. Man glaubte damals allgemein, daß der Ripper noch am Tatort Körperteile seiner Opfer zu verzehren pflegte.

Diesen Teil der Unterhaltung hörte Dr. Donstan, der in Abendgarderobe gerade aus dem Theater heimkehrte. Er lachte kurz auf, schlug den Kragen seines Umhangs hoch, zog den Mantel über sein Hemd und

45

gefiel. Sollte er die beiden Frauen überraschen, wie sie seinen Koffer durchwühlten, könnte er die Beherrschung verlieren.

Doch Cremers löste das Problem. Sie ließ ein gefälschtes Telegramm zustellen, das Donstan zu einer weiter entfernten Versammlung bestellte. Sobald er fort war, brachen sie und Mabel Collins den Koffer auf. Er enthielt keine Liebesbriefe, sondern nur fünf Krawatten, die steif vor getrocknetem Blut waren.

Hier endete Cremers' Geschichte. Keine der Frauen ging zur Polizei oder bat einen Anwalt um Rat. Donstan aber zog aus und starb einem Gerücht zufolge bald darauf in einer biederen Pension an Alkoholvergiftung.

Gemetzel auf Geheiß der Sterne

Möglicherweise war Donstan der Ripper, der Magie-Mörder, der – laut Crowley und anderen – Huren im East End nachschlich und sie ermordete, um okkulte Macht zu erlangen. Wahrscheinlich besaß er die anatomischen Kenntnisse, wie sie die Verstümmelungen des Rippers an seinen Opfern erforderten. Zweifellos war Donstan ein kundiger und geübter Astrologe, und einiges deutet darauf hin, daß der Ripper nicht zu willkürlichen Zeiten mordete, sondern nach astrologischen Gesichtspunkten, wenn Saturn oder Merkur fast direkt im Aszendenten standen (auf dem Horoskop im östlichen Horizont).

Es erscheint allerdings äußerst unwahrscheinlich, daß sich Cremers und Mabel Collins nicht an die zuständige Behörde gewandt hätten, wenn sie Dr. Donstan ernsthaft für die blutige Bestie hielten, deren Morde ganz London in Entsetzen versetzte. Selbst wenn Mabel Collins vor einer vollen Aussage zurückscheute, bei der sie als ledige Frau mit bislang einwandfreiem Leumund nicht nur ihren Liebhaber, sondern auch ihre kompromittierenden Briefe eingestehen mußte, hätte sie Donstan doch anonym verraten können. In Scotland Yards Aktenberg mit „Verdächtigungen" und „Briefen" zum Fall des Rippers ist jedoch keine derartige Notiz zu finden.

Vielleicht aber hat eine der Frauen etwas unternommen, was den Fall eindeutig entschied. Gerhard Heym jedenfalls behauptete stets, daß Cremers den Ripper ermordete – und zwar durch Magie.

bemerkte: „Ihr habt wohl nicht bedacht, daß der Mann ein feiner Herr sein könnte, doch im East End treiben sich viele im Frack herum, teils zum Opiumrauchen und ähnlichen Dingen."

Etwas an Donstans vielsagendem Gebaren entsetzte Mabel Collins und bestärkte sie in ihrem Entschluß, ihren Geliebten aufzugeben. Sie hätte ihn natürlich einfach bitten können, ihr Haus zu verlassen, doch dann wäre sie für den völlig skrupellosen Donstan erpreßbar geworden. Sie hatte ihm viele kompromittierende und sexuell eindeutige Liebesbriefe geschrieben, die sich vielleicht noch in seinem Besitz befanden. Womöglich, so dachte sie, bewahrte er sie in dem großen ledernen Militärkoffer unter seinem Bett auf, den er argwöhnisch bewachte, immer verschlossen hielt und niemals in ihrer Gegenwart öffnete.

Für Cremers lag die Lösung auf der Hand: Sie und Mabel Collins würden den Koffer aufbrechen, die Briefe an sich bringen und verbrennen; dann könnten sie ohne Angst vor Erpressung Donstan loswerden. Das einzige Hindernis war Donstan selbst, der ein unregelmäßiges Leben führte und kam und ging, wie es ihm

Eines der hartnäckigsten Gerüchte um die wahre Identität des Rippers aber rankte sich um die Baronin Vittoria Cremers, deren starke Persönlichkeit die Dichterin und Astrologin Jean Overton Fuller (oben links) beeindruckte. „Cremers" lebte mit dem begabten Medium Mabel Collins (oben) zusammen, aber auch mit einem gewissen Dr. Donstan, dessen verschlossener Koffer, wie es heißt, erdrückende Beweise enthielt, daß er der Ripper war.

WARUM STARBEN DIE MAMMUTS AUS?

Seit der Entdeckung des ersten vollständig erhaltenen Mammuts versuchen die Wissenschaftler eine Frage zu beantworten: Warum wurde die gesame Art vor 12 000 Jahren plötzlich ausgelöscht?

In solchen typischen Tundra-gebieten wurden die meisten Mammut-Überreste im Dauer-frostboden gefunden. Oft sind sie erstaunlich gut erhalten, wie zum Beispiel das 1860 entdeckte Exemplar (kleines Bild).

Die Arktis gehört zu den letzten geheimnisumwobenen Orten unserer Erde. Meereskundler und Geologen haben gerade erst begonnen, ihre rätselhaften Tiefen auszuloten, und das Eis, das Meer und die angrenzenden Küstenstreifen bieten nach wie vor Anlaß zu Kontroversen.

Eines ihrer besonders faszinierenden Merkmale ist der Dauerfrostboden, der sich wie ein Gürtel entlang der Küste der Laptewsee in Nordsibirien bis nach Alaska und von dort durch Kanada bis zum Rand der Hudsonbai zieht. Er wurde beschrieben als gefrorener Sumpf, eine Mischung aus Sand, Kieseln, Muscheln, pflanzlichen Stoffen und halbverwesten Überresten von Millionen von Tieren, angefangen von kleinen Nagern über Säbelzahntiger und Moschusochsen bis hin zu den riesigen Mammuts, den Elefanten der Arktis.

Für die Zoologen sind all diese Überreste von großer Bedeutung, bei den Laien aber stieß vor allem das Wollhaarmammut – *Mammuthus primigenius* – auf lebhaftes Interesse. Obwohl diese Art vor mindestens 12 000 Jahren ausstarb, kamen in den vergangenen 200 Jahren immer wieder Teile von Mammutkadavern zum Vorschein, die der Dauerfrostboden weitgehend konserviert hatte. Die Fragen, wie diese Tiere in der rauhen Umgebung lebten und wie und warum genau sie starben, lösten seit dem ausgehenden 19. Jahrhundert so manche heftige Fehde unter den Wissenschaftlern aus.

Wie so vieles an diesen riesigen Tieren ist auch der Zeitpunkt ihres Erscheinens ungewiß. Fest steht indes, daß ihre Blütezeit im Pleistozän lag, das vor etwa zweieinhalb Millionen Jahren begann und um 10 000 vor Christus endete. Sie bildeten eine der mindestens drei Gattungen der *Elephantidae*-Familie (der heutige afrikanische und indische Elefant sind weitere Vertreter), die in Koexistenz lebten.

Mammuthus meridionalis nahm allem Anschein nach seinen Ursprung in Europa und Asien und entwickelte sich möglicherweise zum heutigen Elefanten, während sich *Mammuthus imperator* Tausende von Jahren erfolgreich in Kanada und Alaska halten konnte, bevor es ausstarb. Die langlebigste reine Gattung war *Mammuthus primigenius*. Funde versteinerter Knochen belegen, daß es bis nach Wyoming und zum Michigansee wanderte. Sein natürlicher Lebensraum aber lag in Nordrußland, besonders in Sibirien, wo einst schätzungsweise 50 000 Mammuts in Herden umherzogen, stets auf der Suche nach den gewaltigen Nahrungsmengen, die sie täglich zum Leben brauchten.

Schätze im Eis

Die wenigen Mammutfunde aus Nordamerika entsprachen dem „üblichen" prähistorischen Zustand: unvollständige Skelette in unterschiedlichen Stadien der Versteinerung oder Zersetzung. Die Überreste aus Sibirien hingegen waren gefroren, so daß die enormen,

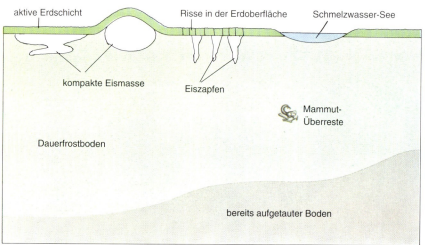

aktive Erdschicht — Risse in der Erdoberfläche — Schmelzwasser-See — kompakte Eismasse — Eiszapfen — Mammut-Überreste — Dauerfrostboden — bereits aufgetauter Boden

Mammut-Elfenbein war seit dem Mittelalter ein begehrter Handelsartikel. Im 19. Jahrhundert gab es regelmäßige Verschiffungen zu den wichtigsten europäischen Häfen. Die auf 1873 datierte Illustration zeigt eine Fracht in den Londoner Docks. Bis in die 30er Jahre besserten die sibirischen Stämme ihren Lebensunterhalt durch das Ausgraben von Mammutstoßzähnen auf.

Links: Das vereinfachte Diagramm zeigt die Bodenschichten der sibirischen Tundra. Unter dem sogenannten Auttauboden, der selten mehr als 2 Meter stark ist und jährlich gefriert und taut, liegt der Dauerfrostboden. Er kann bis in 300 Meter Tiefe reichen und besteht aus Muscheln, Kieseln, Sand und den halbzersetzten Überresten von Millionen von Tieren – darunter auch Mammuts.

Unten links: Diese Zeichnung zeigt sibirische Mammuts. Die Wissenschaft nimmt an, daß die gebogenen Stoßzähne den Tieren als eine Art Schneepflug dienten.

Rechts: Die Cromagnonzeichnung eines Mammuts aus der Rouffignac-Höhle in der Dordogne (Frankreich) zeigt das kräftige Vorderviertel und das zottige Fell, wie sie für die in Sibirien gefundenen Mammuts charakteristisch sind.

mitunter bis fünf Meter langen Stoßzähne perfekt erhalten blieben und sich zu Ziergegenständen, Schwertgriffen, Gerätschaften und ähnlichem verarbeiten ließen. Somit ist die Existenz der Elfenbeinschnitzer auch künftig gesichert.

Manches weist darauf hin, daß die Chinesen und Mongolen schon vor mindestens 2000 Jahren von diesen unterirdischen Elfenbeinlagern wußten. Im 13. und 14. Jahrhundert strömten arabische Händler nach Rußland, um die riesigen Stoßzähne zu erwerben, und auch innerhalb Rußlands hatte sich ein blühender Handel entwickelt. Als im 16. Jahrhundert das Billard-Spiel zunehmend an Beliebtheit gewann, wurde dieser Rohstoff, der bei den Russen *mamontovakosty*, „Mammut-Elfenbein", hieß, von dem Handelszentrum St. Petersburg aus bis nach England und Frankreich verkauft.

Der Ursprung der Bezeichnung „Mammut" ist nicht bekannt, obwohl die Sibirer selbst das Wort *mammat* schon sehr früh benutzten. Ebensowenig stellte sich den ersten Entdeckern jenes herrlichen und seltsamen Materials, das sie aus dem Frostboden herausbrachen, die Frage nach seiner Herkunft. Man nahm allgemein an, es handele sich um die Zähne einer Riesenratte, die tief in der Erde lebe und zum Sterben nach oben komme. Sehr viel Aberglaube rankte sich um diese Kreatur, und die meisten russischen Händler fürchteten sich davor, je eines dieser rätselhaften Wesen lebend aufzuspüren, denn sein Anblick verhängte über den Betreffenden angeblich einen Todesfluch. Im Mittelalter war das gesamte christliche Eurasien von dem Volksglauben beseelt, die großen Schädel und langen Knochen seien die Überreste von Riesen, bösen Halbmenschen, die Noah zurückließ, als er die Arche bestieg.

Der erste, der das sibirische Mammut mit dem Elefanten unserer Tage in Verbindung brachte, war der holländische Diplomat Evert Ysbrandt Ides, der 1692

im Auftrag von Zar Peter dem Großen nach China reiste. Dort vernahm er Geschichten über die Mammuts und über ganze eingefrorene Kadaver, die man gefunden hatte. Ides brachte ein Buch heraus, mit dem er beweisen wollte, daß die Überreste von einem Elefanten stammten, der „vor der Sintflut" gelebt habe.

Peter der Große war fasziniert von der Vorstellung, daß einige dieser riesigen „Elefanten" noch immer in einem entlegenen Winkel seines Reiches leben könnten. Diese Möglichkeit schien ihm ein Bericht des Sibirien-Forschers Michael Wolochowicz zu bestätigen, der, wie er erzählte, den Kadaver eines solchen Tieres am Ufer des Indigirka nahe der Ostsibirischen See gesehen hatte. Bedauerlicherweise hatten Wölfe den Kadaver bis auf die Knochen abgefressen. Doch Wolochowicz beteuerte: „Ich sah ein Stück verwesten Fells, das aus einem Sandhügel herausschaute. Es war ziemlich groß, dick und braun und erinnerte irgendwie an Ziegenhaar. Ich hielt es aber nicht für die Haut einer Ziege, sondern für die eines Behemoth, da ich sie keinem mir bekannten Tier zuzuordnen wußte."

Erst ein Forschungsreisender namens Khariton Laptew äußerte 1743 die Vermutung, daß es sich um uralte, durch das Eis konservierte Tiere handle. Er schrieb: „An den Ufern mehrerer Flüsse in der Tundra werden ganze Mammuts mitsamt Stoßzähnen und Fell ausgegraben. Allerdings sind ihre Haare und Körper verwest, und auch die Knochen, mit Ausnahme der Stoßzähne, sind im Verfall begriffen."

Während des gesamten 18. Jahrhunderts stellten die Zoologen Vermutungen und Theorien über die sibirischen Mammuts an, bis schließlich im August 1799 im Delta der Lena ein beinahe vollständig erhaltenes Exemplar und somit ein erstes ergiebiges Studienobjekt gefunden wurde. Ein Elfenbeinjäger namens Shumakow, Häuptling des Tungus-Stammes, der vor dem Mammut eine abergläubische Ehrfurcht hegte, bemerkte in einem mächtigen Eisblock einen dunklen Schatten. Als er im folgenden Jahr erneut zu der Stelle kam, war das Eis etwas geschmolzen, so daß sich die

Unten: Im Unterschied zu dem dicken Fell und den kleinen Ohren des Mammuts, die Wärmeverluste verhinderten, besitzt der afrikanische Elefant eine glatte Haut und riesige Ohren, die die Abgabe von Körperwärme begünstigen.

Ganz unten: Die Karte zeigt die bedeutendsten Mammutfunde seit dem späten 18. Jahrhundert. In der Dauerfrostregion Sibiriens fand man die besterhaltenen Exemplare.

Konturen eines riesigen Tieres abzeichneten. Wieder ein Jahr später, im Jahre 1801, lag eine Seite des Tieres frei. Shumakow geriet in Panik: Er hatte ein Mammut angeschaut und somit war ihm der Tod gewiß.

Er wurde tatsächlich krank, zu seinem Erstaunen jedoch auch wieder gesund. Wenn er den ersten Anblick überlebt hatte, so schilderte er später seine Überlegung, warum sollte er dann nicht zurückgehen und sich die Stoßzähne holen? Nachdem er seinen Aberglauben besiegt hatte, kehrte er 1803 zu der Stelle zurück. Inzwischen lag das Tier völlig frei. Wieder versagten seine Nerven, doch er erzählte seinem „Mittelsmann", einem Elfenbeinhändler namens Roman Boltunow, von seinem Fund. Dieser überredete ihn, ihm den Ort zu zeigen, entfernte die Stoßzähne, fertigte aber eine genaue Zeichnung an und schickte sie Professor Michail Iwanowitsch Adams von der Akademie der Wissenschaften in St. Petersburg.

Adams erkannte die Bedeutung des Fundes und brach mit einer Expedition auf, um die Überreste des Kadavers zu bergen. Die zugängliche Seite hatten zwar weitgehend die Wölfe zerfressen, und der Rüssel

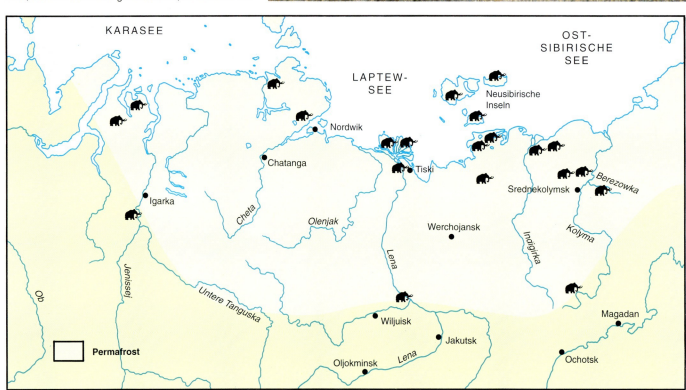

sowie ein Vorderbein fehlten, doch der Schädel war noch intakt und mit Fell bedeckt, ferner ein Ohr, das linke Auge sowie ein Großteil des Gehirns. Die verdeckte Seite konnte samt dem zottigen Fell beinahe vollständig geborgen werden.

Sorgfältig zerlegte Adams den Kadaver für den Transport nach St. Petersburg. Zehn Männer waren nötig, um das Fell hochzuheben, und die rötlichen Zotteln, die abfielen und aufgesammelt wurden, wogen 1,7 Kilogramm. Schließlich kaufte Adams auch die Stoßzähne von Boltunow zurück. Alle Überreste wurden nach St. Petersburg geschafft und wieder zusammengesetzt.

Adams mühselige Arbeit hatte die Identität der Tiere im Eis klären können, doch auch neue Fragen entstehen lassen: Warum waren die Tiere ausgestorben? Oder existieren sie vielleicht doch noch? Es schien unwahrscheinlich, daß ein Tier so relativ gut erhalten bliebe, wenn es wirklich „vor der Sintflut" verendet wäre. Fast ein Jahrhundert sollte noch vergehen, bevor die Entdeckung des bislang perfektesten Exemplars einen Hinweis darauf gab, daß zumindest manche dieser Riesen vermutlich durch eine plötzliche Naturkatastrophe starben.

Im August 1900 stellte eine Jagdgesellschaft fest, daß sich am Ufer der Berezowka, einem Nebenfluß des Kolyma in der damaligen Provinz Jakutsk in Nordsibirien, ein Erdrutsch ereignet hatte. Aus dem gefrorenen Kies ragten Kopf und Schultern eines Mammuts. Die Jäger entfernten einen Stoßzahn, bevor sie den Fund dem Gouverneur von Jakutsk meldeten. Dieser ließ das Tier sofort bewachen und informierte die Wissenschaftler in St. Petersburg. Bald schon brach die Expedition unter Professor Otto Hertz auf, dem Leiter der Zoologischen Abteilung der Russischen Akademie der Wissenschaften (der eigentlich Spezialist für Insekten war). Hertz nahm einen Geologen und einen erfahrenen Präparator mit. Nach einer mehrmonatigen abenteuerlichen Reise zu Pferd und zu Fuß fanden sie

Oben: Eine stark romantisierte Darstellung der Entdeckung eines gefrorenen Mammuts durch einen sibirischen Elfenbeinjäger im Jahre 1799. Später wurden diese Überreste Gegenstand der ersten wissenschaftlichen Erforschung eines Mammuts.

Unten: Das Berezowka-Mammut wurde 1900 entdeckt. In seinem Maul fand man Gras, das es wegen des plötzlich eintretenden Todes nicht mehr verschlingen konnte. Die genaue Todesursache ließ sich jedoch nicht klären.

das Mammut. Abgesehen von einigen Schäden, die wilde Tiere an der Kopfhaut und einem Vorderbein angerichtet hatten, war der im Frostboden eingebettete Kadaver noch völlig intakt. Mit Hilfe spezieller Stahlwerkzeuge legten die Experten ihn Stück für Stück frei. Ihr größtes Problem war der „unerträgliche" Gestank der Verwesung, die einsetzte, sobald man zum Schutz der Arbeiter eine Hütte um die Fundstelle errichtet hatte. Desungeachtet sezierte der Präparator das Mammut, sorgte dafür, daß die Haut als Ganzes erhalten blieb, und siegelte die Eingeweide zur späteren Untersuchung in Spezialbehälter ein. Als er das Fell von den Hinterbeinen löste, kam dunkelrotes Fleisch wie das einer gut abgehangenen Rinderlende zum Vorschein. Hertz erzählte später, er und seine Leute seien versucht gewesen, sich Steaks daraus zu braten, sie hätten sich dann aber doch nicht zu einer Kostprobe überwinden können. Statt dessen verfütterten sie das Fleisch an die Schlittenhunde.

Der Kadaver stammte von einem jungen Bullen mit einer Schulterhöhe von 2,7 Metern (im Vergleich zu 3,2 Metern bei Adams Exemplar). Seine Hinterbeine waren unter dem Rumpf eingeknickt, Becken und rechtes Vorderbein gebrochen. Die Haut war 1 bis 2 Zentimeter dick, mit einem gelblichgrauen, etwa 2,5 Zentimeter langen Unterfell und verfilztem, rötlichem Deckhaar von 10 bis 15 Zentimetern Länge. Unter dem Fell lag eine 10 Zentimeter starke Fettschicht, die an Schultern und Kopf einen Wulst bildete, was den Tieren den charakteristischen Höcker der Cromagnonzeichnungen verlieh. Später konnte man mit Hilfe der Radiokarbon-Methode oder C14-Datierung nachweisen, daß sowohl das Mammut von der Berezowka als auch das von Adams vor etwa 30 000 Jahren gestorben waren.

Zeigen Träume uns Seiten der realen Welt, die wir im Wachzustand nicht wahrnehmen können? Und gewähren sie wirklich sogar einen Blick in die Zukunft?

O ft führen uns unsere Träume in ferne Zeiten und Gegenden, zu Menschen und Dingen, die uns vertraut und dennoch seltsam verfremdet erscheinen. Wir agieren, wie wir es im Wachzustand niemals vermöchten, oder aber wir sind gelähmt und absolut handlungsunfähig. Manchmal haben wir das Gefühl, ein profundes Wissen zu besitzen, das unserem Leben eine neue Dimension verleihen könnte, doch wenn wir erwachen, erinnern wir uns nicht mehr oder tun es als Unsinn ab. Und manchmal, so scheint es, gewährt uns ein Traum reale Kenntnisse, einen echten Blick in die Zukunft.

Schon in den frühesten Kulturen schlug das Phänomen der Träume die Menschen in seinen Bann und trug zur Entstehung zahlloser seltsamer Glaubensformen und Kulte bei. Dies kann kaum verwundern, denn selbst heute hat noch keine Theorie über Schlaf und Träume allgemeine Akzeptanz gefunden.

Im Altertum galten Träume gewöhnlich als Vorhersagen zukünftiger Ereignisse, und man entwickelte komplexe Methoden zu ihrer Interpretation. Eine der ältesten erhaltenen Handschriften, ein 4 000 Jahre alter ägyptischer Papyrus, befaßt sich mit der hohen Kunst der Traumdeutung.

Pharao Thutmosis IV. erachtete einen Traum, den er um 1450 v. Chr. hatte, für bedeutend genug, um ihn in eine Steintafel einmeißeln zu lassen, die er vor der Sphinx bei Gise aufstellen ließ. Sie erzählt, wie Thutmosis, damals noch ein Prinz, während des Mittagsschlafs träumte, der Gott Hormakhu richte folgende Worte an ihn: „Der Sand in dem Bezirk, in dem ich existiere, hat mich zugedeckt. Versprich mir, daß du wirst tun, was mein Herz begehrt; dann will ich dich anerkennen als meinen Sohn, als meinen Helfer …" Als er Pharao wurde, ließ Thutmosis die Sphinx, die Hormakhu heilig war, von den Sandverwehungen säubern, und er regierte lang und erfolgreich, wie der Gott es ihm im Traum verheißen hatte.

Füße aus Ton

Eine dramatische Geschichte, die ein Traum Nebukadnezars, des König von Babylon (605–562 v. Chr.), auslöste, ist im *Buch Daniel* erzählt. Der König schreckte eines Morgens entsetzt aus einem Traum auf, an den er sich jedoch nicht entsinnen konnte. Er ließ alle Weisen und Wahrsager des Landes zusammenrufen und hieß sie, ihm den Traum und seine Bedeutung zu sagen. Als sie beteuerten, den Traum nicht deuten zu können, ohne ihn zu kennen, gab er den Befehl, alle Weisen von ganz Babylon zu töten.

Dies betraf auch Daniel, der bekannt für seine Deutung von Visionen und Träumen war, und er betete zu Gott, ihm den Traum zu enthüllen. In der folgenden Nacht erschien ihm ein erschreckendes Bild, dessen

Oben: Jakobs Traum von einer Leiter, wie er in der Bibel ezählt und von William Blake gemalt wurde, ist einer der bedeutendsten prophetischen Träume der jüdischen Geschichte.

TRÄUME WERDEN WAHR

Rechts: In einer anderen Erzählung aus dem Alten Testament enthüllt Daniel König Nebukadnezar seinen vergessenen Traum von einem Bild mit tönernen Füßen und deutet ihn als Prophezeiung über das Königreich. Beeindruckt huldigt der König Daniel.

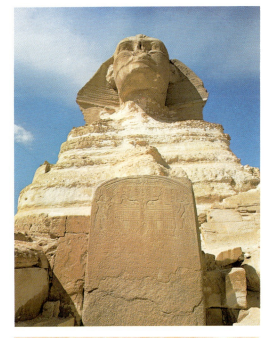

Oben links: Die Sphinx und die Steintafel, die vom Traum des Pharao Thutmosis IV. erzählt. Darin hatte der Gott Hormakhu ihm eine erfolgreiche Herrschaft verheißen, wenn er ihn, das hieß die ihm geweihte Sphinx, vom Sand befreite.

„IM ZWEITEN JAHR DER HERRSCHAFT NEBUKADNEZARS HATTE DIESER EINEN TRAUM. SEIN GEIST WURDE DAVON SO BEUNRUHIGT, DASS ER NICHT MEHR SCHLAFEN KONNTE."

Buch Daniel 2,1

Oben: Alexander der Große hatte einen Traum, den sein Traumdeuter Aristander als Wortspiel und damit als Siegesprophezeiung auslegte. Sie sollte sich bald bewahrheiten.

Kopf aus Gold war, Brust und Arme aus Silber, Bauch und Hüften aus Bronze, die Beine aus Eisen und die Füße teils aus Eisen, teils aus Ton. Das Bild wurde von einem Stein zerschmettert, der zu einem großen Berg anwuchs und die ganze Erde füllte. Daniel erklärte dem König, Gott habe ihm seinen Traum gesandt, und deutete ihn: Der König selbst sei das goldene Haupt, die anderen Teile des Standbildes aber verkörperten die nachfolgenden, schlechteren Herrscher. Der Stein aber verkörpere das Reich Gottes, das alle anderen Reiche zerschlagen und ewig währen werde. Daraufhin huldigte Nebukadnezar Daniel und verlieh ihm einen hohen Rang.

Die Bibel enthält zahlreiche weitere Beispiele von Traumdeutungen. Auch Jakob, der Patriarch des Alten Testaments, hatte auf der Flucht vor seinem rachgierigen Bruder Esau, den er mit List um das Recht der Erstgeburt geprellt hatte, in der Wildnis einen Traum. Er sah eine Leiter, die bis in den Himmel reichte, und die Engel Gottes stiegen daran auf und nieder. Der Herr selbst aber stand oben und sprach: „Das Land, darauf du liegst, will ich dir … geben … und durch dich und deine Nachkommen sollen alle Geschlechter auf Erden gesegnet werden." Offenbar bewahrheitete sich der Traum, der Jakob mit ehrfürchtigem Schrecken erfüllte, denn er wurde der Stammvater Israels.

Feldherren und Patriarchen ließen sich in ihren Entscheidungen oft von Trauminhalten leiten. Alexander der Große träumte während der Belagerung der phönikischen Stadt Tyros im Jahre 332 v. Chr. von einem Satyr, der auf einem Schild tanzte. Sein Traumdeuter Aristander erkannte darin ein Wortspiel: Das griechische Wort „satyros" konnte ebenso als „sa Tyros", im Sinne von: „Tyros wird dein sein" gelesen werden. Alexander führte den Feldzug fort und eroberte die Stadt. Interessanterweise unterstützt dieses frühe Beispiel eines Traums um ein Wortspiel Freuds Theorie vom Unbewußten als einem meisterlichen Filou, der durch Wortassoziationen unterdrückten Impulsen Ausdruck verleihe und verschlüsselte Traumbotschaften hervorbringe, die der Zensur durch das Bewußtsein entgingen.

Allerdings findet man auch in der Antike bereits kritische Stimmen gegen die gemeinhin geltende Einschätzung von Träumen. Der große römische redner Cicero legte im 1. Jahrhundert v. Chr. überzeugend dar, daß die Traumdeutung nicht auf fundiertem Wissen, sondern auf reiner Mutmaßung beruhe. Und obwohl im Islam die Weissagung anhand von Träumen durchaus akzeptiert war, verbot Mohammed sie im 6. Jahrhundert, da sie im Volk übermäßig um sich gegriffen hatte.

Heute gilt die Ansicht, Träume seien Mitteilungen von Göttern oder Geistern, als äußerst unorthodox. Doch spaltet sich das Lager der Psychologen in diejenigen, die Träume als Reflexionen des Unbewußten und somit Ausdruck unserer Hoffnungen und Ängste ansehen, und jene, nach denen man sich in Träumen schlichtweg des „Gerümpels" entledigt, das das Hirn im Laufe des Tages angesammelt hat.

Zweifellos liegen manchen Träumen, besonders Alpträumen, komplexe psychische Einflüsse zugrunde, deren Wurzeln in der Vergangenheit zu suchen sind. Daneben aber gibt es noch jene verblüffende Art von Träumen, die Einblick in die Zukunft zu gewähren scheint und vermutlich in der Antike den Glauben an die Weissagekraft von Träumen hervorriefen.

Tod und Unheil

Ein oft zitierter prophetischer Traum betraf die Ermordung des britischen Premierministers Spencer Perceval am 11. Mai 1812. Acht Tage zuvor träumte ein Unbekannter aus Cornwall (England), wie ein kleiner Mann mit blauem Mantel und weißer Weste die Vorhalle des britischen Unterhauses betrat. Dann sah er einen zweiten Mann eine Pistole unter seinem Mantel hervorziehen, der braun und mit verzierten gelben Metallknöpfen besetzt war. Er feuerte auf den ersten Mann, der zu Boden fiel und aus einer Wunde unterhalb des Herzens blutete. Einige andere Anwesenden ergriffen den Attentäter. Als der Träumer nach der Identität des Erschossenen fragte, erhielt er zur Antwort: „Mr. Perceval."

Der Mann war so beeindruckt, daß er den Premierminister warnen wollte. Seine Freunde rieten ihm jedoch ab, da man ihn als Fanatiker abtun werde. Später sah der Mann bei einem Besuch in London Bilder von der Ermordung, die man nach Augenzeugenberichten angefertigt hatte. Er stellte viele Übereinstimmungen mit seinem Traum fest, nicht zuletzt in der Kleidung der beiden Männer.

Obwohl dieser Fall damals angeblich gründlich untersucht und bestätigt wurde, kann er doch nicht als Beleg dienen, da der Träumer unbekannt blieb. Der folgende Traum hingegen stammt von dem berühmten Schriftsteller Charles Dickens:

„Mir träumte, daß ich eine Dame mit einem roten Tuch sah, die mir den Rücken zuwandte … Als sie sich umdrehte, stellte ich fest, daß sie mir unbekannt war, und sie sagte: ‚Ich bin Miss Napier.' Während ich mich am nächsten Morgen ankleidete, dachte ich immer wieder: ‚Wie absurd, ein so konkreter Traum über nichts! Und warum Miss Napier?' Denn ich hatte nie zuvor von einer Miss Napier gehört. An jenem Freitagabend hielt ich eine Lesung. Anschließend suchten Miss Boyle und ihr Bruder mich in meiner Garderobe auf – und die Dame mit dem roten Tuch, die sie als ‚Miss Napier' vorstellten."

Solche Träume sind, wie auch Dickens anmerkt,

Unten: Cicero, der berühmte römische Redner, brachte den Traumdeutern größte Skepsis entgegen, da er ihre Interpretationen für reine Mutmaßung hielt.

Oben: Am 11. Mai 1812 wurde der britische Premier Spencer Perceval von John Bellingham ermordet. Acht Tage zuvor träumte ein Unbekannter aus Cornwall von dem Ereignis in allen Einzelheiten bis hin zu den Knöpfen am Mantel des Attentäters.

meist sehr deutlich oder besonders ungewöhnlich. Dr. Walter Franklin Prince, ein amerikanischer Geistlicher, Historiker und namhafter Parapsychologe, berichtete, er habe im Laufe seines Lebens so üble Träume gehabt, daß ihm alle anderen „wie Glühwürmchen im Vergleich zum Blitz" erschienen. Er sah außergewöhnlich lebhafte Bilder, die meist heftige Gefühle auslösten, wie etwa im folgenden Traum: „Ich betrachtete einen Zug, dessen Ende aus einem Tunnel ragte. Dann raste zu meinem Entsetzen plötzlich ein anderer Zug in ihn hinein. Ich sah, wie die Waggons zusammen- und übereinandergeschoben wurden, und aus den Wracks erschollen gellende, verzweifelte Schreie Verwundeter … Und dann quollen Wolken, anscheinend aus Dampf oder Rauch, hervor, gefolgt von noch qualvolleren Schreien. Hier etwa wurde ich von meiner Frau geweckt, da ich jammervolle Laute ausstieß."

Am nächsten Morgen kam es in New York zu einem Zugunglück. Als Dr. Prince die Zeitungsberichte las, war er betroffen über die vielen „übereinstimmenden Details": Die Kollision hatte sich an einem Tunneleingang ereignet, und zu den Opfern, die der Aufprall forderte, kamen weitere Tote und Verwundete, als Dampfleitungen barsten und das Wrack Feuer fing. Die Katastrophe ereignete sich nur sechs Stunden nach dem Traum und gerade 125 Kilometer von Dr. Princes Haus entfernt.

Auch John W. Dunne, ein Pionier der britischen Luftfahrt, war verblüfft über seine eigenen Träume, die oft einen Blick in die Zukunft zu werfen schienen. Zur Erklärung dieses Phänomens entwickelte er Zeittheorien. Sein 1927 erschienenes Buch *An Experiment with Time* (Ein Experiment mit der Zeit) gehört zu den bekanntesten Werken zu diesem Thema.

Dunne schrieb seine Träume gewissenhaft auf. Ein typisches Beispiel datiert vom Herbst 1913: „Ich sah einen hohen Bahndamm. Im Traum wußte ich – so selbstverständlich wie jeder, der mit der Gegend vertraut wäre –, daß der Ort gleich nördlich der Firth oft Forth Bridge in Schottland lag. Am Fuße des Dammes erstreckte sich offenes Grasland, auf dem Menschen in kleinen Gruppen umhergingen. Das Bild kam und verschwand mehrere Male. Beim letztenmal aber sah ich, daß ein nach Norden fahrender Zug soeben die Böschung hinabgestürzt war. Mehrere Waggons lagen am Fuß des Abhangs, und dicke Steinblöcke rollten und rutschten herab."

Er versuchte, das Datum zu „erfahren", fand aber nur heraus, daß es sich um das folgende Frühjahr handele. Nach seiner Erinnerung dachte er an Mitte April, doch seine Schwester meinte, er habe von März gesprochen, als er ihr am nächsten Morgen den Traum erzählte. Im Scherz beschlossen sie, ihre Freunde zu warnen, im kommenden Frühjahr eine Zugfahrt in Schottland zu unternehmen. Am 14. April 1914 stürzte der Postzug *Flying Scotsman* nahe dem Bahnhof von Burntisland 15 Kilometer nördlich der Forth Bridge den sechs Meter hohen Bahndamm hinab auf den unterhalb liegenden Golfplatz.

Um dem häufig geäußerten Einwand zu begegnen, solche Berichte würden immer erst nach dem betreffenden Ereignis bekannt, wurden in den letzten Jahren mehrere Büros eingerichtet, die Vorwarnungen aus der Öffentlichkeit entgegennehmen. Beim Toronto Premonitions Bureau ging folgende Vorhersage ein, die, wie so viele andere, einem Traum entstammte:

Eine Kanadierln, Mrs. Zmenak, träumte, daß die Polizei sie anrief und informierte, ihr Mann werde vorerst nicht nach Hause kommen, da jemand getötet worden sei. Dann sah sie einen Körper ohne Beine. Nach dem Aufwachen war sie überzeugt, nicht ihr Mann werde sterben, sondern jemand anderer, wenn er am nächsten Tag aus dem Haus ginge. Er ignorierte jedoch ihre Warnung. Das nachfolgende Geschehen ist in der Zeitschrift der *New Horizons Research Foundation* geschildert, die das Büro leitet: „Auf dem Heimweg versagte die Elektrik seines Wagens. Er ging zu einem Telefon und bat seine Frau, ihn abzuholen. Eine Polizeistreife hielt an, um sich zu erkundigen, was los sei. Während er die Situation erklärte, hielt auf der anderen Straßenseite ein weiteres Auto. Der Fahrer kam herüber, um sich nach einem Weg zu erkundigen, und die Polizisten gaben ihm Auskunft. Auf dem Weg zu seinem Wagen lief er direkt vor ein anderes Auto und

Dieses Foto von Erzherzog Franz Ferdinand entstand unmittelbar vor seiner Ermordung durch serbische Nationalisten. Das Attentat erschütterte die ohnehin labilen Beziehungen zwischen den europäischen Mächten und führte zum Ersten Weltkrieg.

EIN KRIEGSOMEN

In der Nacht des 27. Juni 1914 hatte Monsignore Joseph de Lanyi einen schrecklichen Traum: Auf seinem Arbeitstisch lag ein schwarz umrandeter Brief mit dem Wappen des Erzherzogs Franz Ferdinand, des Thronfolgers der österreichisch-ungarischen Monarchie. Als er im Traum den Brief öffnete, beobachtete er auf dem Briefkopf eine Straßenszene: Der Erzherzog saß in einem Automobil, neben ihm seine Frau und ihm gegenüber ein General. Ein zweiter Offizier saß neben dem Chauffeuer. Plötzlich traten zwei Männer vor und schossen auf das Paar. Der Text des Briefes lautete: „Eure Eminenz, sehr geehrter Dr. Lanyi, meine Gemahlin und ich wurden Opfer eines politischen Verbrechens in Sarajevo. Wir empfehlen uns Ihren Fürbitten an. Sarajevo, 28. Juni 1914, 4 Uhr." Am nächsten Tag erhielt der Bischof die erschütternde Nachricht.

war auf der Stelle tot. Seine Beine lagen zusammengeknickt unter seinem Körper, so daß es aussah, als seien sie abgetrennt. Die Polizei rief Mrs. Zmenak an … und teilte ihr mit, ihr Mann könne noch nicht nach Hause kommen, da jemand getötet worden sei und ihr Mann eine Zeugenaussage machen müsse."

Eine so bemerkenswerte Übereinstimmung zwischen Traum und Realität scheint den Schluß nahezulegen, daß die normalen zeitlichen und räumlichen Schranken im Schlaf fallen können. Und da wir alle schlafen und träumen, wäre es dann nur logisch, wenn auch wir diese Schranken gelegentlich überwinden.

Unten und ganz unten: John W. Dunne träumte von einem Zug, der von einer Böschung nahe der Forth Bridge stürzte. Einige Monate später entgleiste hier der Flying Scotsman.

Durch seine Behauptung, die Erde sei in der Frühzeit von höheren Wesen aus dem Weltraum besucht worden, machte der bekannte Schriftsteller Erich von Däniken weltweit von sich reden. Wieviel Glauben aber darf man solchen Thesen wirklich schenken, und wie stichhaltig sind seine Argumente?

Alle Mythen enthalten ein Körnchen Wahrheit. Die einen spiegeln die innere Sehnsucht des Menschen nach einer höheren Seinsebene wider, wie etwa der „Superman"-Mythos, andere die rätselhafte Bedeutung, die einst bestimmte Stätten, wie zum Beispiel Megalithmonumente, hatten. In manchen Mythen schwingen Erinnerungen an historische Ereignisse und Persönlichkeiten mit, und einige führen uns vielleicht sogar noch weiter zurück bis in die Vorgeschichte. So klingen Erzählungen der nordamerikanischen Indianer über die Zeit, als ihre Welt vom „Großen Schnee" beherrscht war, wie eine Beschreibung der letzten Eiszeit, die vor 10 000 Jahren endete.

Wie aber sollen wir jene Mythen deuten, die sich wie reine Fiktion lesen und doch, in leicht abgewandelten Versionen, in den Traditionen uralter Völker und Stämme weltweit zu finden sind? In solchen Geschichten tauchen häufig „Götter" oder „Himmelsbewohner" oder

AUSSERIRDISCHE GREIFEN EIN

auch Wesen von den Sternen auf, die auf die Erde kamen und die Menschheit zivilisierten. Sie flogen, wie mitunter erzählt wird, in geflügelten oder feurigen Wagen, und einige auserwählte Sterbliche durften sogar mitfahren. Angeblich zeugten diese „himmlischen" Besucher sogar mit menschlichen Partnern Halbgötter, die Könige und Weise wurden. Wo liegt der Ursprung dieser Erzählungen? Sollten wir sie als Ausdruck der Sehnsüchte menschlicher Psyche begreifen? Oder wären wir gar gut beraten, sie gleichsam für bare Münze zu nehmen?

Viele glauben, daß unsere modernen wissenschaftlichen Erkenntnisse uns Wege zum Verständnis solcher Mythen erschließen, die den Gelehrten in der Vergangenheit verschlossen blieben. Heute erscheint den meisten von uns die Möglichkeit außerirdischen Lebens gar nicht so abwegig. Als der Mensch die Herausforderung annahm, ins Sonnensystem zu reisen und andere Welten zu erforschen, erhob sich zwangsläufig die Frage, ob auch unser Planet schon von anderen intelligenten Lebensformen besucht wurde. Könnte die Vorstellung von den „Göttern vom Himmel" aus dem uralten Versuch der Menschheit geboren sein, ihre eigene Erfahrung als Wesen von anderen Welten zu umschreiben, bevor man von der Existenz solcher Welten wußte? Waren die Erzählungen von fliegenden, feurigen Wagen vielleicht der einzige Weg für den antiken Menschen, Luft- und Raumfahrzeuge zu beschreiben, wie wir sie heute kennen?

Überlegungen dieser Art, die stark vereinfacht und

Links: Für von Däniken stellt die faszinierende Figur aus einem Felsbild in den algerischen Tassili-Bergen einen Raumfahrer dar, der vor Jahrhunderten die Erde besuchte. Die ätherische Gestalt kontrastiert mit den klaren Darstellungen in der Gruppe.

Unten und unten rechts: Die eindrucksvollen Skulpturen und Monumente in Tiahuanaco (Bolivien) mögen Zeugnis ablegen für die außergewöhnlichen baulichen Fähigkeiten der Menschen im Altertum. Oder sind sie vielleicht das Werk Außerirdischer?

doch nach gesundem Menschenverstand klingen, stellte Erich von Däniken in seinem Buch *Erinnerungen an die Zukunft* und späteren Schriften an. Sie alle basieren auf derselben Theorie, daß die Erde in prähistorischer und frühgeschichtlicher Zeit von intelligenten Wesen einer entfernten Galaxie besucht wurde, die Außerirdischen durch Genmanipulationen an Affen den Menschen schufen und dieser, überwältigt von ihren technischen Wunderwerken, sie als Götter verehrte.

Däniken ist nur einer von vielen Autoren, die entsprechend argumentierten, doch er erlebte von seinem ersten Buch an einen kometenhaften Aufstieg zum führenden Verfechter dieser Theorien. Der atemberaubende Erfolg von *Erinnerungen an die Zukunft,* das in mindestens 26 Sprachen übersetzt und mehr als fünfmillionenmal verkauft wurde, machte aus einem ehemals bankrotten Schweizer Hotelier mit Reiseambitionen den Advokaten der „Weltraumgötter", der seine Suche nach dem „endgültigen Beweis" rund um den Globus mit beinahe messianischem Eifer betrieb. Sein Erfolg erstaunt um so mehr, als nur wenige seiner Thesen wirklich eigenständig sind. Viele Punkte seiner Beweisführung findet man auch in den Veröffentlichungen früherer, oft weit coriöcoror Vertreter des Gedankens von „antiken Astronauten". Archäologen und Theologen reagierten jedoch mit Empörung und bezichtigten ihn des Betrugs und der Scharlatanerie.

Von Däniken versicherte seiner Leserschaft, er habe viele „handfeste Beweise", daß Außerirdische die Erde besuchten und „unübersehbare Spuren hinterließen". In der Tat strotzen seine Bücher von Details über alte Artefakte, die angeblich Raumfahrer, Raketen, Antennen und sogar Herztransplantationen darstellen, und er beschreibt technische Meisterleistungen, die die Menschen seinerzeit unmöglich ohne fremde Hilfe hätten vollbringen können.

Bei den meisten seiner Belege aber haben wir es mit einem Mischmasch von Halbwahrheiten zu tun, die er durch Anspielungen in Frageform aufzuwerten versucht. Tatsächlich bewegt sich von Däniken oft auf so dünnem Eis, daß er sich aus den Schlingen seiner Kritiker nur mit seiner Frage-ohne-Antwort-Maske wieder herauswinden konnte. Über die berühmten Steinlinien von Nazca in Peru zum Beispiel schrieb er in *Erinnerungen an die Zukunft:* „Uns vermittelt die … Ebene von Nazca – aus der Luft betrachtet – eindeutig die Idee eines Flugplatzes!" Auf die Start- und Landebahnen von Dänikens angesprochen, sagte die deutsche Wissenschaftlerin Maria Reiche – sie hatte die Linien mehrere Jahre lang persönlich studiert, ohne den geringsten Hinweis auf Landungen Außerirdischer zu finden – nur lächelnd: „Wenn man die Steine entfernt, ist der Boden ziemlich weich. Ich fürchte, die Raumfahrer wären steckengeblieben."

In der Zeitschrift *Second Look* machte von Däniken in einem Streitgespräch mit Autor Colin Wilson einen Rückzieher. „Ich habe nicht behauptet, daß Außerirdische die Linien in Nazca anlegten. Ich habe nur gesagt, diese Spuren seien das Ergebnis einer Art Fracht-Kult der dortigen Eingeborenen", meinte er und forderte Wilson auf, eine Stelle aus seinen Büchern anzuführen, in der er behaupte, die Linien seien „von oder mit Hilfe von Außerirdischen" errichtet. Für Wilson spricht folgender Auszug von Dänikens *Zurück zu den Sternen:*

„In der Nähe des heutigen Städtchens Nazca landeten auf der menschenleeren Ebene irgendwann einmal fremde Intelligenzen und errichteten einen improvisierten Flugplatz für ihre Raumfahrzeuge, die in Erdnähe operieren sollten. Auf dem idealen Gelände legten sie zwei Pisten an."

Und in *Erinnerungen an die Zukunft* heißt es: „Nach unserer Vorstellung könnten sie [die Linien] nach Weisungen aus einem Flugzeug gebaut worden sein."

Auch in vielen anderen Punkten mußte er zurückstecken. Im Zusammenhang mit der nichtrostenden Säule im indischen Meharauli, die er falsch datierte und beschrieb, gab er später in einem Interview mit dem *Playboy* zu:

Während er die Wunder in den Gängen wie die mit bizzaren und unbekannten Schriftzeichen bedeckten Metallplatten bestaunte, erfüllt ihn „ein großes Glücksgefühl", doch er hatte auch „das Gefühl ... dauernd beobachtet zu werden".

Diese „Expedition" zu den Tunnels Ecuadors wurde zum Gegenstand einer grotesken Auseinandersetzung zwischen von Däniken und Juan Moricz. Vier Monate nach Erscheinen von *Aussaat und Kosmos* gab von Däniken gegenüber zwei Journalisten des *Spiegels* zu, niemals in dem betreffenden Gebiet Ecuadors gewesen zu sein, allerdings 100 Kilometer entfernt in der Nähe der Stadt Cuenca unterirdische Nachforschungen betrieben zu haben. Und in seinem *Play-boy*-Interview gestand er, daß die dramatischen Einzelheiten seiner Abenteuer in den Tunnels weitgehend seiner Phantasie entsprungen seien, was er jedoch mit „dichterischer Freiheit" zu entschuldigen

„... als ich die *Erinnerungen an die Zukunft* schrieb, war mein Informationsstand über die Eisensäule so, wie ich ihn darlegte. Inzwischen wurden, wie ich erfuhr, Untersuchungen durchgeführt, die zu ziemlich anderen Ergebnissen kamen. Dieses Eisending können wir also vergessen."

Ein weiterer bezeichnender Fall ist das geheime Tunnelsystem unter den Bergen Ecuadors mit seinen rätselhaften Schätzen prähistorischer Artefakte und einer „Bibliothek" von Metallplatten mit Aufzeichnungen über einen Besuch von „Weltraumgöttern". Eine Beschreibung dieser angeblichen Relikte steht im Mittelpunkt von *Aussaat und Kosmos*. In diesem Buch behauptet von Däniken, mit Hilfe von Juan Moricz, dem selbsternannten Entdecker und „Hüter" der Tunnels, das weitläufige unterirdische Netz erforscht zu haben, und beschreibt detailliert seine Erlebnisse:

„Helmscheinwerfer und Taschenlampen blitzen, vor uns reißt das Einstiegsloch seinen Schlund auf. An einem Seilzug gleiten wir auf die erste Plattform herab."

Ganz oben: Erich von Däniken ist zweifellos der berühmteste aller Verfechter der These von „antiken Astronauten".

Oben: Diese Höhlenzeichnung aus Soledad auf der mexikanischen Halbinsel Baja stellt angeblich eine fliegende Untertasse dar, die an ihrer Unterseite Flammen speit. Sie liefert, wie manche glauben, den Beweis, daß in grauer Vorzeit ein Raumfahrzeug die Erde besuchte.

Links: Der Kandelaber „der Lebensbaum" oberhalb von Pisco (Peru) besteht aus einer Reihe mysteriöser Linien, die, wie manche meinen, auf das 190 Kilometer entfernte Nazca weisen. Einer Theorie zufolge handelt es sich um eine Navigationshilfe aus dem 19. Jahrhundert.

versuchte. Währenddessen erklärte Moricz in einem Interview klipp und klar, daß „Däniken niemals einen Fuß in die Höhlen setzte ... Wenn er sagt, er habe die Bibliothek und die übrigen Dinge selbst gesehen, lügt er". Moricz behauptet, von Däniken lediglich einen Seiteneingang zu dem Tunnelsystem gezeigt zu haben: „Man konnte die Höhle nicht betreten ... der Eingang ist versperrt." Zu den Schätzen äußerte Moricz, von Däniken habe sie in einem Museum vor Ort fotografiert, „die meisten aber sind reiner Plunder".

Moricz selbst in eine zwielichtige Gestalt: Sein „Besitz" der Tunnels wurde angefochten, und kein seriöser Archäologe oder Geologe durfte anscheinend auch nur in die Nähe der geheimnisvollen Höhlen mit der Bibliothek kommen, deren Echtheit er nach wie vor beteuert. Obwohl er angab, von Däniken nichts Bedeutsames gezeigt zu haben, prozessierte Moricz gegen ihn und forderte wegen illegaler Veröffentlichung seiner Entdeckungen eine Beteiligung an von Dänikens Tantiemen.

Ungeachtet seiner vorherigen Eingeständnisse behauptete von Däniken in dem *Second Look*-Artikel weiterhin: „Was ich in *Aussaat und Kosmos* über diese unterirdischen Höhlen sagte, ist alles wahr." Er beharrt darauf, die metallene Bibliothek mit eigenen Augen gesehen zu haben, und laut seinem Biographen Peter Krassa war ihm intuitiv bewußt, daß die Gänge den Beweis für seine Theorien bergen.

Mangel an Beweisen

Trotz der in *Aussaat und Kosmos* wie auch in zahlreichen Interviews und Artikeln aufgestellten Behauptungen hat bisher niemand auch nur den geringsten Beweis für die extraterrestrische Natur der angeblichen Entdeckungen erbracht. Selbst wenn die Tunnels, entgegen der Annahme eines erfahrenen Geologen aus der Gegend, künstlich sind und selbst wenn sie Goldgegenstände und eine geheimnisvolle Bibliothek mit bislang nicht entzifferten Schriftzeichen enthalten, was beweist dies? Von Däniken wiederholte Moricz' Aussage, die Bibliothek könnte eine Zusammenfassung der Menschheitsgeschichte sowie Informationen über die Ursprünge der Menschheit auf diesem Planeten und über eine untergegangene Kultur enthalten. Doch weder von Däniken noch Moricz haben auch nur ein einziges Schriftzeichen entziffert. Und die Gegenstände, die sie als Funde aus den Höhlen deklarieren, sind eher simpel wirkende Objekte aus Messing und Zinn (nicht Gold), die jeder geschickte Schmied anfertigen könnte. Dennoch werden die Funde aus den Tunnels in *Aussaat und Kosmos* als „die unglaublichste, die unwahrscheinlichste Geschichte des Jahrhunderts" bezeichnet.

So verwundert es kaum, daß Kritiker von Däniken häufig als Betrüger abstempelten. Doch trotz der zahlreichen Fälle, in denen von Däniken sich die Fakten nachweislich und zuweilen auch zugegebenermaßen aus den Fingern sog, wirkt die Masse der Beweise und Argumente in Büchern wie *Erinnerungen an die Zukunft* und ähnlichen Veröffentlichungen anderer Autoren auf Millionen von Lesern nach wie vor überzeugend. Was hat es mit den unglaublichen baulichen Leistungen wie den ägyptischen Pyramiden, Tiahuanaco in Bolivien, Sacsayhuaman in Peru und den riesigen Skulpturen auf der Osterinsel auf sich? Oder auch mit den Trockenbatterien und Kristallinsen aus dem alten

Oben: Die Piri Re'is-Karte aus dem Jahre 1513 zeigt nach Ansicht von Dänikens Berge in der Antarktis, die tief unter Schnee und Eis vergraben sind und erst Jahrhunderte später von Europäern entdeckt wurden. Sie basiert, wie er glaubt, auf Luftaufnahmen. Nach Einschätzung von Kartographen enthält die Karte jedoch wenig Geheimnisvolles, sondern ist eindeutig ein ungenaues Konglomerat aus mehreren verschiedenen Karten.

Mesopotomien, der ausgeklügelten astronomischen Uhr, die man vor der griechischen Insel Antikythera barg, oder den massigen, nahezu perfekt geformten Steinkugeln, die über den Urwald von Costa Rica verstreut sind? Von Däniken mag grobe Fehler begangen haben, doch man könnte anführen, daß die Mythen der Welt zu der Annahme verleiten, die Erde sei einst von „Göttern" besucht worden. Vielleicht verbirgt sich hinter solchen technischen Meisterleistungen doch der Beweis, daß intelligente Außerirdische einst auf unserem Planeten am Werk waren?

Links: Solche Linien in Nazca (Peru) liefern nach wie vor Zündstoff in der Debatte über kosmische Besucher auf unserem Planeten.

Wenn es um einen Termin beim Zahnarzt geht, denken die meisten Menschen an sterile Wartezimmer, sirrende Bohrer und den Geschmack von antiseptischem Mundwasser. Patienten der paranormalen Zahnheilkunde aber erfahren eine ganz andere Behandlung.

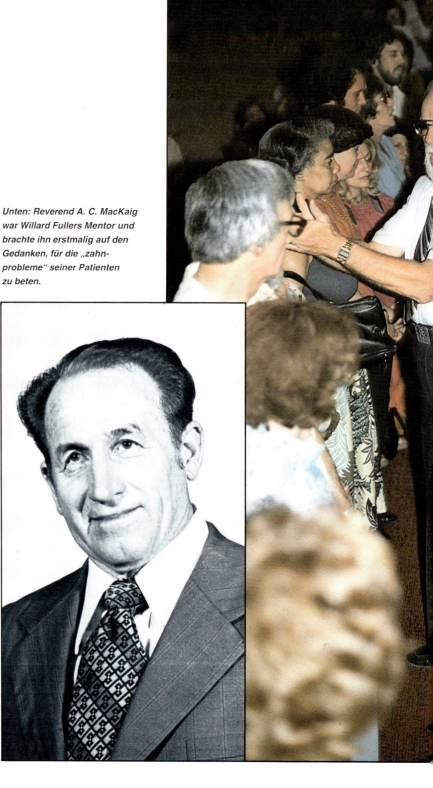

**PARAN
ZAHNH**

Unten: Reverend A. C. MacKaig war Willard Fullers Mentor und brachte ihn erstmalig auf den Gedanken, für die „zahn-probleme" seiner Patienten zu beten.

Die paranormale Zahnbehandlung ist zweifellos die ungewöhnlichste Heilerfähigkeit und auch die, die sich am schwierigsten erklären läßt. Die wenigen Medien, die sie praktizieren, können angeblich schlechte Zähne augenblicklich mit Gold-, Silber- oder Porzellanfüllungen versehen, die sich im Mund ihrer Patienten materialisieren. Manchmal, so heißt es, wachsen sogar neue Zähne, wo zuvor nur schwarze Stümpfe standen.

Derart erstaunliche Behauptungen fordern die Kritik geradezu heraus: Sogar viele Anhänger der Parapsychologie stehen dieser Form der Zahnbehandlung mit großer Skepsis gegenüber. Wer allerdings den Prediger Willard Fuller bei der „Arbeit" beobachtete, gab seine Zurückhaltung für gewöhnlich bald auf. Man sagt, er habe im Mund von über 25 000 Patienten „wahre Wunder" vollbracht.

Fuller, ein Amerikaner, absolvierte eine Ausbildung als Verwaltungskaufmann und Elektroingenieur, bevor die Baptisten ihn für sich gewannen. Daraufhin betrieb er Studien in Theologie und bereiste zehn Jahre lang als Wanderprediger die Vereinigten Staaten.

Und dann geschahen zwei Dinge, die sein Leben grundlegend verändern sollten: Er wurde exkommuniziert – weil er zu viele Fragen stellte, wie er behauptet –, und etwa zur selben Zeit erlebte er, was man in der frühen Pfingstbewegung die „Taufe durch den Heiligen Geist" nannte. Kurz darauf folgte er seiner Berufung und betätigte sich als Heiler.

Anfangs praktizierte er die übliche Art der Geistheilung durch Handauflegen, doch nach der Begegnung mit A. C. MacKaig entwickelte sie sich zu etwas höchst Ungewöhnlichem. Fuller hatte bereits von diesem Mann gehört, der für die „Zahnprobleme" seiner Patienten betete und so wundersame Zahnfüllungen erwirkte. Als MacKaig dann in Shreveport, Louisiana, predigte, begab sich Fuller sofort dorthin, um selbst Zeuge dieser Fähigkeiten zu werden.

Mit wachsender Erregung beobachtete Fuller, wie der Heiler eine Vielfalt von Krankheiten behandelte, und den krönenden Abschluß bildeten die Zahnbehandlungen. Unter den Anwesenden befand sich eine Frau, die noch nie einen Zahnarzt aufgesucht hatte. In einem ihrer Zähne war ein Loch, das dringend behandelt werden mußte. MacKaig legte seine Hände auf den Kopf der Patientin und bat Gott um Hilfe. Dann gab er ihr eine Taschenlampe und einen Spiegel, damit sie in ihren Mund schauen konnte. Sie überprüfte ihren Zahn und jubelte laut: „Er hat eine Füllung aus Silber!" Fuller stand ganz in ihrer Nähe und beeilte sich, selbst die Zahnfüllung zu begutachten. „Sie glänzte so hell wie eine frisch gepreßte Münze", erklärte er später.

Es folgten noch weitere Wunder dieser Art, denn die Zahl der Patienten riß nicht ab, doch eines der selt-

RMALE
LKUNDE

Unten: Diese Zeichnung aus dem 18. Jahrhundert zeigt, wie einem Patienten ein Zahn gezogen wird. Auch wenn sich seither zum Glück vieles verändert hat, ist ein Besuch bei einem konventionellen Zahnarzt oder Kieferchirurgen (ganz unten) auch heute noch für viele Menschen ein unerfreuliches Erlebnis.

samsten Ereignisse war für Fuller selbst reserviert: MacKaig wandte sich abrupt um, zeigte auf ihn und verkündete: „Jetzt werde ich für Sie beten und Gott bitten, Sie zu segnen." Der Heiler war nicht sehr groß und mußte auf ein kleines Podest steigen, um an Fuller heranzureichen. Die Szene mag recht grotesk gewirkt haben, doch Fuller verspürte offenbar eine sofortige und höchst dramatische Wirkung. Gott, so erklärte Fuller, sprach zu ihm mit folgenden Worten – Worte, die er nie mehr vergaß: „Halte nicht für seltsam mein Sohn,

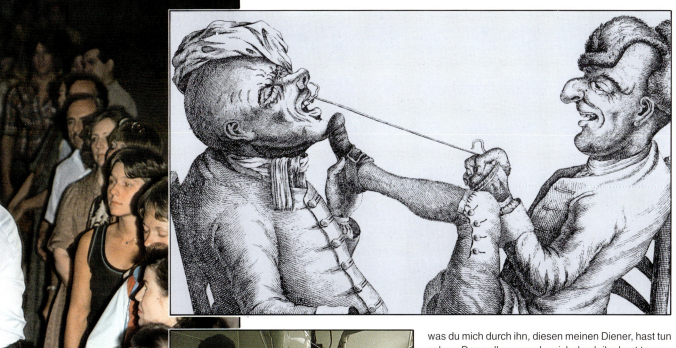

was du mich durch ihn, diesen meinen Diener, hast tun sehen. Denn alles, was du mich durch ihn hast tun sehen, werde ich durch dich tun, und Größeres werde ich durch dich tun, als du mich durch ihn hast tun sehen."

Es mag so klingen, als könnte Gott einen besseren Texter gebrauchen, aber es genügte, um Fuller zu inspirieren und ihn zu einem Medium für Zahnheilungen zu machen!

Fuller gestand, daß er erst nach einiger Zeit den Mut fand, seine neue Gabe in die Praxis umzusetzen, da er besorgt war, nicht denselben Erfolg zu erzielen wie sein Mentor. Schließlich aber stellte er sich der Herausforderung und behandelte einen jungen Mann mit einem Loch im Zahn. Überglücklich stellte er tatsächlich fest, daß er die Kraft zu heilen besaß. Nach diesem ersten zaghaften Versuch fühlte Fuller sich sicher.

Bryce Bond, ein amerikanischer Schriftsteller und Heiler, beobachtete den außersinnlichen „Zahnarzt" bei der Arbeit. Er erklärte: „Fullers Methode ist sehr einfach. Er schlägt den Patienten leicht auf beide Wangen und sagt dazu: ‚Im Namen Jesu, werde wieder ganz.'" Man hält es für möglich, daß das Moment intensiven Glaubens eine magische Verwandlungskraft bewirken kann, die Gold, Silber oder Porzellan im Mund des Patienten Gestalt annehmen läßt. Es mag unwahrscheinlich klingen, doch viele Menschen sind bereit zu bezeugen, daß sie eben dies erlebt haben.

Links: Die Leute standen Schlange, um Willard Fuller bei seiner Arbeit zu sehen. Zu seiner Methode gehörte es, den Patienten leicht auf die Wangen zu schlagen – der einzige schmerzliche Teil einer ansonsten schmerzfreien Behandlung.

Diese Augenzeugen schildern eine Zahnfüllung als einen anfänglich hellen Fleck, der sich vergrößert, bis er den ganzen Zahn ausfüllt, ähnlich einer Zeitrafferaufnahme von der Entfaltung einer Rosenblüte. Der britische Sensitive Matthew Manning bestätigt diese

Beschreibung. Er nahm an einer von Fullers Sitzungen in New York teil, ohne sich das Geringste davon zu versprechen. Nachdem er jedoch das Phänomen mit eigenen Augen beobachtet hatte, bezeichnete er Fullers Behandlung als „absolut echt". Der Zeitschrift *Psychic News* gab er folgenden Bericht: „Eine Frau hatte einen stark verfaulten, schwarz verfärbten Backenzahn. Ich sah, wie er sich mit etwas Weißem füllte, das wie eine keramische Substanz wirkte. Am Ende besaß sie einen neuen, weißen Zahn. Mehrere Leute schauten in ihren Mund. Die Substanz kam aus ihrem Zahnfleisch. Das habe ich gesehen."

Nur wenige Ärzte waren allerdings bereit, Fullers Behauptungen ernst zu nehmen, obwohl einige persönlich an seinen Sitzungen teilnahmen. In Miami, Florida, erlebten Wissenschaftler der NASA aus Cape Kennedy mit, wie Fuller Zahnheilungen vornahm, und zu den 400 Augenzeugen einer Demonstration im „Wagner College" auf Staten Island in New York gehörten mehrere Ärzte. Die schwedische Ärztin, Dr. Audrey Kargere vom „Humanist College" in Stockholm,

wendete Gold besitzt. Zudem soll es aussehen, als sei es in geschmolzenem Zustand eingefüllt, das aber hätte Fullers Patienten an sich entsetzliche Schmerzen bereiten müssen. Tatsächlich aber ist eine solche Behandlung vollkommen schmerzfrei. Fuller nahm sich die Zeit, Paul Esch, einen anderen paranormalen Zahnheiler, auszubilden. Bryce Bond untersuchte auch dessen Fähigkeiten, und was er sah, grenzte für ihn an „ein Wunder". Bereits ein Jahr, bevor er Fuller persönlich kennenlernte, wohnte er einer Heilung in Woodstock im Staat New York bei und berichtete: „Eine Frau hatte mehrere Zahnlücken, sie schmeckte Blut, und dann schob sich ein Zahn durch ihr Zahnfleisch. Fast alle Anwesenden bemerkten, daß ihre Zähne weißer wurden."

> „SPÄTER MERKTE ER, DASS SICH BEI IHM ZAHNSTEIN ABGELÖST HATTE, DER IN KLEINEN TEILCHEN AUF SEINER ZUNGE LAG."

scheute sich allerdings nicht, ihre ehrliche Meinung zu sagen. Sie war „hoch erfreut", als mehrere ihrer Silberfüllungen zu Gold verwandelt wurden. Ihr kamen auch Fullers konventionellere Heilmethoden zugute: Ihr stark geschwollenes Bein nahm sehr schnell wieder normale Formen an. Auch der Arzt Peter Williams verfolgte diese Sitzung. Er soll sich ebenfalls begeistert, aber völlig verwirrt gezeigt haben, als ein schwarz verfärbter Zahn plötzlich in „glänzendem Gold" erstrahlte.

Bryce Bond zufolge ist es nicht einmal nötig, Fullers Hilfe zu erbitten, um geheilt zu werden; es genügt die bloße Teilnahme an seinen Versammlungen. Als er eine Sitzung besuchte, drängte er sich keineswegs zur Behandlung. Dennoch verspürte er ein ständiges Kribbeln im Zahnfleisch, und danach fühlte es sich taub an. Später merkte er, daß sich bei ihm Zahnstein abgelöst hatte, der in kleinen Teilchen auf seiner Zunge lag.

Fuller soll nicht nur Silberfüllungen in Gold verwandelt, sondern auch das Entstehen unkonventioneller Materialien bewirkt haben. Einige Zeugen sahen angeblich Zähne mit einer durchscheinenden, rubinartigen Füllung, andere sprechen von platinfarbenem Metall. Keine dieser Substanzen wurde jedoch wissenschaftlich analysiert.

Man untersuchte indes einige Goldfüllungen und stellte, wie es heißt, einen höheren Reinheitsgrad fest, als ihn das normalerweise in der Zahnheilkunde ver-

Links: Fuller leuchtet einem Patienten mit einer Taschenlampe in den Mund, damit dieser seine neue „Wunder"-Füllung begutachten kann. Fullers Frau scheint ebenso überrascht zu sein wie alle anderen Zuschauer.

Unten: Fuller pflegte keines der Instrumente zu benutzen, wie sie moderne Zahnärzte verwenden; alles, was er brauchte, konnte er mit sich führen. Ein Blick in seine Aktentasche zeigt, daß sein einziges Zugeständnis an die moderne Technik aus einer Batterie für seine Taschenlampe bestand.

SEX, SÜNDE, SAKRAMENT

Einige Okkultisten maßen dem Geschlechtstrieb einen so hohen Wert bei, daß er im Lauf der Geschichte sogar Instrument und Gegenstand bestimmter magischer Rituale wurde.

Die Haltung okkulter Kreise gegenüber körperlicher Liebe war seit jeher seltsam gespalten. Einige Okkultisten und Sensitive sahen in allen sexuellen Gefühlen und Handlungen eine Äußerung der „niederen Natur" des Menschen. Entsprechend dieser Denkweise ist absolute Keuschheit – Reinheit in

Oben: Auf diesem Stich wird eine Jungfrau während einer Schwarzen Messe zur Opferung vorbereitet. Der gehörnte „Priester" im Hintergrund stellt den Teufel dar.

Gedanken, Worten und Werken – notwendige Voraussetzung für einen höheren Bewußtseinszustand. Diesen Standpunkt vertrat der mittelalterliche Kompilator des *Grimoire* des Papstes Honorius, eines Handbuchs zur rituellen Magie. Er empfahl seinen Lesern dringlichst, „bußfertig zu sein und alle Sünden zu beichten, allen Verlockungen des Weibes zu widerstehen … denn es ist besser, mit einem Bären oder einem Löwen in seiner Höhle zu leben als mit einer Frau". Andere Okkultisten und Mystiker hingegen äußerten eine diametral entgegengesetzte Auffassung und betrachteten sexuelle Aktivität als ein wahres Sakrament, „das äußere, sichtbare Zeichen einer inneren, spirituellen Gnade". Sie gaben den Geschlechtsverkehr als ein Mittel aus, okkulte Macht zu erlangen. Auf seiner vollendetsten Stufe führte er angeblich zum höchsten Ziel, der mystischen Vereinigung mit dem Göttlichen.

Zu den Mystikern, die diesen Standpunkt vertraten, gehören zwei Verfasser aus dem 16. Jahrhundert, Cornelius Heinrich Agrippa und Aratus. Ersterer erklärte, der Geschlechtsakt „sei voller magischer Kräfte", während Aratus behauptete: „Ebenso wie durch die körperliche Vereinigung von Mann und Frau die aus beiden zusammengesetzte Frucht entsteht, ist die innere und geheime Verbindung von Mann und Frau die Kopulation von männlicher und weiblicher Seele und dient dazu, die entsprechende Frucht des göttlichen Lebens hervorzubringen."

Sexuelle Symbolik war bei Alchimisten gang und gäbe, und einige von ihnen faßten Metaphern wie „die Verbindung des Roten Königs und der Weißen Königin" nicht nur im alchimistischen, sondern auch im sexuellen Sinn auf. Manche gingen sogar so weit zu versuchen, den Stein der Weisen – die geheimnisvolle Substanz, die unedles Metall in Gold verwandelt – aus menschlichem Sperma zu erzeugen. So berichten etwa deutsche Quellen aus dem 18. Jahrhundert, die Christopher McIntosh in seinem geschichtlichen Abriß über den Geheimbund der Rosenkreuzer zitiert, von einer alchimistischen Gemeinschaft, die Experimente dieser Art durchführte. Der Leiter dieser Gruppe, ein hoher Offizier der österreichischen Armee, gewann den Rohstoff für diese seltsamen Versuche, indem er Soldaten für das Masturbieren bezahlte.

Das Vorhaben scheiterte kläglich. Die unter dem Befehl dieses Offiziers stehenden Soldaten gaben sich so begeistert der Möglichkeit hin, ihren kargen Sold aufzubessern, daß sie ihre militärischen Pflichten vernachlässigten, um fast unablässig zu masturbieren. Schließlich bemerkte der Regimentsarzt, was vor sich ging. Er machte Meldung, und der alchimistische Offizier mußte den Dienst quittieren.

Weder aus dieser lächerlichen Geschichte noch aus gelegentlichen Bauernfängern, die Mystik und Okkultes zum Vorwand nehmen, um sexuelle Spielchen zu treiben, sollte man jedoch schließen, daß alle Menschen, die im Geschlechtsverkehr ein Mittel zu echter religiöser Erfahrung sehen, verrückt oder pervers sind.

In der westlichen Kultur besteht seit jeher eine komplexe Beziehung zwischen Religion und Magie einerseits und menschlicher Sexualität andererseits. Praktisch jede mystische Symbolik, von der Astrologie bis zum Tarot, wurde auch sexuell interpretiert. So glaubte etwa der französische Magier Eliphas Lévi, daß der Sündenfall, wie er im Ersten Buch Mose beschrieben wird, sexueller Natur sei: Die „Erbsünde", die der Menschheit einen ewigen Fluch auferlegte, galt als der erste Geschlechtsverkehr zwischen Adam und

Eva. Madame Blavatsky, die Gründerin der „Theosophischen Gesellschaft", ging sogar noch weiter: Ihrer Ansicht nach sind die ersten fünf Bücher der Bibel „die symbolhafte Schilderung der Geschlechter sowie eine Apotheose des Phalluskults". Unter „Phalluskult" verstand sie die Verehrung des männlichen Geschlechtsorgans als sichtbaren Ausdruck des Göttlichen.

Unaussprechliches

So unwahrscheinlich Madame Blavatskys Behauptungen erscheinen mögen, könnten sie doch ein Körnchen Wahrheit enthalten. Einige Gelehrte des Talmud, der umfangreichen Sammlung uralter jüdischer Kommentare, sind ähnlicher Ansicht. Laut ihnen enthielt nämlich die „Bundeslade", die heilige Truhe aus Akazienholz, die die Israeliten auf ihrer langen Wanderschaft mit sich trugen und schließlich im Tempel in Jerusalem aufstellten, eine heilige Steinskulptur in der Form vereinigter männlicher und weiblicher Geschlechtsorgane. Das wäre nicht allzu verwunderlich, denn ähnliche Gegenstände wurden in vielen Kulten verehrt. Zu den „Mysterien" des alten Griechenland, den Initiationsritualen, die in Eleusis stattfanden, gehörte etwa ein Ritus, der „das Tragen von Unaussprechlichem" hieß. Bei diesen unaussprechlichen Dingen handelte es sich anscheinend um ein Steinmodell eines erigierten Penis und einen hohlen Stein, der den Schoß Demeters darstellte, der Göttin des Ackerbaus und der Fruchtbarkeit.

Einige Okkultisten glauben, daß sich alle Phänomene, die bei Séancen auftreten – vom Tischrücken bis zur Geistererscheinung –, auf eine geheimnisvolle außersinnliche Energie zurückführen ließen. Diese sei im Grunde mit den Energien identisch, die im Geschlechtsverkehr ihr Ventil finden. Sie ist das „Orgon" Wilhelm Reichs, das „Od" der Mesmeristen des 19. Jahrhunderts und das „Astrallicht" des Paracelsus

Oben: Die Macht der Sexualität wird in dem Bild Satana dargestellt, das der Berliner Künstler Fidus 1896 gravierte. Die Frau wirkt verführerisch und doch seltsam bedrohlich, der Mann hingegen gequält. Seine Körperhaltung erinnert an die Kreuzigung. Der Titel des Werks stellt eine eindeutige Verbindung zu magischen Sexualritualen her.

Rechts: Die Hochzeit des Roten Königs und der Weißen Königin, wie sie in Splendor solis, einer Handschrift aus dem 16. Jahrhundert von Salomon Trismosin, dargestellt ist, verkörpert in herkömmlicher Deutung die Verbindung von Schwefel (männlich) und Quecksilber (weiblich). Der Prinz, der aus dieser Vereinigung hervorgeht, soll der Stein der Weisen sein, der unedle Metalle in Gold verwandeln kann. Einige Alchimisten legten diese Symbolik wörtlich aus und glaubten, zur Erzeugung dieses Steins seien sexuelle Handlungen notwendig.

und anderer Magier. Anhänger dieser Theorie weisen darauf hin, daß das Poltergeistphänomen meist bei gestörten Jugendlichen in der Pubertät auftritt, die ihre sexuellen Energien nicht mit einem andersgeschlechtlichen Partner „erden" können. Der okkulte Autor Benjamin Walker geht noch weiter und behauptet:

„Parapsychologen haben wiederholt festgestellt, daß im Zentrum von Poltergeist-Erscheinungen häufig ein Mensch steht, der beständig masturbiert, und sie halten es für möglich, daß die vom Poltergeist angezogene biomagnetische Energie beim Freisetzen der sexuellen Spannung entsteht, wenn die Person, die masturbiert, den Höhepunkt erreicht. Exzessive Selbstbefriedigung … wurde auch als Grund für andere unerklärte paranormale Ereignisse angeführt …"

> „IN DER WESTLICHEN KULTUR BESTEHT SEIT JEHER EINE KOMPLEXE BEZIEHUNG ZWISCHEN RELIGION UND MAGIE EINERSEITS UND MENSCHLICHER SEXUALITÄT ANDERERSEITS. PRAKTISCH JEDE MYSTISCHE SYMBOLIK, VON DER ASTROLOGIE BIS ZUM TAROT, WURDE AUCH SEXUELL INTERPRETIERT."

Viele Okkultisten interpretieren den Verzehr einer Frucht vom Baum der Erkenntnis – hier in einer Darstellung aus dem flämischen Stundenbuch um 1500 – als den ersten Geschlechtsakt von Adam und Eva.

Ob nun „exzessive Selbstbefriedigung" Übernatürliches hervorrufen kann oder nicht, so scheint doch kaum Zweifel daran zu bestehen, daß zumindest einige Poltergeist-Phänomene durch sexuelle Verfehlungen oder unglückliche und komplexe emotionale Verstrickungen hervorgerufen werden. Nehmen wir zum Beispiel das sogenannte „große Geheimnis von Amherst", eine Poltergeist-Erscheinung, die im Herbst 1878 die Einwohner des kanadischen Neuschottland in Erstaunen versetzte. Im Zentrum stand die 18jährige Esther Cox. „Esther Cox, du gehörst mir, und ich werde dich töten", lautete eine Schrift, die auf geheimnisvolle Weise an der Wand im Schlafzimmer des jungen Mädchens erschienen war.

Bei diesem Fall trat praktisch jede Form von Poltergeistaktivität auf, angefangen von plötzlich ausbrechendem Feuer über Steinwürfe bis hin zu der Tatsache, daß Esthers Bauch gewaltig anschwoll. Letzteres war vermutlich die Folge verschluckter Luft oder eines Gärungsprozesses in ihrem Körper, denn nach „einem lauten Knall wie ein Donnerschlag, doch ohne das typische Grollen", wurde sie so schlank wie zuvor.

Wenn sich, wie anzunehmen, Esther mit diesem „Donnerschlag" von ihrer inneren Luft befreite, mußte man die Möglichkeit in Betracht ziehen, daß das Klopfen, die Schläge und das Trommeln, die mit Poltergeistern in Verbindung gebracht werden, gelegentlich einen ähnlichen Ursprung haben. Vielleicht ist es aufschlußreich, daß die Geräusche eines Poltergeistes aus dem 17. Jahrhundert, bekannt als „Trommler von

Tedworth", zumindest einmal von einem „rätselhaften Schwefelgeruch" begleitet waren, den „die Anwesenden als äußerst störend empfanden". Die Augenzeugen der Erscheinungen in Amherst sprachen nicht von Gerüchen; vielleicht traten sie wirklich nicht auf, aber wahrscheinlicher ist, daß man sie aufgrund viktorianischer Prüderie nicht erwähnte.

Diese angeblich paranormalen Ereignisse wurden mit größter Wahrscheinlichkeit durch ein Erlebnis ausgelöst, das Esther am 28. August 1878 hatte, genau eine Woche, bevor der vermeintliche Poltergeist zum ersten Mal in Erscheinung trat. Unmittelbar daran beteiligt war Esthers Freund, ein gewisser Bob McNeal.

Vermutlich hatte Bob sie schon seit einiger Zeit sexuell belästigt, denn in der Nacht des 27. August hatte sie einen Alptraum voller Freudscher Symbolik, in dem die Ängste des Mädchens vor der männlichen Sexualität deutlich zum Ausdruck kamen. In diesem Traum hatten sich alle Verwandten Esthers durch Zauber in riesige Bären mit roten Augen verwandelt. Als sie die Haustür öffnete, blickte sie entsetzt auf Hunderte von schwarzen Bullen, aus deren Maul Blut tropfte und die zum Haus drängten. Sie warf die Tür ins Schloß und verriegelte sie, doch die Bullen stürmten immer näher und rammten ihre Hörner gegen das Haus. Das Gebäude erzitterte unter ihrem Angriff, und Esther wachte auf.

Am Abend nach diesem unheilvollen Traum machte Bob McNeal mit Esther in einem geliehenen oder gemieteten zweisitzigen Buggy eine Spazierfahrt in die bewaldete Umgebung. Bob band das Pferd fest, näherte sich Esther in sexueller Absicht und drängte sie, mit ihm in den Wald zu gehen. Als sie sich weigerte – offenbar war sie bereit, im Buggy ein wenig Petting zuzulassen, aber nicht mehr –, verlor McNeal die Beherrschung. Er zog eine Pistole, richtete sie auf Esthers Kopf und befahl ihr, ihm in den Wald zu folgen. Doch sie weigerte sich standhaft, und einen Moment schien

Zu den Mysterien des alten Griechenland gehörte auch das Tragen sogenannter unaussprechlicher Gegenstände wie dieser phallischen Figur (oben links), die aus der Zeit um 2000 v. Chr. datiert. Die Tafel (links) stammt aus dem 4. Jahrhundert v. Chr. und stellt Initiationsriten in den Kult der Demeter, der Göttin des Ackerbaus, und ihrer Tochter Persephone dar. In der Mitte ist ein Omphalos zu sehen, ein abgerundeter Fels, der den Nabel der Welt verkörpert. Darunter sind Ritualobjekte abgebildet, die stark an die männlichen und weiblichen Geschlechtsorgane erinnern.

es, als werde McNeal sie erschießen. Zum Glück näherte sich in dem Augenblick ein weiteres Fahrzeug. Erschreckt steckte McNeal die Pistole wieder ein, ergriff die Zügel und fuhr Esther nach Hause. Am selben Abend verließ er Amherst, vermutlich aus Angst vor einer Anklage wegen versuchter Nötigung, und wurde nie wieder gesehen.

In gewisser Hinsicht jedoch blieb er noch jahrelang bei Esther. Die sexuellen Sehnsüchte und Ängste, die McNeal hervorgerufen hatte, schienen in dem Mädchen einen Stau außersinnlicher Energie aufzubauen – eine Art drohenden libidinösen Unwetters. Da es sich nicht in der Ekstase eines Orgasmus entladen konnte, rief es die spontanen Brände, Levitationen und andere übernatürliche Phänomene hervor, die die Bürger von Amherst in Erstaunen versetzten.

Rechts: Der Parapsychologe Hereward Carrington machte das berühmte Poltergeist-Opfer Esther Cox ausfindig und sprach mit ihr. Sie war viele Jahre zuvor in ihrem Haus (unten rechts) in Amherst, Neuschottland, von Poltergeistphänomenen heimgesucht worden. Einige Ausbrüche waren so stark, daß sie das Haus erbeben ließen. Carrington fand heraus, daß die Störungen seit Esthers Heirat aufgehört hatten. Dies ist möglicherweise darauf zurückzuführen, daß sie ihre sexuellen Energien freisetzen konnte.

Viele Jahre später spürte der Parapsychologe Hereward Carrington Esther auf und befragte sie. Sie war mittlerweile verheiratet, lebte in den Vereinigten Staaten und zeigte sich wenig dazu bereit, über die Vergangenheit zu sprechen. Doch sie machte die aufschlußreiche Bemerkung, „die Kraft" habe sie vom Tag ihrer Eheschließung an verlassen. Das Paranormale war ihr wieder fremd geworden.

Einige der Okkultisten und Parapsychologen behaupten, die „subtilen Kräfte" bei Séancen und die sexuellen Ströme der Libido seien Ausdrucksformen der gleichen geheimnisvollen Energie. Sie sind zudem davon überzeugt, daß sie sich von einer Person zur anderen übertragen ließe. Auf diese Weise könnten alte Menschen zufällig oder absichtlich zu ihrem eigenen Vorteil Lebenskraft aus einer jüngeren Person beziehen.

Die Anwendung dieser ungewöhnlichen paranormalen Technik hat eine lange Geschichte. Sie wird häufig „Schunemitismus" genannt, nach einer Erzählung aus dem Alten Testament:

„Als aber der König David alt war und hochbetagt, konnte er nicht warm werden ... Da sprachen seine Großen zu ihm: Man suche unserm Herrn, dem König, eine Jungfrau, die ... in seinen Armen schlafe und unsern Herrn, den König, wärme. Und sie suchten ein

schönes Mädchen im ganzen Gebiet Israels und fanden Abischag aus Schunem und brachten sie dem König. Und sie war ein sehr schönes Mädchen und umsorgte den König und diente ihm ..."

Abischag teilte regelmäßig das Bett mit David, doch sie hatten keinen Geschlechtsverkehr, denn dies hätte die Lebenskraft „geerdet" und den Erfolg dieser Übung vereitelt.

Im antiken Griechenland und in Rom wurde die gleiche Technik angewendet, anscheinend mit großem Erfolg. Römische Historiker berichteten zum Beispiel von dem bemerkenswerten Fall eines gewissen L. Claudius Hermippus. Als er siebzig Jahre alt wurde, fühlte er seine körperlichen und geistigen Kräfte schwinden. Daraufhin begann er, mit jungfräulichen Mädchen zu schlafen – allerdings, wie König David, ohne Geschlechtsverkehr. Auf seinem Grabstein stand, er habe ein Alter von 115 Jahren erreicht dank „der Ausstrahlung junger Mädchen, was alle Ärzte in großes Erstaunen versetzte".

Viele europäische Herrscher des Mittelalters praktizierten den Schunemitismus, gelegentlich auch in homosexueller Form. So hielt Kaiser Barbarossa junge Knaben gegen seinen Bauch und seine Genitalien, um „ihre Energie auszukosten und aufzunehmen". Papst Innozenz VIII., der direkte Vorgänger des Borgia-Papstes Alexander VI., stellte gesunde kleine Kinder in seinen Dienst, die ihn streicheln und damit ihre Energie auf ihn übertragen sollten.

Einige Ärzte der damaligen Zeit glaubten, daß das Blut junger Menschen sehr viel von dieser Lebenskraft enthalte. Ficino, ein platonischer Philosoph, der sich auch mit Medizin beschäftigte, schlug sogar vor, altersschwache Menschen sollten sich als Vampire betätigen. Die Alten, so riet er, müßten frisches Blut aus den Adern junger Menschen trinken, „in der Art der Egel".

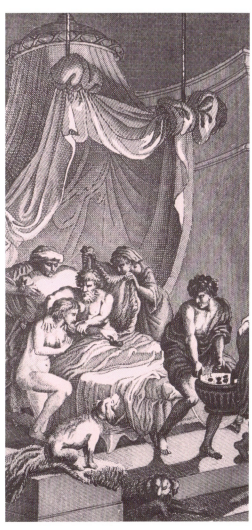

Kaiser Barbarossa (oben) belebte seine schwindenden Kräfte durch Körperkontakt mit jungen Knaben. Diese Kur muß erstaunlich erfolgreich gewesen sein: Der Legende nach ist er nicht gestorben, sondern schläft nur. König Davids Stärkungsmittel (rechts) bestand darin, in den Armen von Abischag zu liegen.

Schunemitismus wurde bis ins 18. Jahrhundert hinein praktiziert und war in Paris und London ein blühendes Geschäft. So betrieb zum Beispiel eine „Madame Janus" in Paris ein einträgliches Etablissement, das zeitweise angeblich über vierzig Jungfrauen beschäftigte. Drei Wochen dauerte die Behandlung, bei der der Kunde jeden Abend ein „Zauberbad" mit Kräutern erhielt, mit aromatischen Ölen massiert und sich dann zwischen zwei Jungfrauen, einer blonden und einer brünetten, schlafen legte. Diese Kur war natürlich sehr kostspielig und mußte im voraus bezahlt werden. Zudem bestand Madame Janus darauf, daß jeder Klient eine beträchtliche Geldsumme bei ihr hinterlegte. Dies geschah für den Fall, daß ein Mann so sehr zu Kräften kam, daß er eine seiner Schlafgenossinnen entjungferte.

Ein ähnliches Etablissement, der „Tempel Auroras", wurde von Mrs. Anna Fawkland in London unterhalten, zu deren Kunden angeblich ältere Aristokraten wie Lord Buckingham und Lord Cornwallis gehörten.

Der Glaube an die Wirksamkeit dieses fast vampirhaften Verhaltens, um psychosexuelle Energie zu gewinnen, gehörte auch zu den abstrusen Überzeugungen, die Reichsführer SS Heinrich Himmler vertrat. Zwar führte Himmler seine grausame Arbeit mit nüchterner Effizienz durch, befaßte sich aber auch umfassend mit so ausgefallenen Themen wie der mystischen Symbolik gotischer Architektur und „der okkulten Bedeutung des Zylinders von Eton". 1940 zeigte er sich besorgt ob der großen Anzahl von Luftwaffenpiloten, die nach einem Absturz über der Nordsee an Unterkühlung starben. Er ging davon aus, daß diese Piloten, sollten sie lebend geborgen werden, vermutlich überlebten, wenn man sie zwischen die Körper nackter Mädchen legte. Um diese These zu überprüfen, führten Ärzte der SS eine Reihe geschmackloser und grausamer Versuche durch. Sie ließen Insassen von Konzentrationslagern so lange in eisigem Wasser hocken, bis sie bewußtlos wurden, und legten sie dann zwischen nackte Mädchen ins Bett.

Die Bemühungen der Frauen erfüllten einige Opfer so sehr mit Leben, daß sie den Geschlechtsverkehr vollziehen konnten. Mit dieser entarteten Form von Schunemitismus konnte man jedoch nicht mehr Fälle von Wiederbelebung verzeichnen als bei herkömmlichen Methoden.

> „DER GLAUBE AN DIE WIRKSAMKEIT DES FAST VAMPIRHAFTEN VERHALTENS, UM PSYCHOSEXUELLE ENERGIE ZU GEWINNEN, GEHÖRTE ZUR ABSTRUSEN ÜBERZEUGUNG, DIE HEINRICH HIMMLER VERTRAT."

NUR HALB BEI VERSTAND?

Die Wissenschaft fand heraus, daß das menschliche Gehirn zweigeteilt ist und wir im wahrsten Sinne des Wortes einen doppelten Verstand besitzen. Im folgenden wird die ganze Tragweite dieser Entdeckung untersucht.

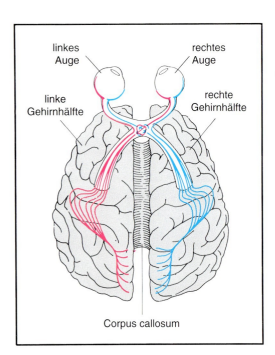

linkes Auge

rechtes Auge

linke Gehirnhälfte

rechte Gehirnhälfte

Corpus callosum

Eine der größten Leistungen des berühmten französischen Mathematikers Henri Poincaré (1854–1912) war die Lösung eines schwierigen mathematischen Problems im Zusammenhang mit den – wie er sie nannte – „Fuchsschen Funktionen". In seinen Memoiren schreibt er, er habe das Problem eine geraume Zeit beharrlich mit logischem Denken zu lösen versucht, jedoch ohne Erfolg. Mitten in der Arbeit gönnte er sich eine kleine Pause, unternahm eine geologische Exkursion und vergaß über den neuen Eindrücken die Mathematik völlig. Rein geologische Fragen beschäftigten ihn auch, als er in einen Bus stieg, der ihn zu einer Grabungsstätte bringen sollte – da schoß ihm plötzlich die Lösung seines mathematischen Problems durch den Kopf wie ein intuitiver Blitz. Er war so sicher, die richtige Antwort gefunden zu haben, daß er sie erst nach seiner Rückkehr von der Exkursion überprüfte. Er fand tatsächlich bestätigt, daß seiner Intuition etwas gelungen war, bei dem die Logik versagt hatte.

Die Geschichte kennt viele Fälle solcher Geistesblitze, die einem Menschen – häufig im Traum – plötzlich die richtige Lösung eines schwierigen Problems

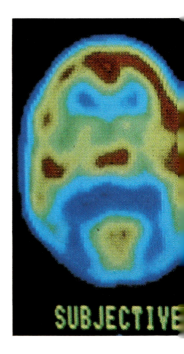

SUBJECTIVE

SINISTRE FÄHIGKEITEN

Eine ganze Reihe von Phänomenen, die sich jeder rationalen Erklärung entziehen, so auch paranormale Fähigkeiten, gehen möglicherweise auf geheimnisvolle, in unserer rechten Gehirnhälfte verborgene Kräfte zurück. Wünschelrutengänger beispielsweise arbeiten oft in einem entspannten, beinahe tranceartigen Zustand, in dem die linke Hemisphäre nicht an ihrer Dominanz festhält und die rechte somit frei agieren kann. Möglicherweise erkennt die rechte Gehirnhälfte das Vorhandensein von Wasser. Die Beteiligung der rechten He-

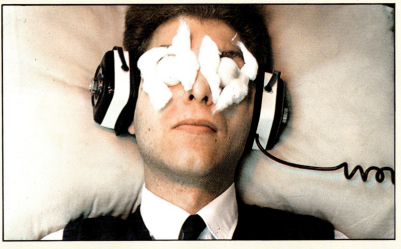

Links: Die Fähigkeiten dieses Wünschelrutengängers aus dem 18. Jahrhundert wurden, so vermutet man, von der rechten Gehirnhälfte gesteuert.

misphäre erklärt vielleicht auch, warum man paranormale Phänomene im Labor fast nicht reproduzieren kann: Die sterile Labor-Atmosphäre spricht möglicherweise verstärkt die linke Hemisphäre an und unterdrückt die rechte Seite.

Eine weitere faszinierende Theorie sieht hinter der Telepathie – einer anscheinend nur sporadisch auftretenden Fähigkeit – nichts anderes als das Verständigungsmittel unserer jeweiligen rechten Gehirnhälften. Durch Wiederherstellung des Gleichgewichts zwischen der rechten und linken Hemisphäre könnten wir vielleicht die in jedem von uns schlummernde Fähigkeit wiedererwecken, allein über den Geist miteinander zu kommunizieren.

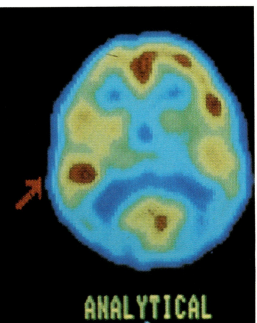

Das Gehirn (ganz links) setzt sich aus zwei deutlich voneinander abgegrenzten Hälften zusammen, die durch einen Balken aus etwa 200 Millionen Nervenbahnen, dem Corpus callosum, miteinander verbunden sind. Die linke Hemisphäre steuert im wesentlichen die rechte Körperhälfte und umgekehrt. Beide Hemisphären üben verschiedene kognitive Funktionen aus: Die linke arbeitet vornehmlich analytisch, die rechte eher intuitiv. Diese Gehirnströme (links) wurden registriert, als die Versuchsperson gerade Musik hörte: Bei der linken Aufzeichnung ist bei intuitivem und subjektivem Zuhören hauptsächlich die rechte Gehirnhälfte aktiviert, rechts dagegen ist bei eher analytischer Wahrnehmung vorrangig die linke Gehirnhälfte beteiligt.

bescheren, das ihn beschäftigt. Interessanterweise geschieht dies oft in einem Moment, in dem gar nicht bewußt über das Problem nachgedacht wird. Es ist, als könne das Gehirn gerade dadurch, daß es sich entspannt und vom strikten logischen Denken entfernt, zur richtigen Lösung gelangen. Bedeutet Poincarés Erfahrung, die andere ähnlich erlebten, daß das Gehirn auf zwei Arten arbeiten kann, entweder logisch systematisch Schritt für Schritt oder aber intuitiv und ohne Steuerung durch das Bewußtsein?

Immer mehr Physiologen und Psychologen tendieren dazu, diese Frage zu bejahen: Unser Gehirn scheint tatsächlich je nach den Gegebenheiten zwischen diesen beiden unterschiedlichen Verhaltensformen umzuschalten.

Untersuchungen von Anatomen und Neurophysiologen, die sich mit dem Gehirn und seinen Funktionen befassen, stützen diese kühne Behauptung. Wir wissen, daß der menschliche Körper im großen und ganzen symmetrisch gebaut ist. Teilte man ihn in der Mitte der Länge nach durch, erhielte man, mit Ausnahme einiger wichtiger Organe wie dem Herzen, zwei spiegelgleiche Hälften. Anatomisch gesehen trifft dies auch auf das Gehirn zu.

Von oben betrachtet, besteht es aus zwei Großhirnhälften, den Hemisphären, die durch einen Balken aus etwa 200 Millionen Nervenfasern miteinander verbunden sind. Dieses Corpus callosum ist eine von mehreren sogenannten Kommissuren, Bündeln von Nervenfasern, die identische Stellen beider Hirnhälften miteinander verbinden. Auch wenn diese He-

69

misphären in etwa spiegelgleich erscheinen, stellt sich bei näherer Untersuchung doch heraus, daß die linke und die rechte Seite ganz unterschiedliche Funktionen erfüllen.

Auch andere Körperteile weisen eine zwar anatomische, nicht aber funktionale Symmetrie auf. Das auffälligste Beispiel bieten unsere Hände. 90 Prozent der Menschen sind Rechtshänder, das heißt, sie benutzen bevorzugt die rechte Hand, während bei der Minderheit der Linkshänder die linke eine dominierende Rolle spielt.

Auch das Gehirn läßt diese Unterschiede erkennen, allerdings mit umgekehrten Vorzeichen. Bei 96 bis 98 Prozent der Bevölkerung übernimmt die linke Hemisphäre die dominierende und die rechte die untergeordnete Rolle.

Auf den ersten Blick mag es erstaunen, daß bei den meisten Menschen zwar die linke Hemisphäre, aber die rechte Hand verstärkt arbeitet. Doch gibt es für dieses Phänomen eine plausible anatomische Erklärung: Im Rautenhirn, dem hintersten Teil des Gehirns, das mit dem Rückenmark zusammenhängt, kreuzen viele Nervenbahnen von rechts nach links und umgekehrt. Diese Kreuzungen oder Decussatio von Fasern ist verantwortlich für die Tatsache, daß die linke Gehirnhälfte in der Regel die rechte Körperhälfte steuert und umgekehrt. So kommt es, daß die dominante linke Hemisphäre die ebenfalls dominante rechte Hand kontrolliert.

Was heißt „Dominanz"?

Was genau ist unter dieser Dominanz der linken Hemisphäre zu verstehen? Bei der Hand läßt es sich leicht erklären: Sie ist einsatzfähiger und wird am häufigsten gebraucht (bezeichnenderweise nennt man einen unentbehrlichen Helfer auch „rechte Hand"). Die Funktionen des Gehirns, das sich unter der harten Schädeldecke verbirgt, stellen uns vor ein weit größeres Problem. Es kann daher kaum überraschen, daß man erst 1844 von den beiden Hemisphären auf die Existenz zweier gesonderter Verstandesebenen schloß. Diese These formulierte damals A. L. Wigan in seinem Buch *The Duality of Mind* (Die Dualität des Geistes). Wigan gelangte zu dieser strittigen Ansicht durch die Autopsie eines Mannes, der zu Lebzeiten keinerlei Geistesstörungen gezeigt hatte, jedoch nur eine Gehirnhälfte besaß. Offenbar war er durch diese Mißbildung nie gravierend beeinträchtigt worden.

Es handelte sich um den ersten protokollierten Fall von absoluter Dominanz einer Gehirnhälfte. In jüngerer Zeit stieß die Neurophysiologie auf zahlreiche weitere, allerdings weniger dramatische Beispiele, bei denen eine Hemisphäre in ganz bestimmten Funktionsbereichen eine wichtigere Rolle spielte als die andere.

Eine entscheidende Methode, die Funktionen beider Hirnhälften zu erforschen, bietet die „split-brain"-Operation, bei der der Balken und andere Kommissurenbahnen durchtrennt werden, also Bündel von Nervenbahnen, die die beiden Gehirnhälften miteinander verbinden. In den frühen sechziger Jahren führte der kalifornische Arzt Joseph Bogen diesen Eingriff bei Epileptikern durch, um die Anfälle einzugrenzen. Trennt man das Corpus callosum und die Commissura anterior, ein weiteres Bündel von Nervenbahnen zwischen den beiden Gehirnhälften, kann eine epileptische Erregung nicht mehr von einer Seite auf die andere übergreifen. Die Patienten, die sich dieser

Operation unterzogen, hatten keine Anfälle mehr und wirkten in jeder Hinsicht recht normal.

Die Neurophysiologen nahmen verblüfft zur Kenntnis, daß sich ein derart massiver Eingriff auf die Patienten offenbar nicht nachteilig auswirkte. Vielleicht hatte A. L. Wigan recht, und die Menschen besaßen tatsächlich zwei gesonderte Verstandesebenen, die lediglich unabhängig voneinander wurden, wenn sie nicht mehr verbunden waren.

Erst als R. W. Sperry und seine Kollegen vom „California Institute of Technology" die Auswirkungen von „split-brain"-Operationen an Katzen und Affen untersuchten und danach ihre Forschungen auf Menschen ausdehnten, wurde man auf einige überraschende Verhaltensanomalien aufmerksam. Sperry und seine Kollegen konzentrierten sich auf die Folgen für die Schreib- und Lesezentren, die in der linken Gehirnhälfte angesiedelt sind. Durchtrennt man das Corpus callosum, stehen sie nicht länger in Verbindung mit der rechten Gehirnhälfte, die die linke Körperhälfte kontrolliert. Demnach, so schlossen sie, müßte ein „split-brain"-Patient, dem man in seinem linken (von der rechten Gehirnhälfte gesteuerten) Gesichtsfeld einen Gegenstand zeigte, diesen zwar wahrnehmen, nicht aber mündlich oder schriftlich benennen können, da letztere Funktionen in die Zuständigkeit der linken Gehirnhälfte fielen.

Zur Untersuchung ihrer Theorie führten die Forscher eine Reihe einfacher Versuche durch. Bei einem dieser Experimente saß ein „split-brain"-Patient vor einer Leinwand, hinter der, seinen Blicken verborgen, einige alltägliche kleine Gegenstände wie etwa ein Hammer, ein Messer und eine Mutter mit Schraube lagen. Das Abbild eines dieser Gegenstände, für dessen Erkennen die rechte Hemisphäre zuständig ist, wurde für eine Zehntelsekunde so auf die Leinwand projiziert. Der Aufforderung, das Objekt richtig zu benennen, vermochte der Patient nicht nachzukommen, doch er suchte den Gegenstand heraus, wenn er mit seiner linken Hand hinter die Leinwand tastete.

Oben: Dieser Stich aus dem 17. Jahrhundert zeigt Zauberer in gemeinsamer Aktion. Vielleicht deshalb, weil sie jeder rationalen Grundlage entbehrt, gilt Magie in der westlichen Gesellschaft als „sinister" – das Wort bedeutet im Lateinischen „links".

Unten: Die heilige Barke der ägyptischen Göttin Isis gleitet durch die Nacht. Prozessionen zu Ehren der Gottheit wurden von Priestern angeführt, die ein Abbild der linken Hand mit sich führten.

Unten rechts: Das Porträt von Jaco Bar zeigt Fra Luca Pacioli, einen der großen Geometer der Renaissance. In der abendländischen Tradition wird dem analytischen Denken seit jeher der Vorzug vor der Intuition gegeben. Letztere kann jedoch auch beim analytischen Ansatz durchaus hilfreich sein. So gelangte zum Beispiel Henri Poincaré (unten), der berühmte französische Mathematiker des 19. Jahrhunderts, offenbar fast zufällig zu einer wichtigen mathematischen Erkenntnis: Er hatte eine blitzartige, intuitive Eingebung, als er gar nicht bewußt über das Problem nachdachte.

Zu diesem Thema wurden zahlreiche weitere Experimente entwickelt. Parallel dazu liefen Untersuchungen der Gehirnfunktionen mit Hilfe der Elektroenzephalographie, die es ermöglicht, die Nervenaktivität in den beiden Hemisphären zu vergleichen, wenn eine Person verschiedene Aufgaben ausführt.

Die linke Hemisphäre steuert das Sprechen, Schreiben und Rechnen; sie denkt analytisch, logisch und rational und löst die gestellten Probleme durch eine systematische Schritt-für-Schritt-Analyse. Dagegen sind in der rechten Hemisphäre die Fähigkeit der dreidimensionalen Wahrnehmung, der Orientierungs-

betrachten, die Gedanken und Verhaltensweisen aus beiden Hemisphären einen gleichberechtigten Platz einräumt. Es erfordert Durchsetzungsvermögen, die weithin akzeptierte Dominanz der linken Hemisphäre zu erschüttern.

Wenn man bedenkt, daß die mißliebige rechte Hemisphäre die linke Körperhälfte regiert, sollte man erwarten, daß die rechte aus der Sicht des herrschenden Bewußtseins positiv, die linke aber negativ eingeschätzt wird. Diese Haltung finden wir in der Tat schon in der Bibel, wenn es bei Matthäus 25, 33 heißt, Gott werde „die Schafe zu seiner Rechten stellen und die Böcke zur Lin-

sinn und die Musikalität angelegt. Sie arbeitet perzeptiv, intuitiv, metaphorisch und imaginativ und nimmt die Dinge als Ganzes oder als Muster wahr, anstatt sie, wie es in der linken Hemisphäre geschieht, logisch zu analysieren.

Solche Erkenntnisse führen uns zu interessanten Schlußfolgerungen. Beispielsweise scheint die linke Gehirnhälfte deshalb zu dominieren, weil analytische, logische und verbale Fähigkeiten im Abendland die höchste Wertschätzung genießen. Der Mathematiker steigert im Laufe seiner Ausbildung seine linke Hemisphäre zu Höchstleistungen, während seine rechte Gehirnhälfte erst dann zum Zuge kommt, wenn die linke Seite ihren Zugriff auf die Gedankenarbeit lockert. Poincarés Erkenntnis traf ihn so plötzlich wie ein Blitz, zeigt also, daß die Prozesse in seiner rechten Gehirnhälfte weitgehend unbewußt abliefen.

Nun gibt es natürlich Künstler, Mystiker und andere mehr, die gleichsam gegen den Strom schwimmen, indem sie der Aktivität der rechten Gehirnhälfte mehr Bedeutung zukommen lassen. In unserer Gesellschaft führen sie im allgemeinen aber eher ein Dasein als geduldete Minderheit. Immerhin gibt es sie, und wir sollten sie als Vorreiter einer neuen Bewußtseinsform

ken". Welche Bedeutung die linke Seite hat, erfahren wir kurz darauf überdeutlich, denn die Böcke gehören „in das ewige Feuer, das bereitet ist dem Teufel".

Licht und Dunkel

In der griechischen – patriarchalisch ausgerichteten – Tradition seit Pythagoras brachte man die rechte Seite in Verbindung mit Licht und Sonne, dem Geradlinigen, dem Guten und Männlichen, die linke aber mit dem Dunkel und dem Mond, dem Gekrümmten, dem Bösen und Weiblichen. Im alten Ägypten, einer matriarchalischen Gesellschaft, verehrte der Isis-Kult das Weibliche (Isis) stärker als das Männliche (Osiris). Der Nacht, nicht dem Tag huldigte man, und die mystischen Prozessionen wurden von Priestern angeführt, die ein Bild ihrer linken Hand trugen.

Die westliche Gesellschaft übernahm von den Griechen ihre auf das Männliche ausgerichtete Weltsicht und ignorierte die matriarchalische Auffassung der Ägypter. Die rechte Seite, das heißt, die als männlich betrachteten Qualitäten der linken Hirnhälfte traten die Herrschaft an, die ein Nebeneinanderbestehen beider Kulturen hätte gefährden können.

Religionen aus Fernost oder in der vermehrten Offenheit gegenüber paranormalen Phänomenen.

Soll diese Rebellion der rechten Hemisphäre ein neues Lebensgefühl hervorbringen, so darf man den Sinn für die Verhältnismäßigkeit nicht verlieren. Das Ziel ist nicht die Dominanz der rechten oder linken Seite, sondern die Harmonie zwischen beiden Gehirnhälften. Diese aber kann nur aus einem offenen Dialog zwischen beiden erwachsen, in den jede ihre besonderen Stärken und Fähigkeiten einfließen läßt. Zu diesem Zweck könnten wir uns – zum Beispiel durch Biofeedback – von Jugend an darin üben, unsere rechte Hemisphäre bewußt einzusetzen. Wir müssen erkennen, wann wir „loslassen" oder ein Problem vergessen sollten, um so der rechten Hemisphäre die Lösung zu überlassen. Die Chinesen sind uns in diesem Punkt um einiges voraus. Sie haben seit jeher die Auffassung, daß aller Lebenskraft die Verbindung von Yin, dem weiblichen Prinzip, und Yang, dem männlichen Prinzip, zugrunde liegt, von Gegensätzen also, die im Grunde genommen auch den Kontrast zwischen der rechten und der linken Hemisphäre symbolisieren. Die Philosophen im alten China waren offenbar weiser als wir. Sie wußten schon Jahrhunderte, bevor die westlichen Neurophysiologen ebendieser Wahrheit auf die Spur kamen, daß wir ohne das aktive Zusammenwirken von Gegensätzen praktisch nur halb bei Verstand sind.

Es ist vielleicht bezeichnend, daß Dinge wie Magie und Mystik in der westlichen Zivilisation auch sinister (vom lateinischen Wort für „links"), das heißt zwielichtig oder unheilvoll, genannt werden, da sie jeder Rationalität zu entbehren scheinen. Transzendentale Meditation, Yoga, Glaubensheilung, Parapsychologie, Wahrsagen, das Erlangen veränderter Bewußtseinsebenen mit Hilfe von Drogen und dergleichen mehr entziehen sich allerdings jedem logischen Zugriff der linken Hemisphäre, und dennoch werden sie von vielen praktiziert. Die Zahl der Verfechter und Anhänger dieser „sinistren" Aktivitäten scheint sogar laufend zuzunehmen. Immer mehr Menschen lehnen sich gegen die Entfremdung, Entmenschlichung und Rationalisierung unseres technischen Zeitalters auf und versuchen, ihre rechte Gehirnhälfte zu aktivieren, so daß sie das Gleichgewicht zwischen beiden Seiten wiederherstellen. Der gestärkte Einfluß der rechten Hemisphäre wird in allen Lebensbereichen sichtbar, sei es in einem steigenden Interesse an Zen und anderen mystischen

Oben: Eine mittelalterliche Wandmalerei in der St.-Thomas-Kathedrale von Salisbury, England, zeigt das Jüngste Gericht. Seelen, die für den Himmel bestimmt sind, sitzen zur Rechten Gottes, jene, auf die die ewige Verdammnis wartet, zu seiner Linken.

Rechts: Diese Tarockkarte wurde von Frieda Harris für Aleister Crowley entworfen. Sie zeigt die ineinandergreifenden Symbole von Yin und Yang, dem weiblichen und männlichen Prinzip, die in ihrer Vereinigung die Gesamtheit des Lebens versinnbildlichen. Zugleich umreißen sie in etwa auch die Grundwesenszüge der rechten und der linken Gehirnhälfte.

„SOLL DIESE REBELLION DER RECHTEN HEMISPHÄRE EIN NEUES LEBENSGEFÜHL HERVORBRINGEN, SO DARF MAN DEN SINN FÜR DIE VERHÄLTNISMÄSSIGKEIT NICHT VERLIEREN. DAS ZIEL IST NICHT DIE DOMINANZ DER RECHTEN ODER LINKEN SEITE, SONDERN DIE HARMONIE ZWISCHEN BEIDEN GEHIRNHÄLFTEN."

WO LAG ATLANTIS?

Links: *Santorin beziehungsweise Thera, die südlichste der griechischen Kykladen-Inseln, ist nach Meinung einiger Gelehrter der Ort, der einst Atlantis darstellte.*

Unten: *Diese Karte stammt von dem griechischen Historiker Dr. Angelos Galanopoulos und zeigt die Thera-Inselgruppe. Nach seiner Theorie lag die Stadt Atlantis auf dem jetzigen Krater inmitten der Inselgruppe, die um 1500 vor Christus bei einer gewaltigen Vulkaneruption zerstört wurde.*

Unten links: *Viele glauben, daß sich der wahre Garten Eden, hier in einer Darstellung des niederländischen Malers Hieronymus Bosch, auf Atlantis befand.*

Hat die sagenumwobene Insel Atlantis wirklich existiert? Nachforschungen aus neuerer Zeit deuten darauf hin – allerdings verlegen sie sie an einen anderen Ort als Platon, der Urheber der Legende.

Im April 1975 veranstaltete die altphilologische Fakultät der Universität Indiana ein Symposium zu dem Thema „Atlantis: Faktum oder Fiktion?" Experten der verschiedensten Fachgebiete – von Altphilologen bis zu Geologen – bemühten sich, die Frage um Atlantis ein für allemal zu lösen. Nach Meinung vieler erreichten sie ihr Ziel und verwiesen Platons 2300 Jahre alte Sage endgültig ins Reich der Phantasie.

Das Schlußwort von Professor Edwin Ramage, dem Autor eines im Anschluß an das Symposium erschienenen Buches, klang jedoch keineswegs endgültig. „Bis jetzt", so heißt es da, „konnte noch niemand eine befriedigende Lösung für dieses Problem bieten –

falls hier überhaupt ein Problem vorliegt." Und nach wie vor reißen die Neuerscheinungen zu diesem Thema nicht ab.

Das lebendige Interesse an dem verschwundenen Kontinent beruht nicht zuletzt auf Ignatius Donnellys Bestseller *Atlantis: The Antediluvian World* (Atlantis: Die Welt vor der Sintflut). Zu Beginn seines Buches, das von 1882 bis zu seiner Neubearbeitung 1950 etwa fünfzigmal nachgedruckt wurde, listet Donnelly „einige präzise und neue Thesen" auf.

1. Einst lag im Atlantischen Ozean, gegenüber der Mündung des Mittelmeeres, eine große Insel. Sie war ein Überbleibsel des atlantischen Kontinents und in der Antike unter dem Namen Atlantis bekannt.

2. Platons Beschreibung dieser Insel beruht nicht, wie man lange annahm, auf einer Sage, sondern auf historischen Tatsachen.

3. Atlantis war der Ort, an dem sich der Mensch erstmals vom Barbaren zum zivilisierten Wesen entwickelte.

4. Im Laufe der Jahrhunderte entstand ein mächtiges Reich, das sich bis an die Ufer des Golfes von Mexiko, den Mississippi, den Amazonas, die Pazifikküste von Südamerika, das Mittelmeer, die Westküste von

Europa und Afrika, die Nordsee, das Schwarze Meer und das Kaspische Meer erstreckte und von zivilisierten Völkern dicht besiedelt war.

5. Atlantis war die vorsintflutliche Welt – der Garten Eden, die Gärten der Hesperiden, das Elysium, die Gärten des Alkinoos, der Mesamphalos, der Olymp der griechischen Götter, der Asgard oder Avalon der altisländischen Eddadichtungen. Diese antiken Traditionen repräsentieren das universelle Vermächtnis eines großen Landes, in dem die frühe Menschheit jahrhundertelang in Glück und Frieden lebte.

6. Die Götter der Antike bei den Griechen, den Phöniziern, den Hindus und den Skandinaviern waren niemand anderes als die Könige, Königinnen und Helden von Atlantis, und die Taten, die ihnen die Mythologie zuschreibt, sind eine verworrene Erinnerung an tatsächliche historische Geschehnisse.

7. Die ägyptischen und peruanischen Mythen sind auf die ursprüngliche Religion von Atlantis, die Sonnenanbetung, zurückzuführen.

8. Die älteste Kolonie von Atlantis befand sich vermutlich in Ägypten, dessen Kultur die der Insel Atlantis wiederholte.

9. Die Geräte des Bronzezeitalters wurden von Atlantis übernommen, wo man auch zuerst Eisen herstellte.

10. Das phönizische Alphabet, die Basis aller europäischen Alphabete, entsprang dem atlantischen Alphabet, das von Atlantis auch zu den Maya-Stämmen in Mittelamerika übermittelt wurde.

Oben: Der angesehene griechische Archäologe Professor Spyridon Marinatos erforscht hier alte Ruinen auf der Vulkaninsel Thera auf den griechischen Kykladen. Nach seiner Meinung lag dort einst Atlantis.

13. Einige konnten sich jedoch auf Schiffen und Flößen retten und überbrachten den Völkern im Osten und Westen die Kunde von dieser furchtbaren Katastrophe. Die Legende überlebte als Sintflutsage der Alten und Neuen Welt bis in die heutige Zeit.

Kühne neue Vision

Donnelly ging von Platons 7000 Worte umfassenden Legende aus, gestaltete sie zu einer völlig neuen Frühgeschichte der Menschheit und beantwortete so viele Fragen, die die Menschen heute beunruhigen. Donnellys Vision dient nach wie vor als Grundlage für die anhaltende Flut von Büchern, die das Thema Atlantis unter okkulten bis hin zu verwegenen wissenschaftlichen Aspekten beleuchten.

Die Gelehrten weisen jedoch mit einiger Genugtuung immer wieder darauf hin, daß Donnellys Behauptungen oft auf falschen oder unvollständigen Informationen basieren. Allerdings erscheinen auch ihre Thesen häufig eher fragwürdig. Jeder, der den Wahrheitsgehalt der Atlantis-Sage sucht, sollte daher beide Positionen ignorieren und von Platons Erzählung ausgehen. Selbst wenn sie, so einige Wissenschaftler, aus Propagandazwecken oder zur besseren Anschaulichkeit von Übertreibungen und literarischen Ausschmückungen strotzt, könnte sie doch eine verlorengegangene Wahrheit verbergen.

Unter diesem Aspekt erscheinen zwei in jüngerer Zeit favorisierte Thesen zur Lage von Atlantis zweifel-

11. Aus Atlantis stammen sowohl die arische beziehungsweise indogermanische Völkerfamilie als auch die semitischen und möglicherweise die uraltaischen Völker.

12. Atlantis wurde bei einer großen Naturkatastrophe überflutet und versank mit seinen Bewohnern im Meer.

Ignatius Donnellys Buch Atlantis: the Antediluvian World *will aufzeigen, daß die Menschheit ihre erste Blütezeit in Atlantis erlebte. Die Relikte des Sonnenanbetungskultes, die sich überall auf der Welt wiederfinden – zum Beispiel in Form von Sonnensymbolen in den rätselhaften Linien von Nazca (oben links) und im Kult um Ra, den Sonnengott der alten Ägypter (oben) –, stellen Überreste der ursprünglichen Religion von Atlantis dar. Die christliche Sintflut-Legende, wie sie in dieser koptischen Handschrift aus Äthiopien dargestellt ist (rechts), wird als historisch verschwommene Überlieferung des endgültigen Untergangs von Atlantis interpretiert.*

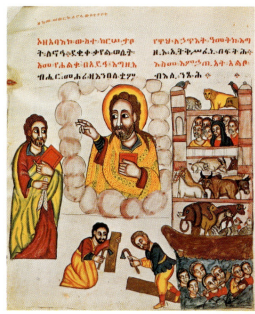

> „VIELLEICHT LAG ATLANTIS JA WIRKLICH GENAU DORT, WOHIN PLATON ES VERLEGTE – AUF EINER RIESIGEN LANDMASSE WESTLICH VON GIBRALTAR."

haft. Genannt werden hier Kreta beziehungsweise Thera im östlichen Mittelmeer sowie Nordeuropa einschließlich Skandinavien.

Dr. James W. Mavors Buch *Voyage to Atlantis* (Reise nach Atlantis) löste im Jahre 1969 eine kleine Sensation aus. Er griff die Behauptungen der griechischen Wissenschaftler Dr. Angelos Galanopoulos und Professor Spyridon Marinatos auf, bei Atlantis handle es sich um die minoische Kultur auf Kreta, die um 1500 v. Chr. durch den Ausbruch des Inselvulkans Thera zerstört wurde.

Die Bezeichnung „minoisch" stammt von dem britischen Archäologen Sir Arthur Evans, der 1900 den Palast von Knossos ausgrub. Er glaubte, daß schemenhafte Erinnerungen an diese Kultur den griechischen Mythos von Minos, dem König von Kreta und Sohn des Zeus, entstehen ließen, der in einem Labyrinth ein stierköpfiges Ungeheuer namens Minotaurus gefangenhielt. Der Athener Theseus soll mit Hilfe seiner Geliebten Ariadne den Minotaurus zur Strecke gebracht haben, so daß die regelmäßigen Menschenopfer endlich beendet werden konnten. In Knossos entdeckte Evans die Ruinen eines herrlichen Palastes, in dem sich eine Stierkampfarena befand. Auf den Schmuckreliefs und Fresken dieses Palastes sowie auf vielen Tongefäßen sah man Stierkämpfe und -jagden von jungen Männern, die nur mit Stöcken und Stricken ausgerüstet waren.

Auch in Atlantis hatte es nach Platon einen Stierkult gegeben: Alle vier oder fünf Jahre mußte sich der jeweilige König der Insel unbewaffnet mehreren Stieren stellen, einen einfangen und ihn als Opfer darbringen.

Der verlorene Garten Eden

Um 1500 v. Chr. bildete Kreta den Mittelpunkt eines mächtigen Reiches mit starker Seeflotte, das aber innerhalb erstaunlich kurzer Zeit zerbrach. Überall verfielen die Paläste und Tempel, und die minoischen Handelsniederlassungen in Übersee wurden verlassen oder zerstört. Auch die Kunststile veränderten sich, die Fertigung von Töpferwaren nahm rapide ab, und ein Großteil der kretischen Bevölkerung wanderte in den Westteil der Insel ab. Bald verlagerte sich die Machtherrschaft von der Ägäis auf das griechische Festland, nach Mykene.

Nach Marinatos und Galanopoulos könnte der Ausbruch des Vulkans Thera etwa 1500 v. Chr. diesen Untergang herbeigeführt haben. Die meisten Küstenbewohner wurden dabei von einer gigantischen Flutwelle in das Ägäische Meer gespült, und Vulkanasche

Oben: Der deutsche Gelehrte Dr. Jürgen Spanuth vertritt in seinem Werk Das enträtselte Atlantis die These, daß sich Atlantis nicht im Atlantischen Ozean oder im Mittelmeer, sondern auf einer Insel nahe der deutschen Küste befunden hat.

Oben: Auf diesem Wandgemälde aus dem Palast von Knossos auf Kreta ist das rituelle Stierspringen dargestellt, das zur minoischen Kultur gehörte. Platon, der Verfasser des Atlantismythos, erwähnt den Stierkult. Viele Gelehrte gingen deshalb davon aus, daß Atlantis und das minoische Reich in Wirklichkeit eins waren.

bedeckte den Boden etwa 50 Zentimeter hoch und machte jeglichen Ackerbau auf Jahre unmöglich. Die Gelehrten mutmaßten weiter, daß Thera das eigentliche Zentrum der minoischen Kultur war und nicht, wie allgemein vermutet, nur ein Vorposten.

Die Behauptung, daß es sich bei der minoischen Kultur um Atlantis handle, ist in vielen Punkten durchaus glaubhaft und wird von den Gelehrten, die sich heute noch mit diesem Thema beschäftigen, bevorzugt angeführt. Mavor und seine Anhänger erreichten es allerdings nur durch einige geschickte Winkelzüge, ihre Behauptung historisch zu untermauern.

Deckt sich die minoische Kultur wirklich so lückenlos mit Platons Atlantisbeschreibung, wie Mavor anführt? Ein vehementer Gegner dieser These ist der deutsche Gelehrte Dr. Jürgen Spanuth, der ihre Vertreter eines groben logischen Fehlschlusses bezichtigte. Weder Kreta noch Thera befinden sich im Atlantik, argumentierte Spanuth, keine der Inseln liege an der Mündung eines großen Flusses, und keine sei im Meer versunken. Der angebliche Durchbruch der Archäologie sei nichts als eine hohle Blase, die schon vor langer Zeit zerplatzt sei.

In seinem Buch *Das enträtselte Atlantis* versucht Spanuth zu beweisen, daß sich Atlantis während der Bronzezeit auf den versunkenen Inseln östlich von Helgoland befand und ein Vorläufer der Wikingerkultur in Nordeuropa und Skandinavien in einem Gebiet namens Atland war.

Spanuth legte seine Ansichten sehr engagiert dar, verfiel aber in die gleichen geschichtlichen Verdrehungen, die er anderen ankreidete, und verlegte die Geschehnisse in die Nordsee anstatt in den Atlantik. In seinen Büchern *The Other Atlantis* (Das andere Atlantis) und *The secrets of Lost Atland* (Die Geheimnisse des untergegangenen Atland) handelt Robert Scrutton ganz ähnlich, wenn auch er Atlantis in die Zeit vor den Wikingern verlegt.

All diese jüngeren Bemühungen, Atlantis zu lokalisieren und seine Existenz zu beweisen, verdienen insofern Respekt, als sie Platons Legende immerhin für faktisch richtig ansehen. Sie biegen die Sage dann allerdings so zurecht, daß sie sich mit historischen Ereignissen zu anderer Zeit an anderem Ort deckt. Vielleicht lag Atlantis ja wirklich genau dort, wohin Platon es verlegte – auf einer riesigen Landmasse westlich von Gibraltar, die vor fast 12 000 Jahren durch eine verhängnisvolle Naturkatastrophe in den Meeresfluten versank.

„MANCHE GLAUBEN, ES [ATLANTIS] LIEGE UNTER LAND BEGRABEN – UNTER DEM SAND DER SAHARA, EINEM EINSTIGEN BINNENMEER. ANDERE VERMUTEN ES UNTER DEM ARKTISCHEN EIS."

Charles Berlitz, Das Rätsel Atlantis

ZU NEUEN UFERN DER WISSENSCHAFT

Charles Fort, den manche für einen Erzfeind der Wissenschaft halten, beschäftigte sich intensiv mit rätselhaften Phänomenen und gelangte so, wie andere glauben, zu wichtigen Erkenntnissen über den Kosmos.

Ganz oben: Forts Interesse an UFOs – wie dem hier abgebildeten – förderte die Entwicklung der heutigen Ufologie.

Oben rechts: Auf dem Gemälde führt Galileo Galilei florentinischen Adligen sein Teleskop vor, das er als erster zur Himmelsbeobachtung verwendete. Er machte im frühen 17. Jahrhundert eine Reihe wichtiger Entdeckungen, die engstirnige Gelehrte und die allmächtige Kirche verwarfen.

Charles Hoy Fort veröffentlichte 1919 sein *Book of the Damned* (Das verdammte Universum des Ch. F.). Von da an besserte sich in der amerikanischen Presse deutlich das Niveau der Berichte über ungewöhnliche Phänomene. Doch das Erscheinen von Forts Buch hatte noch eine ganz andere Wirkung. Wann immer Journalisten von einem Seeungeheuer, einer Poltergeisterscheinung oder einem Froschregen berichteten, kommentierten sie dies als „Material für den Erzfeind der Wissenschaft, Charles Fort".

Fort haftet bis heute der bedauerliche Ruf an, ein Feind der Wissenschaft zu sein. Wer seine Bücher liest, muß jedoch erkennen, daß Fort in fast allen Wissenschaftszweigen seiner Zeit auf dem neuesten Stand war und sich in der Forschung mit ihrer Methodik und Beweisführung auskannte. Er hatte das erhabene Gebäude der Wissenschaft genau studiert und verkündete, es sei voller Risse. Er fand Forscher vor, die ungeachtet der Fakten apodiktische Erklärungen abgaben, wissenschaftliche Untersuchungen durch ein Dogma ersetzten und störende Daten unterschlugen. Er seinerseits war überzeugt, daß ungewöhnliche Phänomene für die Wissenschaft durchaus bedeutsam seien und erforscht werden sollten.

Die Wissenschaftsgeschichte verläuft nicht geradlinig; sie gleicht einer Schlacht mit scheinbar chaotischen Vorstößen, Rückzügen und Scharmützeln. Dieses Bild von Unordnung und Zufall im wissenschaftlichen Fortschritt ist von Thomas Kuhn in seinem grundlegenden Werk *The Structure of Scientific Revolutions* bekräftigt worden. Laut Kuhn war die Wissenschaft in jeder Phase ihrer Geschichte in den „Grundfassungen" ihrer Zeit gefangen. Diese einschränkenden Faktoren nennt Kuhn Paradigmen. Doch Paradigmen sind für den formalen Ausdruck einer Wissenschaft wesentlich, da sie als Modelle oder Strukturen dienen, um ganze Wissensbereiche zu ordnen und einen Erklärungsrahmen zu bilden.

Kuhn zeigt, daß ein Paradigmenwechsel in der Wissenschaft nicht immer als „elegante Kapitulation" ehrli-

Oben: Die Illustration stammt aus Marco Polos Bericht über seine Asienreise im 13. Jahrhundert. Sie zeigt die fantastischen Geschöpfe, die dem Vernehmen nach in Indien lebten. Solche Reiseberichte dienen immer noch als Fundgrube für rätselhafte Phänomene.

cher einzelner ablaufe, wie die Wissenschaftspropaganda uns glauben machen will. Ein solcher Wechsel vollzieht sich im Gegenteil oft langsam und schmerzhaft. Da Wissenschaftler sehr viel in ihren Beruf, ihren Rang und ihre Glaubwürdigkeit investiert haben und diese Faktoren ihnen eine größere Sicherheit als das Ideal vorurteilslosen Denkens versprechen, bleiben sie häufig den gängigen Paradigmen treu.

Als klassisches Beispiel für die Abwehrhaltung gegenüber neuen Erkenntnissen kann man die Gelehrten anführen, die einen Blick durch Galileis Teleskop ablehnten, um nicht – wie der Jesuit Clavius – angesichts der Jupitermonde ihr bequemes geozentrisches Weltbild aufgeben zu müssen. Tatsächlich blieben die

Mitte und unten: Antoine Lavoisier gilt als „Vater der modernen Chemie". Er war ein ausgezeichneter Wissenschaftler und stritt dennoch die Existenz von Meteoriten rundweg ab. Damit verhinderte er für Jahrhunderte ihre Erforschung.

um Jupiter kreisenden Monde, das Modell für die neue Auffassung des Sonnensystems, noch viele Jahre nach Galileis Erstentdeckung umstritten.

Neue Paradigmen

Ein neues Paradigma oder die dahin führenden Daten können bedrohlich und sogar unheilvoll erscheinen. So verhält sich das Gros der orthodoxen Wissenschaft wie ein infizierter Organismus und bildet eine Front gegen die „infektiösen" Daten. Schließlich häufen sich die Hinweise, bis man sie nicht mehr ignorieren kann. In der folgenden Krisenzeit zerfallen ganze Wissenschaftsbereiche und werden erst durch die Eingliederung neuer Daten wieder zusammengefügt. Frühere Anomalien gelten nun als offenkundige Tatsache. Kuhn nennt wiederholte Krisen nicht nur typisch für den Wissenschaftsfortschritt, sondern sogar wesentlich. In seinem Buch *Lo!* (Sieh da!) bezeichnet Fort die Wissenschaft als „Konventionalisierung angeblichen Wissens". Er erklärt: „Zunächst hält sie weiterer Aufklärung stand, doch wenn sie nachgibt, ist das keine Kapitulation, sondern eine Partnerschaft, und was man bitter bekämpft hatte, wird nun zu einem neuen Prestigefaktor."

Orthodoxe Wissenschaft bemüht sich vor allem, ihr Wissensgebiet zu untermauern, nicht Ausnahmen von der Regel aufzuspüren. Wiederholbarkeit und Gesetzmäßigkeit rangieren vor der Anomalie.

In der „Anomalistik", wie einige amerikanische Gelehrte die Lehre von den rätselhaften Phänomenen nennen, gibt es jedoch seit jeher reichhaltige Sammlungen von Ungereimtheiten. Arbeiten antiker Schriftsteller wie Plinius, Pausanias und Athenäus lieferten Fort eine Fülle von Material, ebenso die Berichte von Reisenden wie Ibn Batutah und Marco Polo und von Naturkundlern wie Olaus Magnus und Edward Topsell. Ihre Werke bieten eine wahre Datenbank zu Themen, die gegenwärtig unter der Rubrik „Unerklärliches" laufen.

Ein unüberbrückbarer Abgrund

Fort war auch überzeugt, daß die orthodoxe Wissenschaft nach eigener Definition „ausschließend" arbeitet. Ein wissenschaftliches Experiment beispielsweise ist ein Versuch, etwas vom übrigen Universum zu isolieren. Der Haken an der Orthodoxie liegt in dem Bemühen, Dinge in Einheiten und Kategorien zu pressen. Wer aber selbst ernsthaft ungewöhnliche Daten hinterfragt hat, weiß, daß sie sich im allgemeinen jeder Kategorisierung entziehen. Ausschließende Wissenschaft funktioniert recht gut, aber ihre Kriterien beruhen auf willkürlichen Entscheidungen. Im Laufe der Wissenschaftsgeschichte wurden solche Unterscheidungen als veraltet verworfen. So machten Biologen im frühen

19. Jahrhundert noch eine grundsätzliche Unterscheidung zwischen Belebtem und Unbelebtem. Für diese „Vitalisten" klaffte zwischen belebter und unbelebter Materie ein unüberbrückbarer Abgrund. Doch als Chemiker gegen Ende der zwanziger Jahre des 19. Jahrhunderts erstmals organische Verbindungen (Ausscheidungen von Lebewesen, wie Harnstoff oder Essigsäure) synthetisierten, entfiel die Grundlage für die fundamentale Unterscheidung zwischen Belebtem und Unbelebtem. Auch heutige Forscher neigen dazu zu verdrängen, daß viele Trennlinien in der modernen Wissenschaft – wie etwa zwischen Geist und Materie – auch einmal aufgehoben werden könnten. Sie akzeptieren oder verwerfen oft sklavisch Daten nach Kriterien, die bestenfalls vorübergehend sind. Es ist klar, daß diese willkürliche Struktur bestimmt, mit welchen Fragen wir an das Universum herantreten und wie wir es deuten. Der deutsche Physiker Werner Heisenberg erklärte, daß wir nicht etwa die Natur selbst beobachten, sondern die unserer Fragestellung ausgesetzte Natur. So kann sich Licht, je nach Untersuchungsansatz, wie eine Welle oder wie ein Teilchen verhalten.

Das Wissen von der Welt verändert sich. Was heute

Links: Der Physiker Werner Heisenberg erhielt 1932 den Nobelpreis für Physik. Die Quantentheorie, zu der er einen großen Beitrag leistete, wurde auch dreißig Jahre nach ihrer Ausarbeitung noch nicht an den größeren englischen Universitäten gelehrt – ein treffendes Beispiel für den Widerstand von Wissenschaftlern gegen neue Ideen, mögen sie auch von überaus angesehenen Kollegen stammen.

Unten: Das Spektrum, das sich bei der Brechung von Licht zeigt, besteht aus farbigen Bändern. Die Theorie, daß Licht aus Wellen besteht, wurde von den Forschern angenommen, weil sie mit dieser Erklärung erfolgreich arbeiten konnten. Doch heute erscheint Licht, je nach Aufbau des Experiments, sowohl aus Wellen wie aus Teilchen (Photonen) zusammengesetzt.

als Magie oder Aberglaube gilt, kann von den kommenden Generationen ganz anders verstanden und zur Wissenschaft erhoben werden. Zahllose Beispiele aus der Geschichte belegen dies. Der große französische Chemiker Antoine Lavoisier etwa verkündete 1769 vor der Akademie der Wissenschaften, daß nur Bauern glauben könnten, Steine vermöchten vom Himmel zu fallen, denn es gebe im Himmel keine Steine. Sein Einfluß verhinderte noch bis 1803 die Erforschung von Meteoriten, den „Steinen vom Himmel".

Umwälzender Fortschritt

Die heutigen Biowissenschaften übernahmen vieles aus der rehabilitierten Volksweisheit: Alte Kräutermittel werden für neue Arzneien und Praktiken von Schamanen für neue Behandlungsweisen verwendet. Geistererscheinungen, früher Theologen und Dämonologen vorbehalten, sind heute Themen parapsychologischer und psychologischer Forschung. Darüber hinaus werden eine Reihe von Forts Spezialgebieten heute ernsthaft erforscht – seltsame Lichter auf dem Mond oder am Himmel, Begleitgeräusche bei Erdbeben, der Einfluß von Mondzyklen auf biologische Abläufe und das Verhalten, Seeungeheuer und UFOs.

Als Antwort auf die Frage, wie rätselhafte Phänomene sich in den Hauptkorpus der Wissenschaft einbeziehen ließen, erklärte sich schließlich von sich aus annähern und durch eine einschließende Vorgehensweise Anomalien eingliedern. Damit werde „Glauben durch Anerkennung ersetzt", aber nur so lange, bis bessere Daten oder Theorien vorlägen. Ein wahrer Forscher verhält sich in ebendieser Weise, da für ihn das Ergründen der Wahrheit wichtiger ist, als recht zu haben oder der erste zu sein. Diese einschließende Vorgehensweise würde einen Seinszustand anerkennen, in dem alle Dinge, Wesen, Ideen und Phänomene miteinander in Bezug stehen und so „grundsätzlich eins sind". Fort zog aus seinen Tausenden von Berichten die Erkenntnis, daß das Universum mehr wie ein Organismus als wie eine Maschine funktioniert und selbst bei universell gültigen Gesetzen Abweichungen und Anomalien das unvermeidliche Ergebnis lokalen Ausdrucks dieser Gesetze

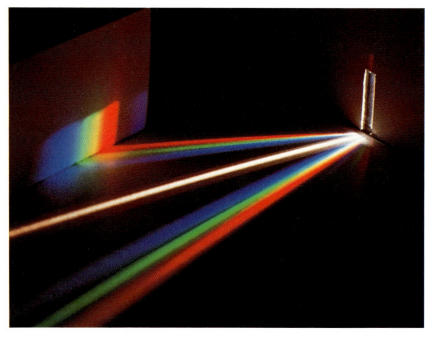

Links: Charles Hoy Fort sitzt hier am Spielbrett des von ihm erfundenen Superschachs. Die beiden Gegner müssen viel Zeit mitbringen, da das komplizierte Spiel viele Stunden in Anspruch nimmt.

Unten: Hofnarren haben seit jeher Moral und Glauben der Gesellschaft anprangern dürfen. Diese Rolle spielte auch Charles Fort, wenn er sich gegen das wissenschaftliche Establishment seiner Zeit wandte.

Heute liest man solche Geschichten nicht mehr in den Fachzeitschriften, in denen Fort sie fand. Sie dienen als Lückenfüller in den Tageszeitungen und sollen erheitern. Wenn die orthodoxe Wissenschaft eines Tages ihren Wirkungskreis erweitert, wird sie die Fortschen Erscheinungen mit Hilfe der eifrigen Sammler sonderbarer und merkwürdiger Vorkommnisse leichter eingliedern können. Die wahre Funktion solcher Daten in bezug zur Hauptströmung der Wissenschaft nennt Enid Elsford in ihrem Buch über den Narren im Mittelalter: „Der Narr führt keine Revolution gegen das Gesetz an; er lockt uns in einen geistigen Bereich, in den der Arm des Gerichts nicht hinreicht." In diesem Sinne war Charles Hoy Fort zweifellos Narr der Wissenschaft.

seien. Diese fast mystische Ansicht nahm C. G. Jungs Begriff vom kollektiven Unterbewußten vorweg und spiegelte ein Denken wider, das schon in den Kosmologien animistischer Eingeborenenreligionen auftaucht. Eine weitere Theorie, nach der die Welt mehr als Organismus denn als Maschine funktioniert, wurde 1981 von Dr. Rupert Sheldrake vorgestellt – das Prinzip der formativen Ursächlichkeit. Es scheint das philosophische Rüstzeug für die Erforschung von Kontinuität und Synchronismus zu liefern, indem es von einer zeit- und raumunabhängig wirkenden Schwingung zwischen Gebilden von ähnlicher Struktur, belebt oder unbelebt, ausgeht.

In früheren Zeiten herrschte in den meisten Kulturen eine Wertschätzung für Anomalien, die wir verloren haben. Die Menschen besaßen auch einen Bezugsrahmen, in dem sie diese Phänomene studierten, normalerweise als Omen oder Vorboten eines sozialen Wandels. Im Spätmittelalter waren Priester im ländlichen Skandinavien verpflichtet, ihren Bischöfen alles „Widernatürliche" zu melden. Die noch erhaltenen Chroniken sind wahre Fundgruben für Berichte von Seeungeheuern, Mäuse- und Fischregen, Tierschlachten und anderen seltsamen Erscheinungen.

Rechts: Dieser schlichte Stein kennzeichnet Charles Forts Grab in seinem Geburtsort Albany, New York.

„EINE REIHE VON FORTS SPEZIALGEBIETEN WIRD HEUTE ERNSTHAFT ERFORSCHT – SELTSAME LICHTER AUF DEM MOND … DER EINFLUSS VON MONDZYKLEN AUF BIOLOGISCHE ABLÄUFE UND DAS VERHALTEN DES MENSCHEN, SEEUNGEHEUER UND UFOS."

LEGIONEN DER HÖLLE

Der Aufstieg der NSDAP ist oft auf okkulte Praktiken zurückgeführt worden. Adolf Hitler selbst war zweifellos von der „Schwarzen Magie" fasziniert. Wie und warum kam diese ungewöhnliche Assoziation zustande?

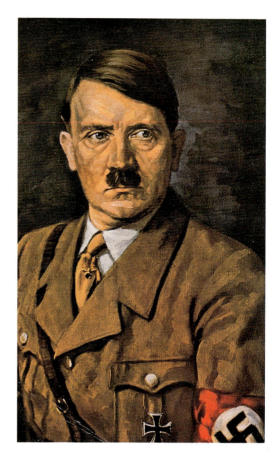

Unten: Das Hakenkreuz wurde zum offiziellen Emblem der NSDAP, wie 1933 auf Bannern bei einer Kundgebung in Nürnberg zu sehen. Auf weißem Rund mit rotem Hintergrund war es ein eindrucksvolles Symbol, das für Hitler (rechts) alle Ideale der nationalsozialistischen Bewegung verkörperte. Viele sahen in Hitlers Entscheidung, das Symbol umzudrehen – er wollte lieber ein „linksdrehendes" Hakenkreuz als das traditionell „rechtsdrehende" –, ein Indiz für seine finsteren Machenschaften. Das einstige Glückssymbol gilt heute als die Verkörperung des Bösen.

Im Spätsommer des Jahres 1940, als sich die Schlacht um Großbritannien ihrem Ende näherte, hatte Toby O'Brien, der Pressesekretär Winston Churchills, plötzlich eine Eingebung. Er saß eines Morgens in der Badewanne, als ihm „unvermittelt" die Worte zu einem derben Spottlied einfielen. Noch am selben Tag trug er seine Komposition beim Mittagessen einer Gruppe hochrangiger britischer Offiziere in Whitehall vor, und sie bogen sich vor Lachen. Einige notierten sich den Text, andere prägten ihn sich ein. In wenigen Wochen machte das Lied die Runde, und man hörte es von Luftwaffenmajoren, Kompanieführern und Admirälen. Der Text wurde zu der Melodie von Colonel Bogey gesungen und lautete:

„Hitler, der hatte nur ein Ei,
der Göring hatte zwei, doch jeweils nur ein kleines.
Himmler ging's ganz ähnlich,
der arme alte Goebbels aber
hatte keins."

Toby O'Brien glaubte gewiß nicht, daß sein Text den Tatsachen entsprach; über die Potenz oder die sexuellen Gewohnheiten des Führers war herzlich wenig bekannt. Doch als russische Stabsärzte im Mai 1945 den verbrannten Leichnam Hitlers im Berliner Bunker untersuchten, stellten sie fest, daß Hitler tatsächlich nur einen Hoden besaß. Ein bizarrer und höchst ungewöhnlicher Zufall.

Möglicherweise hatte Hitlers körperlicher Defekt tatsächlich große Bedeutung für die Entwicklung seiner okkulten Neigungen. Nach Ansicht von Dr. Walter Stein, dessen Beobachtungen bei persönlichen Gesprächen mit Hitler in Wien die Grundlage für Trevor Ravenscrofts Buch *The Spear of Destiny* (Die Lanze des Schicksals) bildeten, begeisterte sich Hitler bereits 1912 leidenschaftlich für die Musik Richard Wagners – insbesondere für die Oper *Parsifal*, in der der Deutsche Ritterorden und die arische Rasse verherrlicht werden. Schon bald machte Hitler Wagners Quelle ausfindig, die mittelalterliche Dichtung Wolfram von Eschenbachs. Tatsächlich führte der Kauf einer Ausgabe von Eschenbachs *Parzival*, die früher Hitler gehört hatte, dazu, daß Stein ihm begegnete. Dr. Stein war von der peinlichen Genauigkeit der Randbemerkungen beeindruckt, wenn auch gleichzeitig entsetzt von dem krankhaften Rassenhaß, der aus ihnen

Unten: Der Engländer Toby O'Brien verbreitete 1940, ohne es zu wissen, ein inhaltlich richtiges Gerücht über Hitler.

Unten: Lange bevor Guido von List in Deutschland gegen Ende des 19. Jahrhunderts das Hakenkreuz als Emblem einer neoheidnischen Bewegung verwendete, war es ein weitverbreitetes Symbol für Glück, Leben und Energie. Die Swastika auf dieser Figur (Mitte rechts), Teil des Griffs eines Krugs, den man in einem Bootsgrab aus dem 9. Jahrhundert in Oseberg, Norwegen, fand, symbolisiert die Hämmer von Thor, dem Gott des Donners und des Krieges. Die Swastika auf dem Sockel der Statue von Kali dagegen (oben rechts) steht für eine lebensspendende, erneuernde Kraft.

sprach. Es fanden sich zahlreiche Anspielungen auf die Figur des Klingsor, den Hitler offenbar mit Landulph II. von Capua gleichsetzte, einem berüchtigten Tyrannen des 9. Jahrhunderts.

Landulphs habgieriges Streben nach Macht führte ihn 875 n. Chr. zur Schwarzen Magie, so daß man ihn wegen dieser Praktiken exkommunizierte. Aber noch ein Punkt muß Hitler ein Gefühl der Übereinstimmung mit dem „Führer" aus dem 9. Jahrhundert vermittelt haben. Landulph war anscheinend völlig oder teilweise kastriert worden: Eschenbach beschreibt ihn als „Mann, der glatt zwischen den Beinen war".

Wir wissen, daß Hitler als Jugendlicher leicht zu beeinflussen war und gierig die Ideen derer aufsog, die ihn beeindruckten – Wagner und Nietzsche zum Bei-

spiel. Landulphs Machtgier und seine unselige anatomische Ähnlichkeit mit ihm müssen großen Eindruck auf den jungen Adolf gemacht haben, und man darf vermuten, daß diese ebenso für Landulphs Schwarze Magie galt. Es gibt Beweise, daß Hitler sich von Anbeginn seiner politischen Karriere vom magischen Symbolismus beeindruckt zeigte.

Heidnische Riten

In der zweiten Hälfte des 19. Jahrhunderts wurden in Deutschland pseudointellektuelle Kreise von einer Bewegung erfaßt, die von heidnischen Ritualen und der Idee von nordischer Reinheit geprägt und von einem Mann namens Guido von List begründet war. Von List wurde 1848 als Sohn eines reichen Kaufmanns geboren, der mit Lederwaren und Stiefeln handelte – vielleicht ein Fingerzeig auf die Dinge, die da kommen würden. Er hatte mit 14 Jahren dem Katholizismus abgeschworen und gelobt, eines Tages Wotan (oder Odin), dem Kriegsgott der skandinavischen Mythologie, einen Tempel zu errichten.

In den siebziger Jahren des 19. Jahrhunderts hatte von List eine beachtliche Zahl von Anhängern, die die heidnischen Bräuche bei Sonnwendfeiern und Tagundnachtgleiche überwachten. 1875 wurde man auf sie aufmerksam, da sie die Sonne als Baldur verehrten. Dieser nordische Gott war in einer Schlacht erschlagen worden und von den Toten wieder auferstanden. Der Kult wurde auf einer Anhöhe bei Wien abgehalten und endete damit, daß von List acht Weinflaschen in der Anordnung eines Hakenkreuzes vergrub.

Die Swastika, das Hakenkreuz, war seit jeher und bei allen Völkern ein weitverbreitetes Symbol für Glück: Man findet es auf chinesischen, mongolischen

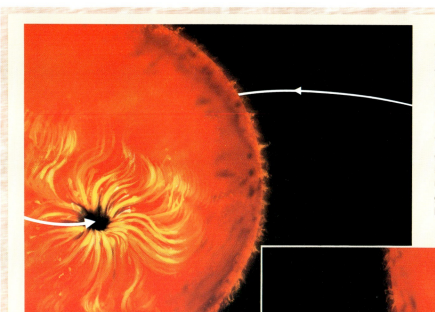

er zu der Vermutung, daß ursprünglich vier Monde die Erde umkreist hatten. Er behauptete, der letzte Zusammenstoß mit der Erde, vor zirka 13.000 Jahren, habe den Untergang von Atlantis verursacht – dem Kontinekt, der nach Ansicht der Nazis die eigentliche Heimat der arischen Rasse war.

Vor allem Himmler zeigte sich von Hörbigers Theorien fasziniert und erklärte, daß er in Linz, seiner Heimatstadt, ein Observatorium bauen lassen wolle, um es den drei größten Kosmologen zu widmen: Kopernikus, Kepler – und Hanns Hörbiger.

EINE WELT AUS EIS

Wie kam es, daß die kosmologischen Theorien eines Schmieds, der sich als Ingenieur ausgab, zu einem Pfeiler des Nazi-Weltbildes wurden? Hanns Hörbiger (1860–1931) (Mitte rechts) glaubte, daß in der „kosmischen Materie", aus der das Universum besteht, Wasser in seiner „kosmischen Form" vorkomme – als Eis. Dieses Eis forme sich zu großen Blöcken, die junge Sterne umkreisen. Er ließ Keplers Bewegungsgesetze außer acht, die besagen, daß kreisende Körper dies in Form einer Ellipse tun, und behauptete, diese Eisbrocken folgten einer spiralförmigen Bahn, so daß sie schließlich mit dem Stern zusammenprallten (oben) und eine ungeheure Explosion auslösten. Der Stern stieße daraufhin eine flüssige Masse rotierender Materie aus (Mitte rechts), aus der ein neues Sonnensystem entstehe (rechts). Hörbiger nahm an, daß Planeten einer spiralförmigen Bahn folgten. So kam

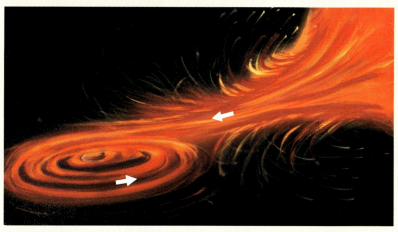

und indianischen Gegenständen, in der Antike diente es den Griechen zur Verzierung ihrer Keramiken und im Mittelalter den Architekten als Rahmenmuster für Buntglasfenster. Auf mittelenglisch heißt es „fylfot" und steht wahrscheinlich für „fill foot", ein Gerät, das man für den unteren Teil der Fenster benutzte. Der Begriff Swastika kommt aus dem Sanskrit von „Su asti", was wörtlich übersetzt „Gut, er ist" heißt. In der Tat symbolisierte das Hakenkreuz mit seinen Armen, die einander folgen, als ob sich das ganze Zeichen im Uhrzeigersinn drehen würde, die Sonne und die Mächte des Lichts.

In den zwanziger Jahren, als die nationalsozialistische Bewegung noch in den Kinderschuhen steckte, ließ Hitler sich einprägsame Symbole entwerfen, ähnlich dem Hammer und der Sichel der russischen Kommunisten. Friedrich Krohn, ein Zahnarzt von

Sternberg, der auch Okkultist war, schlug ein Hakenkreuz auf einem weißen Rund mit rotem Hintergrund vor – rot für Blut und das soziale Ideal, weiß für Nationalismus und die Reinheit der Rasse, und das Hakenkreuz für „den siegreichen Kampf des arischen Menschen".

Hitler war sehr angetan, bis auf eine Kleinigkeit – das traditionell „rechtsdrehende" Hakenkreuz mußte in die andere Richtung weisen, damit es zu dem wurde, was der Schriftsteller Francis King als „Heraufbeschwören des Bösen, der geistigen Rückentwicklung und der Schwarzen Magie" bezeichnet.

Dr. Krohn durchschaute, was Hitler mit der Änderung des alten Symbols bezweckte, denn er war Mitglied des Germanenordens, der, zusammen mit der Thulegesellschaft, da weitermachte, wo von Lists recht dilettantische Organisation in den Jahren vor dem Ersten Weltkrieg aufgehört hatte. Beide Gesellschaften wurden schließlich nahezu austauschbar in ihren Ideen und sogar in ihrer Mitgliedschaft. Sie bestanden ursprünglich aus Angehörigen des deutschen Offiziersstandes und anderer Berufsgruppen, die davon überzeugt waren, daß es eine massive, internationale jüdische Verschwörung gebe, die sich auf okkulte Praktiken stützte. Um diesem Komplott zu begegnen, gründeten sie ihre eigene nordische, auf Okkulten basierende Freimaurerloge: mit ausgefeilten Ritualen und Roben, Wikingerhelmen und Schwertern. Entscheidender aber war, daß die Thulegesellschaft – die ihren Namen dem sagenhaften Land Thule entlieh, eine Art Paradies auf Erden – begann, neue Mitglieder aus den unteren Klassen der Gesellschaft zu rekrutieren und antisemitisches Material in ihren verschiedenen Zeitungen zu verbreiten. Eine dieser Zeitungen, der *Völkische Beobachter,* wurde später zum offiziellen Organ der NSDAP.

Es steht außer Zweifel, daß Hitler – sowohl in seinen Jahren in Wien, als er völlig heruntergekommen war, wie als Vorsitzender der aufstrebenden NSDAP in den zwanziger und dreißiger Jahren – sich immer von ungewöhnlichen Okkultismus-Theorien fasziniert zeigte. Dazu gehörte die verrückte „Welteistheorie", ein kompliziertes Gedankengebäude, das ein österreichischer Ingenieur namens Hanns Hörbiger (1860–1931) propagierte. Er behauptete, die Planeten seien durch den Zusammenstoß von Sternen (wie der Sonne) mit riesigen Eisbrocken entstanden. Hörbiger glaubte, dieses System ermögliche es ihm, das Wetter ganz genau vorherzusagen. Einige okkulte Schriftsteller, vor allem Pauwels und Bergier in ihrem Buch *Dawn of Magic* (Anbruch der Magie), vermuteten sogar, daß Hörbigers Vorhersagen Hitlers verheerenden Rußland-Feldzug beeinflußten.

Zuletzt war Hitler davon besessen, Landkarten auszupendeln – er schwang ein Pendel über einer Landkarte, um versteckte Gegenstände ausfindig zu machen. Hitlers Berater hörten durch einen Architekten namens Ludwig Straniak davon, der ebenfalls Amateurokkultist war. Straniak demonstrierte vor deutschen Marineoffizieren seine Fähigkeit, die Position ihrer Schiffe auf See festzustellen, indem er ein Pendel über einer Admiralskarte baumeln ließ. Sie waren besonders beeindruckt, als er den Standort des Westentaschenkreuzers Prinz Eugen ausfindig machte, der damals in geheimer Mission unterwegs war.

Die Schwarzen Magier

Über Hitlers Interesse an Astrologie, an Prophezeiungen im allgemeinen, ist viel diskutiert worden. Man behauptete sogar, daß er wahrsagerische Fähigkeiten habe, durch die er das Ausbleiben von Widerstand vorherzusehen vermochte, als er nach Österreich und in die Tschechoslowakei einmarschierte. Doch Hitlers wahres Talent lag in seiner meisterhaften Beurteilung der politischen Stimmung in Europa. Sein Intuition ließ ihn allerdings im Stich, als er 1939 beschloß, in Polen einzumarschieren. Sein Propagandaminister Josef Goebbels benutzte die Astrologie geschickt, aber zynisch – zum Beispiel zitierte er Nostradamus zur Untermauerung der Nazivorherrschaft. Hitler und ganz besonders Reichsführer SS Himmler nahmen die Astrologie ernst.

Angesichts dieser vielseitigen Beschäftigung mit dem Okkulten wurde oft unterstellt, daß unter den

Ganz oben: Der Okkultist Ludwig Straniak konnte den Standort des deutschen Westentaschenkreuzers Prinz Eugen ermitteln, indem er lediglich ein Pendel über einer Landkarte schwingen ließ. Als Hitler von Straniaks eindrucksvoller Vorführung hörte, begann auch er sich für das Auspendeln von Landkarten zu interessieren und war später davon regelrecht besessen.

Oben: Josef Goebbels, Reichsminister für Volksaufklärung und Propaganda, glaubte zwar nicht an Okkultismus, erkannte aber Hitlers Faszination und nutzte dieses Thema geschickt als psychologische Waffe, um die Sache der NSDAP im deutschen Volk voranzutreiben.

hochrangigen Nazis zumindest Hitler und Himmler im wahren Sinne des Wortes „Schwarze Magier" darstellen. Wer das behauptet, muß jedoch die Frage beantworten, warum dann, mit der Machtergreifung der Nazis, okkulte Schriften und Praktiken so rigoros verboten waren?

Dann wurde ein allgemeines Verbot aller okkulten Gruppen erlassen. Es betraf – völlig überraschend und sehr zum Leidwesen der Mitglieder – auch den Germanenorden und die Thulegesellschaft. In beiden Gruppierungen waren natürlich viele Nazis, doch auch für sie machte man keine Ausnahme. Zum Beispiel wurde Jörg Lanz von Liebenfels untersagt, in Zukunft weiter okkultes Material zu veröffentlichen. Seine Schriften aber hatten sehr zum Nimbus der deutschen Rasse beigetragen, und er selbst rühmte sich, Hitlers Guru gewesen zu sein, indem er ihn in okkulte Gruppen einführte.

Mit Ausnahme einiger „engerer Parteimitglieder", wie gewisser persönlicher Berater Himmlers, wurden Okkultisten aller Schattierungen umgebracht oder 1940 in den von Deutschland besetzten Ländern in den Untergrund getrieben.

Eine mögliche Antwort auf dieses Rätsel gaben Schriftsteller wie Francis King und J. H. Brennan. Sie behaupten, daß in Regimen, die in gewisser Hinsicht dem Hitlers ähnelten – zum Beispiel Stalins Rußland –, keine so systematische Ausmerzung von Okkultisten stattfand. Stalin habe zwar Jagd auf Freimaurer, kabbalistische Mystiker und ähnliche Gruppierungen gemacht, doch nur, weil sie „geheime Organisationen" per se waren und nicht wegen der vermuteten okkulten Betätigung.

Doch in Nazideutschland mußten „freischaffende" Okkultisten niedergemacht werden, denn in Wirklichkeit vernichtete man seine eigenen Rivalen.

Nur eine einzige okkulte Bewegung war im Dritten Reich erlaubt, gut versteckt in den eigenen Reihen. Sie wurde vom obersten Magier Adolf Hitler und Heinrich Himmler angeführt.

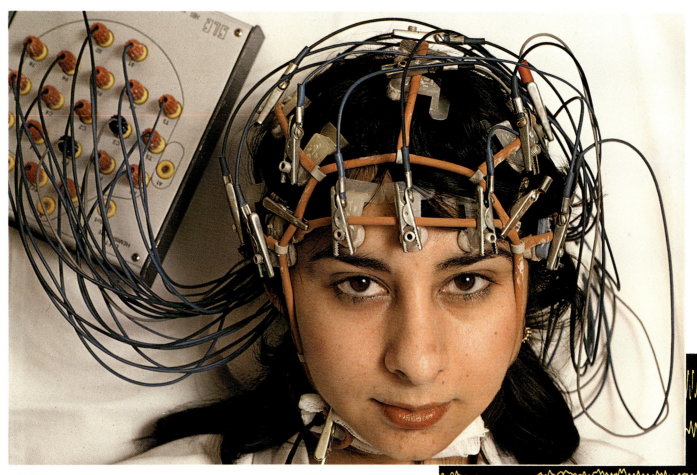

ÜBER DAS GEHIRN HINAUS

Viele Wissenschaftler sind der Meinung, daß der Geist nichts als ein Ausdruck für die elektrischen und chemischen Veränderungen in unserem Gehirn ist. Gibt es irgendein Beweismaterial für diesen Standpunkt, oder ist der Geist als selbständiges Phänomen zu betrachten?

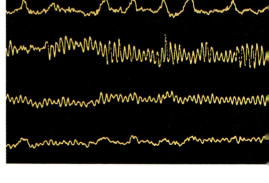

Unsere Träume, Wünsche, Erinnerungen, Gefühle und Gedanken, unsere Hoffnungen und Ängste, ja sogar die Art, in der wir die Welt um uns wahrnehmen, sind nur das Produkt chemischer und elektrischer Veränderungen innerhalb unseres Gehirns. Wenn dann bei unserem Tod das Hirn zu arbeiten aufhört, setzt jegliche geistige Aktivität aus; für unser Bewußtsein besteht keine Aussicht, den körperlichen Tod zu überleben.

Das ist auf jeden Fall die Überzeugung, die sich aus der materialistischen Philosophie herleitet. Demnach entstand alles Leben zufällig in einem ungeordneten Universum, wobei sich die Tiere und Pflanzen als Resultat von zufälligen genetischen Mutationen und den

Oben: Eine an einen Elektroenzephalographen (EEG) angeschlossene Patientin. Das Gerät überwacht und zeichnet die elektrischen Impulse, die vom Gehirn stammen, auf. Nebenbild: Ein Encephalogramm von einem gesunden Gehirn. Das Diagramm kann die charakteristischen Muster, die mit den verschiedenen Stadien von Hirnaktivität im Zusammenhang stehen, aufzeigen – wie im Wachzustand, im Tiefschlaf, beim Träumen und so weiter –, aber es gibt keine Auskunft darüber, welche Gedanken gerade den Geist des Patienten kreuzen.

Kräften der natürlichen Selektion entwickelten und der Mensch nur eine komplizierte Maschine ist. Das ist eine Theorie, die niemals bewiesen werden kann.

Trotzdem tun die Anhänger der materialistischen Philosophie so, als ob sich ihre Vorstellung, daß das Leben nur ein komplizierter Apparat von chemischen und physikalischen Mechanismen ist, auf wissenschaftliche Erkenntnisse gründe. Tatsache ist jedoch, daß sich viele Phänomene bei lebenden Organismen der Erklärung auf rein mechanistischer Ebene entziehen. Das Keimen der Bäume aus Samen und die Entwicklung der Tiere aus befruchteten Eiern, zum Beispiel, geht weit über die bloße Aneinanderreihung der richtigen chemischen Prozesse hinaus.

Die Gestalt und das Verhalten eines Organismus wird durch morphogenetische Felder geprägt, welche den physikalischen Prozessen innerhalb des Gewebes, das Gehirn eingeschlossen, Reihenfolge und Muster auferlegen. Diese Felder entstehen durch einen

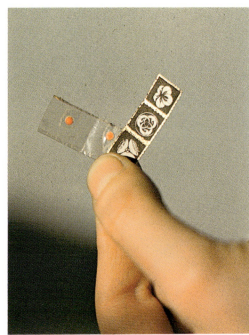

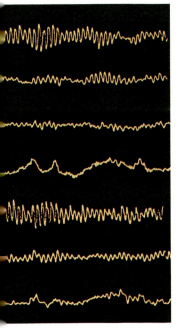

Ganz oben:
*Das Foto einer hippurischen Säure
in 150facher Vergrößerung. Die
grellen Farben und die abstrakten
Muster sind die Charakteristika
für von Drogen ausgelöste
Halluzinationen. Kleine Mengen
von Lysergsäurediäthylamid (LSD)
zum Beispiel – eine farblose
Flüssigkeit, die man entweder auf
einem Löschpapier in einer
Flüssigkeit auflöst oder in
Tablettenform einnimmt (ganz
oben rechts und auch links davon)
– können Halluzinationen
auslösen, die weit über die
normale Reichweite menschlicher
Gehirnarbeit hinausgehen.*

Prozeß der „formenden Resonanz" aus vergangenen Mitgliedern einer Spezies und repräsentieren eine Art kollektiver Erinnerung. Die Organismen stimmen sich auf sie und durch sie auf die Gestalt und Erfahrung ihrer Vorfahren ein. Die Erbanlagen, in der DNS der Gene festgelegt, können das Schaltsystem beeinflussen, aber die Gestalt und die Instinkte der Organismen werden nicht in der DNS vererbt – ebensowenig wie die Leute auf den Bildschirmen nicht in den Kabeln und Transistoren eines Fernsehgerätes enthalten sind. Ein Fernsehgerät mit den richtigen Anschlüssen ist natürlich die Voraussetzung für die Einstimmung; aber die Faktoren, die das Bild entstehen lassen, sind außerhalb des Gerätes zu suchen.

Genauso könnte das Gehirn als ein kompliziertes Schaltsystem betrachtet werden; im speziellen läßt es sich sogar auf die Einflüsse seiner eigenen Vergangenheit einstellen. Diese Vorstellung der Erinnerung weicht ganz von der konventionellen mechanischen Theorie ab, welche besagt, daß alle geistigen Prozesse von chemisch-physikalischen Veränderungen im Gehirn abhängen müssen: Vielleicht sind Erinnerungen schließlich doch nicht als Spuren im Nervengewebe gespeichert, sondern werden vom Gehirn, wenn es sich auf die formende Resonanz seiner eigenen vergangenen Zustände einstellt, aufgegriffen.

Materialisten argumentieren oft, die Tatsache, daß Geisteszustände durch chemisch-physikalische Veränderungen im Hirn beeinflußt werden können, zeigt auf, daß sie nur eine Folge von Hirnaktivität sind. Wenn man zum Beispiel sehr kleine Mengen an halluzinogenen Drogen wie LSD zu sich nimmt, kann es sehr dramatische Folgen haben.

Diese Tatsachen schließen nicht ein, daß bewußte Erfahrung nur auf Veränderungen im Körper beruht. Nehmen wir wieder die Analogie mit dem Fernsehgerät: Das Bild auf dem Bildschirm kann dadurch beeinträchtigt werden, wenn man die Kabel im Apparat durcheinanderbringt – oder, in diesem Fall, chemische Reaktionen auszulösen versucht. Aber das soll nicht heißen, daß die Bilder im Apparat entstehen oder daß die Handlung auf dem Bildschirm nur ein Aspekt von dem ist, was drinnen vor sich geht. Sie sind zwar vom

Fernsehgerät abhängig, aber sie sind auch darauf angewiesen, was die Leute im Fernsehstudio machen und von den elektromagnetischen Wellen, durch die das Geschehen im Studio übertragen wird. Wenn der Apparat schwer beschädigt ist und kein Bild mehr auf der Bildfläche zu sehen ist, geht das Geschehen im Studio trotzdem seinen gewohnten Lauf; die Zuschauer am Bildschirm sind deswegen nicht zerstört, nur weil der Fernsehapparat „gestorben" ist.

Um zu zeigen, wie Geisteszustände von den Geschehnissen im Hirn abhängen und umgekehrt, soll eine andere Analogie anhand eines Piloten veranschaulichen. Während dem Flug richtet sich das Verhalten des Piloten danach, wie er die Angaben auf den vielen Skalen des Cockpits interpretiert, die an Instrumente an den verschiedensten Stellen des Flugzeuges angeschlossen sind. Er ist auch empfänglich für alles, was er um sich am Himmel wahrnimmt, und läßt auch nicht die Funkmeldungen der Boden-Luft-Verkehrskontrollen außer acht. Umgekehrt bestimmt das Verhalten des Piloten die Triebkraft des Flugzeuges und die Mechanismen, die der Änderung der Flugrichtung und Flughöhe dienen. Aber ungeachtet der Tatsache, daß Veränderungen im Flugzeug das Verhalten des Piloten und ihn selbst beeinflussen und Reaktionen des Piloten sich auf das Flugzeug auswirken, handelt es sich dabei nicht um ein und dasselbe. Wenn der Pilot das Flugzeug zur Landung gebracht hat, kann er unbesorgt aussteigen; und sollte die Maschine aufgrund eines Schadens ins Trudeln kommen und abstürzen, kann der Pilot mit einem Fallschirm abspringen.

Auf ähnliche Weise kann das Bewußtsein den Körper im Wachzustand kontrollieren und wird umgekehrt von den Vorgängen im Körper, der Außenwelt und von dem, was die anderen Leute sagen, beeinflußt. Aber im Schlaf- und Traumzustand ist der Geist wahrscheinlich nicht so eng mit den Körperzuständen verbunden. Nehmen wir auf die Flugzeug-Analogie Bezug, dann entsprechen dem Schlaf- und Traumzustand das Flugzeug auf dem Boden, wenn die Maschinen vielleicht schon laufen oder noch abgeschaltet sind; unter diesen Umständen kann sich der Pilot vom Cockpit beziehungsweise von allen Kontrollsystemen entfernen, im Flugzeug herumspazieren oder es sogar verlassen. Aber selbst im Flug braucht der Zustand des Piloten nicht immer eng mit dem des Flugzeuges verbunden zu sein: Er könnte die Steuerautomatik einschalten und selbst entweder mit den anderen Crewmitgliedern plaudern oder ein Buch lesen. Ähnlich verhält es sich mit dem Wachzustand; da muß der Geist nicht immer so eng – wie normal – mit dem Zustand des Körpers verbunden sein, wie zum Beispiel bei Wachträumen oder bei Gedankenversunkenheit.

Eine zweite Analogie soll für die Behauptung – daß der Geist und das Gehirn eng miteinander verknüpft sind, ohne daß sie ein und dasselbe Ding sind – hergestellt werden, eine Erklärung bieten. Das Gehirn könnte mit einem komplizierten Computer verglichen werden, wie es die Materialisten selbst gerne tun. Er kann nichts selbständig hervorbringen und nur arbeiten, wenn ihm Programme eingegeben werden. Diese sind nicht Teil seiner elektrischen Leistungen, sondern von einer intelligenten Person geschaffen. Die Handlungen des Programmierers werden von dem, was der Computer ausspuckt, beeinflußt, und dieser wiederum arbeitet nach den eingegebenen Programmen.

Die Vorstellung, daß das bewußte Ich und der Körper miteinander in Wechselbeziehung stehen, ohne aber dabei bloß Aspekte desselben Dinges zu sein, ist als Dualismus oder Interaktionismus bekannt. Die meisten großen Philosophen seit Plato haben diese Anschauung vertreten. Sir Karl Popper, eine namhafte Autorität auf dem Gebiet der Wissenschaftsphilosophie, dessen Theorien aber auch angefochten wurden, und Sir John Eccles, ein berühmter Hirnspezialist, waren allerdings mit ihrem gemeinsamen Buch *The self and its brain* richtungweisend. Gleichzeitig aber verteidigen die materialistischen Philosophen weiterhin ihre Theorie, daß der Geist nur ein Aspekt der Hirnarbeit sei, und folglich ist kein Ende der Diskussion absehbar.

Vielleicht liegt die Anziehungskraft des Materialismus hauptsächlich darin begründet, daß er eine Weltanschauung bietet, die sowohl in ihrem Vokabular als auch was die physikalischen Gesetze betrifft, einfach

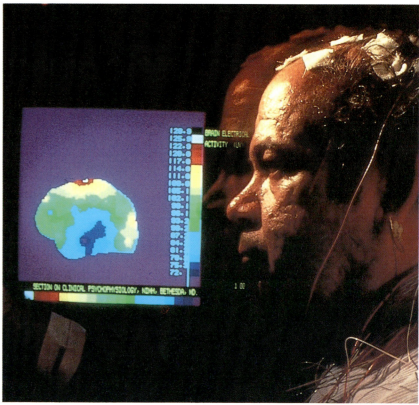

Oben: Das Foto zeigt die Gehirntätigkeit in Reaktion auf eine elektrische Reizung des rechten Arms. Nach Ansicht der Materialisten ist der Geist nichts als ein Produkt der Gehirntätigkeit.

Unten links: Der Pilot arbeitet sehr eng mit seiner Maschine zusammen, doch der Mann und die Maschine sind natürlich nicht dasselbe.

und einleuchtend erscheint. Demzufolge wird die Behauptung aufgestellt, daß es nur eine Art von Wirklichkeit gäbe, die man mit wissenschaftlichen Instrumenten auf materielle Weise nachweisen und messen kann. Die materialistische Weltanschauung verwirft die Möglichkeit der Existenz Gottes und lehnt alle religiösen Glaubensrichtungen ab, die ein Leben nach dem Tod postulieren. Obwohl diese Philosophie einen gewissen intellektuellen Anstrich hat, erhebt sich die Frage, ob sie sich mit dem, was die Dinge wirklich sind, deckt, oder handelt es sich dabei um eine krasse Vereinfachung?

In bezug auf die Behauptung des Materialismus,

Gehirn verfügt. Der Arzt des jungen Mannes bemerkte, daß er einen etwas größeren Kopf als normal hatte, und verwies ihn aus reinem Interesse an Lorber. „Als wir eine Ultraschallaufnahme von seinem Hirn machten", fuhr Lorber fort, „sahen wir, daß er, anstatt des normalen 4,5 Zentimeter dicken Gehirngewebes zwischen den Hirnkammern und der kortikalen Oberfläche, nur über eine dünne Deckschicht von ungefähr einem Zentimeter verfügte."

Bezüglich der Frage eines möglichen persönlichen Überlebens des körperlichen Todes steht die materialistische Theorie mit dem Beweismaterial von spiritistischen Phänomenen, Erinnerungen von vergangenen Leben – was auf alle Fälle auf Reinkarnation hindeutet – und die scheinbare Trennbarkeit des Bewußtseinszentrums vom Körper bei außerkörperlichen Erfahrungen – besonders bei solchen, die Leute knapp vor ihrem Tod machen – im Konflikt. Selbst wenn manche dieser Tatsachen eher durch Telepathie, Hellseherei oder vorherigem Wissen als durch das Überleben des bewußten Ich oder der Seele erklärt werden können, würde es bedeuten, daß, wenn man die Existenz solcher parapsychologischer Kräfte anerkennt, der Geist über Kräfte verfügt, die außerhalb der physikalischen Erkenntnis liegen. Da alle diese Beweise über den Bereich der konventionellen Wissenschaft hinausgehen, bleibt den Materialisten nichts anderes übrig, als sie zu ignorieren oder abzulehnen.

Es gibt keinen überzeugenden logischen, philosophischen Grund, warum wir die materialistische Theorie, daß der Geist nur ein Aspekt der Gehirnarbeit sei, annehmen sollten. Die Vorstellung, daß der Geist mit dem Körper in Wechselbeziehung steht, scheint eher von konkreter Erfahrung zu zeugen – und es läßt die Möglichkeit eines bewußten Überlebens des Todes offen.

daß der Geist und das Gehirn identisch seien oder der Geist ein passiver Schatten der Gehirnarbeit, gibt es kein Beweismaterial für den Materialismus, das nicht auch genauso, wenn nicht besser, mit Hilfe der Interaktionstheorie erklärt werden könnte. Einige sehr peinliche Tatsachen lassen sogar darauf schließen, daß die Rolle des Gehirns weit überschätzt worden sei. Es ist schon lange bekannt, daß Leute mit einem Wasserkopf – mit Wasser in ihren Hirnhöhlen – eine stark reduzierte Masse von Gehirngewebe aufweisen: Der Schädel ist hauptsächlich mit Wasser ausgefüllt. Trotzdem können sie ganz normal sein.

Sind unsere Gehirne notwendig?

Untersuchungen von Menschen, die Professor John Lorber von der Sheffield-Universität mit Gewebs-Ultraschall-Methoden durchführte, veranlaßten ihn in der 1982 veröffentlichten Arbeit folgende Fragen aufzuwerfen: Ist ihr Gehirn wirklich notwendig? Er berichtete von folgendem Fall: Es gibt einen jungen Studenten an dieser Universität, der einen IQ von 126 hat, seinen akademischen Grad im Bereich der Mathematik mit Auszeichnung erwarb und sich gesellschaftlich auch ganz normal verhält. Und das, obwohl er über fast kein

Oben: Ein Operator gibt eine „Floppy Disk" – welche Informationen speichert – einem Mikrocomputer ein. Materialisten machen uns gerne verständlich, daß das Gehirn mit einem gigantischen Computer verglichen werden könne; aber ein Computer ist nichts ohne sein Programm, das von einem intelligenten Menschen eigens für ihn geschaffen wurde.

Links: Ein römisches Mosaik der neun Musen. Die Töchter von Zeus und Mnemosyne verkörperten alle Aspekte der schönen Künste. Die alten Griechen und Römer vermeinten den Ursprung für die schöpferische Inspiration in ihren Göttinnen gefunden zu haben – nicht im Kopf des Menschen.

SPIRITUELLE REISEN

Beschreibungen des Todes in alten Texten lesen sich häufig sehr ähnlich wie „Out-of-the-body"-Erfahrungen – das Erlebnis, außerhalb seines eigenen Körpers zu stehen –, abgekürzt als „OOBEs". Professor Arthur Ellison beschreibt seine Erfahrung einer astralen Reise.

Man glaubt oft, daß für denjenigen, der eine OOBE macht, keine Zweifel über ein Leben nach dem Tode bestehen; und daß eine solche Erfahrung eine Art kleinen Tod darstelle, aber mit der Option auf eine Rückkehr in den Körper. Bestimmte Passagen der religiösen Literatur scheinen die Ähnlichkeit von Tod und OOBE zu bestätigen. So können Teile der Bibel so verstanden werden, als würde der Tod beschrieben als Abreißen einer silbernen Schnur, die den „anderen" Leib mit dem physischen Leib verbindet. In Ekkl. 12 finden wir: „Erinnere Dich Deines Schöpfers in den Tagen Deiner Jugend, bevor die schlimmen Tage anbrachen … bevor die silberne Schnur zerschnitten ist und die goldene Schale zerbrochen."

Die Pioniere der okkulten Literatur des 19. und 20. Jahrhunderts griffen diese Stellen auf, wie auch ähnliche Passagen der alten Hinduliteratur, z. B. der Upanischaden, um die Bedeutung ihrer eigenen OOBEs ins Licht zu setzen. Diese schlossen häufig die Existenz der Seele in einem anderen Leib ein, der aus einer anderen, feinstofflichen Substanz besteht, die der westlichen Wissenschaft unbekannt ist, und der sich aus der Verbindung mit dem physischen Leib löst, um von ihm wegzureisen.

Bis vor ein paar Jahren dachte ich, daß eine OOBE ein Erlebnis von großer Bedeutung wäre, bei der man z. B. tote Verwandte wiedersähe, sich mit ihnen unterhalten könne und Informationen mit zurückbrächte, die man überprüfen könnte, um der Frage eines Lebens nach dem Tode näher zu kommen.

In diesem Sinne versuchte ich intensiv, auf verschiedene Weise eine OOBE herbeizuführen. Ein Buch von S. Muldoon und H. Carrington, *The Projection of the Astral Body* (Die Projektion des Astralkörpers), beschreibt verschiedene Methoden, eine „astrale Projektion" zu bewirken, wie die OOBE damals genannt wurde. Alle beinhalteten, daß man im Bett auf dem Rücken liegt und den Willen und die Einbildungskraft auf verschiedene Weise benutzt. Das Prinzip besteht darin, den Griff des physischen Leibes auf den Astralleib zu lockern, indem man sich z. B. in seinem Astralleib vorstellt und ihn bewußt um eine Achse vom Kopf zu den Füßen drehen läßt und zuerst die Decke betrachtet, dann die Wand, dann den Fuß-

boden und die andere Wand. (Wenn Sie es versuchen, werden Sie sehen, daß es nicht einfach ist.) Ein anderer Weg ist, sich einzureden, daß man bei Eintritt des Schlafes erhoben wird und man an einem bestimmten Punkt eines Traumes in der astralen Welt erwacht. Eine dritter Weg besteht darin, durstig zu Bett zu gehen und sich vorzustellen, wie man in die Küche geht, um ein Glas Wasser zu trinken und sich so zu programmieren, daß man in der astralen Projektion aufwacht, wenn man den Wasserhahn erreicht hat.

Einen Monat lang probierte ich diese Methoden jeden Abend eine Stunde lang aus. Schließlich hatte ich Erfolg! Das erste Anzeichen war, daß ich mich, wie im Buch beschrieben, in einem kataleptischen Zustand befand – unfähig, einen Muskel zu rühren. Dies war nach Muldoon und Carrington der normale Vorbote des Erlebnisses. Ich benutzte meinen Willen – oder vielleicht war es meine Einbildung –, um aufwärts zu schweben, und diese Erfahrung war faszinierend. Ich fühlte mich, als sei ich im Schlamm am Grund eines Flusses eingegraben und als ob das Wasser langsam in diesem Schlamm eindränge und ihn auflöse, so daß ich nach und im Wasser nach oben getragen wurde. Langsam schwebte ich aufwärts, immer noch kataleptisch, wie ein Luftschiff, das von seinen Haltetauen losgebunden wird. Ich erreichte die Decke und glitt

*Die Trauer, **ein Gemälde von George Elgar Hicks**, links, zeigt trauernde Eltern mit dem Leichnam ihrer Tochter, während deren Seele – die stark an den Astralleib erinnert, den Menschen mit OOBEs beschreiben – zum Himmel aufsteigt. In William Blakes Illustration zu Robert Graves Gedicht* The Grave (Das Grab), *oben, ist die Seele des Sterbenden interessanterweise weiblich. Der Text zu dieser Stelle lautet sinngemäß: „Wie sehnsüchtig sie blickt/ auf alles, was sie nun verläßt."*

durch sie hindurch in die Dunkelheit des Dachstuhls. Dann durchbrach ich die Dachziegel, und Himmel, Wolken und Mond wurden sichtbar. In dem Maße, wie ich meinen Willen (oder meine Einbildung) anstrengte, stieg ich schneller auf zum Himmel. Bis zum heutigen Tag habe ich eine deutliche Erinnerung an den Wind, der durch mein Haar strich. Von dem Augenblick an, an dem ich ins Bett ging, bis zu diesem Punkt im Himmel gab es keine Unterbrechung der Bewußtseinstätigkeit. Mit einem Mal brach jedoch alles zusammen, und ich befand mich wieder im Bett. Ich machte sofort vollständige und detaillierte Notizen, und dabei fiel mir ein, daß ich bei einem französischen Schriftsteller gelesen hatte, daß zu den Erfahrungen der Yogis auch die Reise zum Himmel gehört.

Die silberne Schnur

Bei längerem Nachdenken schien es als Experiment jedoch recht nutzlos zu sein. Jeder vernünftige Mensch würde sagen, daß ich das Ganze geträumt habe. So beschloß ich, daß es das nächste Mal ganz anders sein sollte – und das wurde es auch! Im Buch stand, daß die Katalepsie verschwinden würde, wenn die Loslösung vom physischen Leib über den „Wirkungsbereich der Schnur" hinaus gediehen sei, und der losgelöste Astralleib könne sich frei bewegen. Dies heißt nach Muldoon, daß der Abstand zwischen physischem und astralem Leib so groß ist, daß die silberne Schnur, die sie verbindet, auf den Durchmesser eines feinen Seidenfadens reduziert ist. Die Lebenskräfte (was immer das sein mag), die durch diese Schnur fließen, wären dann so schwach, daß die Katalepsie verschwände. Dann wäre es z. B. möglich, in die Stadt zu gehen, ein Schaufenster, das man noch nie zuvor gesehen hat, anzuschauen, sich den Inhalt zu merken, in seinen Körper zurückzukehren, alles niederzuschreiben und am nächsten Tag die Beschreibung zu überprüfen. Wenn dies funktioniert, würde bestimmt niemand behaupten, daß diese Erfahrung nur geträumt wäre – insbesondere, wenn man den Kontrollpersonen die Beschreibung vor der Prüfung übergäbe, oder noch besser, wenn sie selber das Fenster ausgewählt hätten, das man beschreiben solle!

So versuchte ich es noch einmal. Diesmal dauerte es nur drei oder vier Nächte, bis es funktionierte. Ich beendete diesmal die vertikale Bewegung in Höhe der Zimmerdecke und schwebte, immer noch in kataleptischer Starre, horizontal mit den Füßen voran auf das Fenster zu. Nachdem ich es passiert hatte, versuchte ich in einem sanften Bogen auf den Rasen zu gelangen. Dort würde ich, so hoffte ich zumindest, außerhalb des Wirkungsbereichs der Schnur sein, und konnte dann anfangen, endgültig Klarheit zu gewinnen. Es kam jedoch anders als gedacht. Als ich das Fenster hinter mir ließ und auf den Rasen hinunter wollte,

machte ich eine der merkwürdigsten Erfahrungen. Ich fühlte, wie zwei Hände meinen Kopf über den Ohren ergriffen und mich, immer noch kataleptisch, zurück in meinen Körper beförderten. Ich hörte keinen Laut und sah auch nichts.

Diese Erlebnisse fanden in den fünfziger Jahren statt, und seitdem habe ich eine Menge gelernt. Zunächst, daß man sich, wenn man im Bett auf dem Rücken liegt und sich auf eine Sache konzentriert, in eine autohypnotische Trance versetzen kann, und ich bin überzeugt, daß das bei mir der Fall war. Dann, so, wie ich es erwartete, verlief die Erfahrung, wie im Buch beschrieben, und ich fiel in einen kataleptischen Zustand. Wenn ich dies nicht von Anfang an angenommen hätte, wäre es wahrscheinlich anders gekommen. Drittens stellte sich auch meine Erwartung, vertikal nach oben zu schweben, prompt ein. Personen mit anderen Erwartungen fallen dagegen nicht in einen kataleptischen Zustand und verlassen ihren Körper in horizontaler Richtung, durch den Kopf oder seitwärts. Die Suggestion, daß eine bereitwillige Versuchsperson sich in einem feinstofflichen Leib in verschiedenen nahen oder fernen Teilen der materiellen Welt bewegen werde, wird in einer genügend tiefen Trance diesen Effekt auch herbeiführen. Viele Menschen können ein OOBE auch infolge einer Suggestion unter Hypnose haben. Aber sehen sie wirklich die normale, materielle Welt? Da sie sie nicht durch ihre körperlichen Augen sehen, ist das unmöglich. Aber was erfahren sie? Anscheinend erleben sie eine verdichtete Erinnerung der materiellen Welt; aber könnte es nicht doch etwas anderes sein?

Denn manchmal stimmt die materielle Welt in der OOBE nicht mit der Wirklichkeit überein. Es können symbolische Zusätze auftauchen, so z. B. Gitterstäbe vor dem Fenster, um ein Entkommen zu verhindern, oder die Gegenstände beginnen zu leuchten. Muldoon meint sogar, daß man von einem normalen Traum in der Projektion aufwachen könne, wenn man eine Unstimmigkeit in der Umgebung bemerkt: so z. B., daß die Pflastersteine nicht in der gewohnten Richtung angeordnet sind.

Alles dies, so schrieb Eileen Garrett, war völlig korrekt.

Robert Monroe, ein amerikanischer Geschäftsmann machte ebenfalls regelmäßig OOBEs. Eine besonders auffällige Episode war eine Projektion an den ihm unbekannten Aufenthaltsort einer Freundin, die sich dort mit zwei Mädchen unterhielt. Er fand heraus, daß er die Aufmerksamkeit der Freundin erregen konnte, und sie teilte ihm (auf geistigem Weg) mit, daß sie um seine Anwesenheit wisse, unterhielt sich dabei aber weiter. Sie sagte ihm zwar, daß sie sich an seinen Besuch erinnern würde; er kniff sie aber dennoch in die Hüfte, ohne zu erwarten, daß sie es spürte. Zu seiner Überraschung schrie sie auf. Nach der Episode, als sie wieder zu Hause war, fragte sie Monroe, was sie zur Zeit seiner Projektion gemacht habe. Sie beschrieb genau, was er beobachtet hatte, erinnerte sich aber nicht an seinen „Besuch". Ärgerlich fragte er: „Hast du denn nicht gemerkt, daß ich dich gekniffen habe?" Sehr überrascht antwortete sie, daß sie es durchaus gemerkt habe, sich aber nicht erklären konnte, was geschehen sei.

Ein interessantes Merkmal einiger OOBEs von Monroe war, daß er sich teilweise oder vollständig als „jemand anders" fühlte. Dies unterscheidet sich deutlich von dem, was andere Personen von der Erfahrung des dualen Bewußtseins – d. h. des Bewußtseins sowohl der „projizierten" wie der zurückbleibenden physischen Existenz – berichten, die häufig sogar Unterhaltungen zwischen beiden Existenzen erwähnen.

Eine doppelte Projektion

Einer der bekanntesten Fälle einer „normalen Projektion" in eine „verdoppelte materielle Welt" wird von dem berühmten Medium Eileen Garrett in ihrer Autobiographie beschrieben. Ihr „Double" wurde aus einem Zimmer in New York nach Neufundland projiziert, in das Haus des Arztes, der das Experiment auch entworfen hatte. Sie konnte den Garten, das Meer, die Blumen und das Haus „sehen", das Salz in der Luft riechen und die Vögel singen hören. Sie war sich völlig bewußt, daß ihr physischer Leib sich in dem Zimmer in New York befand und sich dort mit den Beobachtern des Tests unterhalten konnte. Sie betrat das Haus und sah den Arzt die Stufen herabsteigen und in sein Behandlungszimmer gehen. Er war ebenfalls ein Medium, und er schien ihre Anwesenheit zu bemerken. Nach seinen Anweisungen beschrieb sie die Gegenstände auf seinem Tisch für die Beobachter in New York, ebenso einen Verband um den Kopf des Arztes; er erklärte ihr daß er an demselben Morgen einen Unfall gehabt hatte. Er ging dann zu seinem Bücherregal, und sie erkannte telepathisch, daß er an ein Buch von Einstein dachte. Er zog es heraus, hielt es hoch, so daß sie den Titel sehen konnte, und las dann lautlos einen Abschnitt, den er zufällig ausgewählt hatte. All dies wurde in New York protokolliert und abends per Post nach Neufundland geschickt.

Am nächsten Morgen traf ein Telegramm des Arztes ein, das den Unfall beschrieb, der sich vor dem Experiment ereignet hatte und der den Verband erklärte.

Oben: Die Miniatur eines indischen Bhagavata Purana aus dem frühen 19. Jahrhundert schildert die Geschichte von Usha. Bei ihren spontanen „Traumflügen" erhielt sie Informationen, die sich später an den von ihr beschriebenen Plätzen nachprüfen ließen.

Rechts: Dieses Bild zeigt den „kausalen Körper eines Arhat" als Illustration zu C. W. Leadbeaters **Man Visible and Invisible.** *Leadbeater zufolge haben wir außer dem physischen Körper noch mindestens drei weitere, den emotionalen, den mentalen und den spirituellen.*

Die Leiden Christi und sein Tod stehen im Mittelpunkt des christlichen Glaubens. Was wäre, wenn er nun nicht am Kreuz gestorben ist, sondern geheiratet und Kinder gezeugt hat? Leben vielleicht heute noch Nachfahren Christi unter uns?

Die Entdeckung geheimer Dokumente und eines Schatzes – manche behaupten, auch der mumifizierten Gebeine Christi – in Rennes-le-Château in Südwestfrankreich haben einen armen Dorfpfarrer zum Millionär gemacht. Der Fund löste eine Kette von weiteren Entdeckungen und Hinweisen aus, die, wenn sie wahr sind, zweifellos zur aufsehenerregendsten Offenbarung in der Geschichte des Christentums führen.

Die Suche nach den Hinweisen, die zu dieser erstaunlichen Entdeckung führten, wurden von Michel Baigent, Richard Leigh und Henry Lincoln in ihrem Bestseller *The Holy Blood and the Holy Grail* beschrieben. Die Leser reagierten darauf entweder hellauf begeistert oder total ablehnend. Erwartungsgemäß wurde das Werk von den geltenden Kritikern als blühende Phantasiegeschichte abgetan, die sich auf nichts als fadenscheinige Hinweise stützte. Diese Verurteilung ist jedoch nicht nur ungerecht, sondern auch nachweislich falsch. Die vielen Beweise, die die Autoren sorgfältig zusammengetragen haben, lassen sich nicht so einfach beiseite scheiben. Die weitreichende Bedeutung des umfangreichen Beweismaterials wurde von vielen Leuten offenbar erheblich unterschätzt.

Die Autoren des Buches *The Holy Blood and the Holy Grail* lüften ein mächtiges, altes Weltgeheimnis und liefern Beweise für die Existenz einer weitverzweigten geheimen Gemeinschaft, die bis zum heutigen Tage großen Einfluß ausübt. Den Ausgangspunkt der Nachforschungen bilden unermeßliche verborgene Schätze, und die Schlußfolgerung der Autoren besagt, daß Jesus Christus Maria Magdalena heiratete und

DAS KÖNIGSHAUS CHRISTI

Von links nach rechts: Richard Leigh, Henry Lincoln und Michael Baigent behaupten in ihrem Buch The Holy Blood and the Holy Grail, daß sich die Nachfahren Christi zu gegebener Zeit erheben und die Geschicke der Regierungen in Europa, vielleicht sogar der ganzen Welt, in die Hand nehmen werden.

Kinder zeugte. Die Nachfahren dieser Kinder, so die Autoren, haben sich mit Königen und Herrschern ihrer damaligen Zeit vermählt, insbesondere mit den Merowingern, dem ersten Königsgeschlecht der Franken in Gallien. Direkte Nachkommen dieser Herrscher leben noch heute und warten auf die Berufung – oder die Gelegenheit –, in der Politik Europas, möglicherweise sogar der Welt, eine führende Rolle zu übernehmen.

Die Verbindung zwischen diesem königlichen Blut und dem Heiligen Gral im Titel des Buches ergibt sich

> „ES LIEGT NICHT IN UNSERER ABSICHT, DAS EVANGELIUM IN VERRUF ZU BRINGEN. WIR HABEN NUR VERSUCHT, ES ETWAS ZU SICHTEN – BESTIMMTE FRAGMENTE MÖGLICHER ODER WAHRSCHEINLICHER WAHRHEITEN ZU FINDEN, OHNE DAS GANZE AUSSCHMÜCKENDE DRUMHERUM, MIT DEM MAN ES UMRANKT HAT."
>
> **Baigent, Leigh und Lincoln, The Holy Blood and the Holy Grail**

aus einem Wortspiel. Der Gral ist ein komplexer, mysteriöser Begriff. In den verschiedenen Sagen und Erzählungen taucht er als Stein mit wunderbaren Kräften, aber auch als Gefäß zur Aufbewahrung von heiligen Reliquien auf. Am häufigsten gilt der Gral als die Abendmahlschüssel Christi und zugleich als das

Gefäß, in dem das Blut Christi aufgefangen wurde, als er am Kreuz hing. In den frühesten Fassungen der Sage heißt er *Sangraal*, später bezeichnete ihn Sir Thomas Malory in seinem Prosawerk als *Sangreal*. Nach Baigent, Leigh und Lincoln muß eine dieser Bezeichnungen – *Sangraal* oder *Sangreal* – dem ursprünglichen Begriff am nächsten kommen. Sie teilten den Begriff in zwei sinnvolle Einzelwörter und schlossen daraus, daß die ursprüngliche Bezeichnung vielleicht nicht *San Gral* oder *San Greal* lautete – was übersetzt Heiliger Gral hieße –, sondern vielmehr *Sang Raal* beziehungsweise *Sang Réal* oder, um die moderne französische Schreibweise zu benutzen, *Sang Royal* – königliches Blut. In der Legende gelangt also demnach nicht ein toter Gegenstand von Judäa

Die Autoren des Buches The Holy Blood and the Holy Grail *behaupten, daß der Templerorden – ein einflußreicher und kämpferischer Ritterorden, der von 1124 bis 1370 bestand (rechts ein Mitglied) – nur der militaristische Flügel einer noch mächtigeren Organisation war, des Priorats von Zion, die die Interessen der Nachfahren Christi wahrten.*

nach Europa, sondern es ist die Geschichte der Ankunft der Nachfahren von Jesus und Maria Magdalena in Frankreich, Träger des königlichen Blutes, eben des *Sang Réal*.

Dies ist zumindest eine höchst beeindruckende Hypothese. Die Behauptung, daß noch heute lebende Nachfahren Christi unter uns weilen, entbehrt jedoch einer sicheren Grundlage. Es ist unwahrscheinlich, daß in den vielen, vielen Generationen, die seit Jesu Tod gelebt haben, nicht der eine oder andere Nachfolger versucht gewesen wäre, hervorzutreten und zu sagen: „Ich bin ein direkter Nachfahre von Jesus Christus." 2000 Jahre lang hat es in den Überlieferungen keinerlei Hinweise über eine solche Nachkommenschaft gegeben. Selbst wenn Baigent, Leigh und Lincoln mit ihrer Annahme recht haben, daß noch heute Nachfahren Christi leben, liegt hinter all ihren Anhaltspunkten vielleicht ein zentrales Geheimnis, das noch viel allumfassender ist und wesentlich weiter zurückreicht. Die christliche Botschaft und die damit verknüpften Geschehnisse könnten möglicherweise nur ein einziges (wenn auch sehr bedeutsames) Puzzlesteinchen innerhalb eines großen, universalen Mysteriums darstellen.

Nach Baigent, Leigh und Lincoln war der Templerorden einer der wichtigsten Hüter dieses Geheimnis-

> „WENN JESUS TATSÄCHLICH MIT MARIA MAGDALENA VERHEIRATET WAR, KÖNNTE EINE SOLCHE EHE NICHT EINEM BESTIMMTEN ZWECK GEDIENT HABEN? … VERBIRGT SICH DAHINTER VIELLEICHT IRGENDEINE DYNASTISCHE VERBINDUNG VON POLITISCHER TRAGWEITE UND AUSWIRKUNG? KÖNNTE DIE NACHKOMMENSCHAFT, DIE DIESER EHE ENTSPRANG, NICHT MIT VOLLEM RECHT ANSPRUCH AUF DIE BEZEICHNUNG ‚HEILIGES BLUT' ERHOBEN HABEN?"
>
> **Baigent, Leigh und Lincoln,
> The Holy Blood and the Holy Grail**

MARIA MAGDALENA – DIE BRAUT CHRISTI?

War Jesus verheiratet? Nach dem Buch *The Holy Blood and the Holy Grail* der Autoren Baigent, Leigh und Lincoln deuten die Evangelien darauf hin, daß dem so war.

Die Autoren führen in ihrem Werk insbesondere das erste Wunder Christi an, die Verwandlung von Wasser in Wein bei der Hochzeit zu Kana (Johannes 2,1–13). Das Evangelium besagt, daß Jesus und seine Mutter Maria zu einer Landhochzeit geladen – oder „gerufen" – wurden. Aus irgendeinem Grund, auf den im Text nicht eingegangen wird, bittet Maria Jesus darum, den Wein nachzufüllen – etwas, was in aller Regel die Aufgabe des Gastgebers oder der Familie des Bräutigams war. „Und da es an Wein gebrach, spricht die Mutter Jesu zu ihm: Sie haben nicht Wein." Warum sollte sie dies tun, so die Autoren, wenn es nicht Jesus eigene Hochzeit war? Unmittelbar nach der wundersamen Verwandlung von Wasser in Wein „ruft der Speisemeister den *Bräutigam* und spricht zu ihm: ‚Jedermann gibt zuerst den guten Wein und, wenn sie trunken geworden sind, alsdann den geringern; du hast den guten Wein bisher behalten'" (Hervorhebung von den Verfassern). Was das bedeutet, liegt für viele auf der Hand: Es handelt sich um Christus eigene Vermählung. Wenn dies zutrifft, dann stellt sich sofort die Frage: Wer war seine Frau? Aus den Evangelien des Markus, Matthäus und Lukas ergeben sich zwei mögliche Kandidatinnen: Maria Magdalena und Maria aus Bethanien – möglicherweise ein und dieselbe Frau.

Untermauert wird diese Theorie durch einige der Apokryphen, Zusatzschriften zum Alten und

Oben: Christus und Maria Magdalena. Sind hier in Wahrheit Ehemann und Ehefrau dargestellt?

Neuen Testament, die in der frühen Geschichte von der Kirche abgelehnt wurden. Im *Marienevangelium* beispielsweise will Petrus von Maria Magdalena wissen, warum der Heiland sie mehr liebte als alle anderen Frauen. Petrus bittet Maria Magdalena, ihm von den Worten des Heilands zu erzählen, an die sie sich erinnerte und die nur sie kannte. Anschließend beklagt sich Petrus bei den anderen Jüngern und fragt sich, warum Jesus mit einer Frau vertraulich gesprochen hat, den Jüngern gegenüber aber nicht offen war? Er überlegt, ob sich die Jünger nun vielleicht ihr zuwenden und zuhören sollten? Ihn quält die Frage, ob Jesus Maria Magdalena den Jüngern vorgezogen hat. An einer späteren Stelle in den Apokryphen wird Petrus von einem Jünger beschwichtigt, der ihm erklärt, daß der Heiland Maria Magdalena mehr liebte als die Jünger selbst, weil er sie sehr gut kannte. Die *Apostelakte des Phillipus* wird hier noch deutlicher. Hier ist die Rede davon, daß Maria Magdalena die Gefährtin des Heilands war, die er mehr liebte als alle seine Jünger und oft auf den Mund küßte.

Gegen Ende dieses Evangeliums, so Baigent, Leigh und Lincoln, gibt es noch eine weitere bedeutsame Textstelle. Für jeden, der die Heiligen Schriften wörtlich nimmt und als gültigen Beweis akzeptiert, ist damit jeglicher Irrtum ausgeschlossen. An dieser Stelle ist von dem Sohn des Mannes und dem Sohn des Sohnes des Mannes die Rede. Der Herr sei der Sohn des Mannes, und der Sohn des Sohnes des Mannes sei derjenige, der vom Sohn des Mannes erschaffen wurde.

ses. Dieser geistliche Ritterorden wurde um 1120 zum Schutz der Jerusalempilger gegründet. Die Templer errangen schnell große militärische Macht und Reichtum. Ihr Aufstieg fand jedoch ein jähes Ende, als auf Befehl von König Philipp IV. in der Nacht vom Freitag, dem 13. Oktober 1307, alle Templer in Frankreich verhaftet wurden. Es folgten Prozesse und Todesstrafen. Durch ein Papstedikt von 1312 wurde der Orden schließlich offiziell aufgelöst.

Die Autoren von *The Holy Blood and the Holy Grail* haben Dokumente entdeckt, aus denen hervorgeht, daß die Templer in Wirklichkeit ein kämpferischer Flügel einer noch älteren, geheimnisumwobenen Gemeinschaft waren, dem Priorat von Zion – einer Gemeinschaft, die zum Schutze und zur Wahrung der Interessen der direkten Nachfahren Christi gegründet wurde und angeblich bis heute fortbesteht. Zu ihren Führern sollen im Laufe der Jahrhunderte auch Leonardo da Vinci, Sandro Filipepi (besser bekannt unter

dem Namen Botticelli), Isaac Newton, Victor Hugo und Claude Debussy gezählt haben, nebst verschiedenen, offenbar weniger illustren französischen Aristokraten.

Ablehnung des Kreuzes

Während der Prozesse gegen die Templer im Jahre 1308 sagte ein Ordensritter aus, daß man ihm bei seiner Einführung in den Orden ein Kruzifix gezeigt und dazu gesagt hatte: „Glaube nicht daran, denn es ist zu jung." Einem anderen sagte man: „Christus war ein falscher Prophet", und wieder anderen: „Glaube nicht daran, daß der Mann Jesus, den die Juden in Outremer (Palästina) kreuzigten, dich erretten kann." Neben derlei direkten Anklagen verfolgte man die Templer wegen Ketzerei und unreligiöser Taten gegen das Kreuz. In diesem Zusammenhang erscheint es vielleicht bedeutsam, daß der Künstler Jean Cocteau, der nach Debussy das Priorat von Zion geleitet haben soll, bei der Ausschmückung der Londoner Kirche *Notre Dame de France* im Jahre 1960 sich selbst mit dem Rücken zum Kreuz gewandt darstellte und am Fuße des Kreuzes eine riesige Rose malte, die als ein sehr altes, mystisches Symbol gilt.

Baigent, Leigh und Lincoln räumen ein, daß es für

Unten: Dieses Gefäß – hier auf einer Abendmahl-Darstellung eines unbekannten Malers aus dem 15. Jahrhundert im Kloster des hl. Neophytos auf Zypern – gilt als der Heilige Gral, in dem nach der Legende das Blut Christi am Kreuz aufgefangen wurde. Die Autoren des Buches The Holy Blood and the Holy Grail *sind jedoch der Überzeugung, daß die Legenden um den Heiligen Gral auf etwas ganz anderes hindeuten – die Heilige Blutlinie, d. h. die Familie von Christus.*

Rechts: Papst Johannes XXIII. nahm den gleichen Namen an wie ein Gegenpapst aus dem 15. Jahrhundert. Es wurde behauptet, daß er dem Priorat von Zion wohlgesonnen oder sogar ein Mitglied dieser Gemeinschaft war.

die Ablehnung der Kreuzigung seitens des Templerordens keine schlüssige Erklärung gibt. Sie scheinen aber nicht bemerkt zu haben, daß ihre eigenen Überlegungen in diesem Zusammenhang einen erheblichen Schwachpunkt aufweisen. Wenn die Templer und ihre Anhänger die Kreuzigung verleugnen (aus welchem Grund auch immer), warum sollten sie sich als Hüter des Geheimnisses um die Nachfahren Christi berufen fühlen und diese wieder an die Macht bringen wollen? Hier scheint ein beachtlicher Anachronismus vorzuliegen. Eine mögliche Erklärung, die die Autoren später selbst nachlieferten, besagt, daß ein ganz anderer am Kreuz starb, während der „echte" Jesus entkam. Und wie steht es mit der Aussage, daß das Kruzifix zu jung sei, um ein Objekt der Verehrung sein zu können? Es gibt indessen eine Menge verschiedener Hinweise darauf, daß die Templer ein ganz anderes Anliegen hatten, das viel weiter in die Vergangenheit zurückreichte – und ein noch viel größeres Geheimnis barg.

Die katholische Kirche warf den Templern unter anderem vor, daß sie daran glaubten, die bärtigen Köpfe und Schädel, die sie in Geheimritualen verehrten, verfügten über die Macht, Bäume erblühen zu lassen und das Land fruchtbar zu machen. Letzteres scheint auf den ersten Blick harmlos, läßt jedoch eine enge Verknüpfung der Praktiken und Gebräuche der Templer mit alten und vorchristlichen Fruchtbarkeitsreligionen erkennen.

Verrat und Niedergang

Die Machenschaften des Templerordens wurden an die Inquisition verraten, und am Freitag, dem 13. Oktober 1307, wurden in Frankreich alle Mitglieder verhaftet. Im Mittelalter spielte die Numerologie eine große Rolle, daher kann dieses Datum eine bestimmte Bedeutung haben. Aber selbst wenn den Angreifern derlei Aberglauben ferngelegen war – für andere hatte diese Zahl vielleicht eine Bedeutung: Nach Baigent, Leigh und Lincoln hatte es jemanden gegeben, der den Niedergang der Tempelritter nicht nur auf diese Weise vorbereitete, sondern ihnen auch im voraus eine Warnung zukommen

Rechts: Auf diesem Wandfresko, das Jean Cocteau (oben), angeblich der Großmeister des Priorats von Zion von 1918 bis 1963, für die Kirche Notre Dame de France in London gestaltete, hat sich der Künstler selbst mit dem Rücken zum Kreuz dargestellt.

ließ, so daß die Templer die meisten ihrer Aufzeichnungen rechtzeitig vernichten und ihre Schätze und heiligen Reliquien (darunter, wie viele glauben, das Grabtuch von Turin und den mumifizierten Schädel Christi) in Sicherheit bringen konnten.

Die Zahl 13 spielt in dem von Baigent, Leigh und Lincoln enthüllten Geheimnis eine vorherrschende Rolle. Aus alten Aufzeichnungen geht hervor, daß dem Priorat von Zion zwischen 1637 und 1654 der Großmeister J. Valentin Andreä vorstand. Etwa zu Beginn dieses Jahrhunderts hatte sich in Europa eine mysteriöse Geistesströmung manifestiert – die Bruderschaft der Rosenkreuzer, die behaupteten, im Besitz gewisser spiritueller Wahrheiten zu sein. Andreä selbst war überzeugter Rosenkreuzer. Obwohl er wußte, daß seit etwa 200 Jahren jegliche Art von Häresie von der Kirche strengstens bestraft wurde, gründete Andreä in Europa ein Netz halbgeheimer Gemeinschaften, die sogenannten Christlichen Unionen, die das Wissen, das für die orthodoxe Kirche als ketzerisch galt, bewahren sollten. Den Vorstand jeder dieser Unionen hatte ein anonymer „Prinz", dem zwölf Anhänger zur Seite standen. Diese Personenkonstellation erinnert stark an einen Hexensabbat – 12 Männer oder Frauen, die von einem Vertrauten oder einem gerade Eingeweihten geleitet werden – oder auch an Jesus und seine 12 Jünger.

Ein weiterer faszinierender Aspekt, den Baigent, Leigh und Lincoln in ihrem Buch lieferten, betrifft Papst Johannes XXIII. Daß dieser nach seiner Wahl 1959 den Namen Johannes annahm, erstaunt insofern, als es bereits im 15. Jahrhundert einen Gegenpapst beziehungsweise einen Bewerber um das Papat gegeben hatte, der ebenfalls den Namen Johannes XXIII. trug. Nach dem Tode des Papstes unserer Zeit kursierten Gerüchte, daß er ein Mitglied der Rosenkreuzer und des Priorats von Zion gewesen war. Hatte er sich den Namen Johannes zugelegt, weil dies auch der Vorname von Jean Cocteau war, dem damaligen Großmeister von Zion?

Unten: Pierre Plantard de Saint-Clair, der am 17. Januar 1981 angeblich zum Großmeister des Priorats von Zion gewählt wurde, soll ein Nachfahre Christi sein.

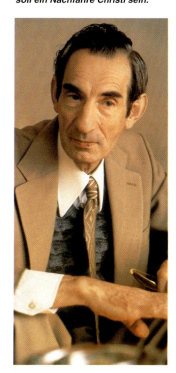

Angesichts einer weiteren Tatsache gewinnt diese Namensgleichheit noch mehr an Bedeutung. Nach einer Verfügung des modernen Papstes Johannes durften künftig auch Katholiken in die Freimaurerloge eintreten – bisher war dies vom Vatikan strikt abgelehnt worden. Die Freimaurer behaupten, sie seien direkte Nachfahren der Tempelritter und auch der Mitglieder von Gemeinschaften wie der Christlichen Unionen. Darüber hinaus verkündete Papst Johannes XXIII., wesentlich bei der Kreuzigung sei nicht die Wiederauferstehung, sondern das von Christus vergossene Blut. Diese Verkündung läßt uns natürlich sofort wieder an den Heiligen Gral denken – das Gefäß, in dem nach weitverbreiteter Auffassung das Blut Christi am Kreuz aufgefangen wurde. Baigent, Leigh und Lincoln interpretieren das Blut Christi allerdings im Sinne von Blutlinie und damit als Nachfahren von Christus. Hinweise wie dieser führen dazu, daß die Frage nach der Existenz eines „königlichen Hauses Jesu" auch künftig zum Nachdenken anregen wird.

„DIE FREIMAURER BEHAUPTEN,
SIE SEIEN DIREKTE NACHFAHREN
DER TEMPELRITTER."

Könnte das UFO-Phänomen seine Wurzeln in der traumatischen Erfahrung der menschlichen Geburt haben, und ist diese Hypothese überprüfbar?

ENTFÜHRUNGEN:
DIE HINTERGRÜNDE

Indianische Schamanen glaubten, sie könnten von der Erde in andere Welten über einen „kosmischen Pfeiler" reisen, oft symbolisiert durch einen Pfahl oder einen Baum. So wählte z. B. Black Elk von den Oglala-Sioux häufig einen Platz bei einem Baum für seine Trancen aus. Dann pflegte ihn ein spiritueller Führer in Gestalt eines Vogels durch eine tunnelartige

Unten: Der indianische Medizinmann auf dem Weg in die Trance. Schamanen – oben Black Elk von den Oglala-Sioux – erlebten regelmäßig etwas ganz Ähnliches wie die Berichte von Entführungen durch UFOs.

Öffnung nach oben in ein „flammendes Regenbogen-Tipi" zu führen, in dem Black Elk eine Gruppe von „Großvätern" traf und sich mit ihnen unterhielt. An diesem Punkt war der Schamane häufig gezwungen, eine schmerzhafte Zerstückelung über sich ergehen zu lassen – ein Dämon entfernte jedes Organ, jeden Knochen und alle Blutzellen aus seinem Körper. Aber alles pflegte dann wieder zusammengesetzt zu werden, nachdem es gereinigt und gesäubert worden war, so daß der Schamane physisch und geistig wiedergeboren wurde und mit erneuerten spirituellen Energien zu seinem Volk zurückkehrte. Manchmal kehrte Black Elk auf einer „kleinen Wolke" zurück. „Entführungs"geschichten wie diese gibt es schon seit langem, und sie weisen außerordentliche Parallelen zu Erzählungen über Entführungen durch UFOs auf, gerade in ihrer Ähnlichkeit zu den Umständen der menschlichen Geburt.

Die Vertreter der These, daß UFO-Entführungen auf außerirdische Wesen, parallele Universen oder andere exotische Ursprünge verweisen, müssen dann nicht nur das Fehlen unzweideutiger materieller Beweise erklären, sondern auch die Analogie von Episoden und Bildern, die von den „Entführten" berichtet werden, zu verschiedenen, ganz offensichtlich psychologischen Prozessen wie drogeninduzierten Halluzinationen, Nahtoderlebnissen, religiösen und mystischen Ekstasen und, wie wir gesehen haben, auch den Trancezuständen der Schamanen.

Jeder von uns hat ein Geburtstrauma erlebt. Das universelle Phänomen der Geburt ist völlig frei von kulturellen Einflüssen – denn wir erleben es, bevor wir irgendeiner kulturellen Prägung unterworfen sind –, und es ist, so weit wir wissen, eines der ersten bedeutsamen Ereignisse, die von Menschen bewußt erfahren werden. Wenn auch die Feststellung wichtig ist, daß die kausale Verbindung zwischen den Vorgängen der biologischen Geburt und spezifischen Bildern erst noch gefunden werden muß, sieht es dennoch so aus, als hätten wir im Geburtstrauma eine zentrale Erfahrung, die sehr wohl als Quelle einer ganzen Anzahl von Bildern dienen kann – einschließlich derer, die von den angeblichen Opfern von Entführungen durch außerirdische Kreaturen beschrieben werden. Daß die Geburtserfahrung für jeden mehr oder weniger gleich ist, könnte die Ähnlichkeit der Entführungsberichte in der

Als Betty Andreasson am 25. Januar 1967 von ihrem Wohnort Ashburnham in Massachusetts entführt wurde, saß sie plötzlich auf einem Plastikstuhl in einem Überzug, der mit einer grauen Flüssigkeit gefüllt war. Wenn sie ihre Augen schloß, spürte sie angenehme Vibrationen und wurde mit einer süßen Flüssigkeit durch einen Schlauch in ihrem Mund ernährt. Das ganze Erlebnis scheint die klassische Reflektion von guten Erfahrungen im Mutterleib zu sein.

> „BETTY SCHWEBTE DIE MEISTE ZEIT AN BORD DES UFOS VON EINEM GEBÄRMUTTERARTIGEN RAUM IN DEN NÄCHSTEN, DURCH TUNNEL ODER MIT AUFZÜGEN, DIE ALLE AN DEN GEBURTSKANAL ERINNERTEN."

ganzen Welt erklären. Die Tatsache wiederum, daß keine zwei Geburten absolut identisch verlaufen, könnte ein Grund für die subtilen Differenzen sein.

Ein klassischer Entführungsfall kann diese Hypothese illustrieren. Gegen 19.00 Uhr am 7. Januar 1967 wurde Betty Andreasson aus South Ashburnham im US-Bundesstaat Massachusetts angeblich aus ihrem Wohnzimmer von einer Gruppe von Außerirdischen entführt. Die Entführung begann mit einem hellen Licht, das außerhalb ihre Hauses erschien, woraufhin kurz darauf eine Gruppe von ca. 1,20 m großen Wesen auftauchte. Sie kommunizierten mit Betty und verbrachten sie in ein wartendes Fahrzeug, wo sie untersucht und dann in eine Flüssigkeit gelegt wurde. Offensichtlich sollte sie mit auf die Reise in das Reich der Außerirdischen genommen werden. Auf dem Höhepunkt ihres Abenteuers bemerkte sie einen großen Vogel, der zu ihr sprach und dann wie ein Phönix in Flammen aufging – was Betty als überzeugte Christin religiös interpretierte. Sie hörte eine Stimme, von der sie glaubte, daß sie von Gott käme und die sprach: „Ich habe dich erwählt, um dich der Welt zu zeigen", wohl wegen ihres festen Glaubens. Danach brachten ihre Entführer sie wieder sicher nach Hause. Die angebliche Entführung dauerte drei Stunden und 40 Minuten.

Der Andreasson-Fall ist nützlich, weil er gründlich von einer Gruppe von Ufologen untersucht wurde. Die Hauptzeugin galt als zuverlässig, und die Details des Falles sind typisch für die gesamten Entführungsberichte. Darüber hinaus konnte Betty als begabte Künstlerin viele Skizzen von ihrem Abenteuer anfertigen. Kurz, die Andreassonsche Begegnung der dritten Art ist zuverlässiger und detaillierter belegt als jeder andere Entführungsfall. Gleichzeitig weist er einen Reichtum an Bildern und Begebenheiten auf, die mit Geburt zusammenhängen, die auch eine nichtphysikalische oder gar eine psychologische Erklärung der UFO-Entführungen überhaupt unterstützen würden. Bettys Humanoiden gehörten der fötalen Variante an: Sie hatten eine graue Haut, übergroße Köpfe, unterentwickelte Nasen, Augen und Münder; andererseits benahmen sie sich wie Erscheinungen, die durch geschlossene Türen gehen und

sich willkürlich materialisieren konnten. Der Anführer konnte sogar seine Gesichtszüge verändern, so daß er bei seiner letzten Begegnung mit Betty sogar noch mehr einem Fötus glich.

Die Episode, die am engsten mit perinatalen Bildern verbunden ist, spielte sich in dem zylindrischen Raum ab, in dem Betty in einem durchsichtigen Plastiksessel mit eingeschlossen war, den ihre Entführer mit einer grauen Flüssigkeit füllten. Sie atmete durch durchsichtige Röhren in Nasenlöchern und Mund. Eine telepathische Stimme sagte ihr dann, sie möge die Augen schließen. Plötzlich fühlt sie angenehme Vibrationen, die Flüssigkeit pulsierte, und sie wurde mit einer süß schmeckenden Substanz durch die Röhre in ihrem Mund gefüttert. Sie schwebte zufrieden in der wogenden Flüssigkeit und hatte den Eindruck, langsam eins mit ihr zu werden. Nach einiger Zeit wurde die Flüssigkeit abgelassen und Betty herausgenommen.

Ähnlichkeiten zum Uterus

Der zylindrische Raum ist nur eine der Parallelen zum Uterus in Bettys Erzählung; der transparente Sessel erinnert an die Fruchtblase, in dem Betty schwamm wie ein Embryo; die graue Flüssigkeit an das Frucht-

Unten: Der Garten der Lüste *von Hieronymus Bosch zeigt eine Art Paradies, das mit vielen UFO-Entführungen das positive Erlebnis des Mutterleibs gemeinsam hat – ein angenehmer Schwebezustand in einem durchsichtigen Sack oder Beutel.*

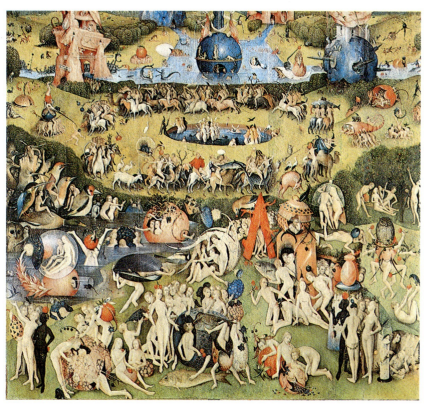

es in meinen Nabel! O nein, ich mag das nicht … ich fühle, wie er das Ding in meinem Bauch herumbewegt … Oh, er drückt es noch einmal rein, er sucht und fühlt nach irgendwas bei mir da drin mit seiner Nadel …"

Betty wurde von den Außerirdischen informiert, daß die „Nabelprobe" ein Test für ihre „Zeugung" wäre und daß ihrzufolge „ein paar Teile fehlen". Betty war kurz vorher der Uterus entfernt worden, und sie durchlebte offensichtlich noch einmal ihre eigene medizinische Geschichte. Normalerweise taucht der Nabel in solchen Entführungsgeschichten als Analogie zur Nabelschnur auf. Die Außerirdischen sagten, daß sie auf diese Weise etwas aufwecken wollten – vielleicht eine Anspielung auf Tod und Wiedergeburt, die in Bettys Fall ganz klar von dem Phönix verkörpert wird.

In Bettys Vision entsprang der Asche des Phönix ein Wurm. Im gleichen Augenblick passierten zwei Dinge, die beide aus perinatalen Zusammenhängen wohlbekannt sind: Sie fühlte ein schauderndes Frösteln, während sie noch kurz vorher über große Hitze klagte; und

wasser; die Atem- und Futterröhren an die Nabelschnur. Das beruhigende Wogen und Vibrieren gemahnt an die „guten" Erfahrungen im Uterus, während Bettys Kopfschmerzen dagegen ein Zeichen für den Beginn des mühevollen und schmerzlichen Teils des Geburtsvorgangs sein können.

Betty schwebte die meiste Zeit an Bord des UFO von einem gebärmutterartigen Raum in den nächsten, durch Tunnel oder mit Aufzügen, die alle an den Geburtskanal erinnerten. Die Tunnel waren unterschiedlich lang, aber sie endeten meist in Türöffnungen, die in hell erleuchtete, überkuppelte Räume führten; dort wurde sie ausgezogen, untersucht und gereinigt. Die Türöffnungen erinnerten an den Gebärmutterhals; beim Näherkommen schienen sie sich mit einem sanften Geräusch zu teilen und danach wieder zu schließen, ohne eine Spur zu hinterlassen.

Während der medizinischen Untersuchung, der man Betty angeblich in einem großen hellen Raum unterzog, führten die Außerirdischen Röhren mit Nadeln an der Spitze durch ihre Nasenlöcher und ihren Nabel ein. Als sie später unter Hypnose befragt wurde, wiederholte sie ihre Erfahrung bis in die Einzelheiten:

„Ich kann fühlen, wie er das Ding bewegt … er sticht

Unter Hypnose fertigten drei angeblich von UFOs entführte Frauen aus Kentucky zwei Zeichnungen an. Die eine, ganz oben, zeigt eine Frau auf einem Untersuchungstisch, die von einigen Humanoiden examiniert wird, die andere erinnert an ein riesiges Auge, ein Symbol für das universale Bewußtsein, das vielfach mit Ruheperioden im Mutterleib verbunden wird.

dies war ebenfalls „das Schlimmste, was ich je erlebte". Es sieht also so aus, als ob die Hypothese vom Geburtstrauma wirklich stimmig wäre. Aber ist die Behauptung, daß alle Entführungserzählungen notwendig ein Wiedererleben dieses Traumas sind, wirklich korrekt? Selbst wenn das zutrifft, so entwertet dies dennoch nicht das Erlebnis, noch beweist es, daß sich diese Entführungen ausschließlich im Kopf abgespielt haben. Es schließt aber ein, daß das UFO-Phänomen durchaus eine ganz bestimmte Form der Halluzination im menschlichen Geist anregt. Die Natur des Phänomens bleibt jedoch weiterhin unklar.

MULTIPLIKATIONSEFFEKTE

Wie Robert Shealler in seinem Buch *The UFO Verdict* darlegt, pflegen Erzählungen von Entführungserlebnissen zur Folge zu haben, daß sich die Anzahl der bekanntgewordenen Fälle drastisch erhöht. Ganz besonders zahlreiche Berichte wurden nach der Fernsehsendung am 20. Oktober 1975 einer Verfilmung des wohlbekannten Entführungsfalles Hill registriert, der sich in der Nähe der White Mountains in New Hampshire ereignet hatte.
Es ist besonders interessant, daß manche dieser Sichtungen und die Erfahrung der Zeitlücken als solche erst nach dieser Verfilmung unter dem Titel *Der UFO-Zwischenfall* erkannt wurden. Im Fall der Mrs. Sarah Larson aus Fargo in North Dakota wurden sie, ihre Tochter und ein Freund regelrecht se-

ziert wie Frösche im Labor, aber dann wieder von ihren außerirdischen Entführern zusammengesetzt – ähnliches war dem indianische Schamanen Black Elk widerfahren.
Manche Personen bestritten zuerst, die Fernsehsendung gesehen zu haben und davon beeinflußt zu sein, aber die nachträglichen Befragungen ergaben ein anderes Bild. So wurden in der Tat unbewußt Einzelheiten angeglichen und in individuelle Erzählungen eingearbeitet, seien sie nun echt oder erfunden. Ein Memorandum des Verteidigungsministeriums vom November 1975 stellt fest: „Seit dem 28. Oktober 1975 erhielt das Combat Operation Center zahlreiche Berichte über verdächtige Objekte." Dies war exakt acht Tage nach der Ausstrahlung des Films.

Als Kind wurde Ruth von ihrem Vater brutal sexuell mißbraucht. Jahre später wiederholte sich ihr Leiden, als sie von Halluzinationen verfolgt wurde. Dieser Fall bietet einen einzigartigen Einblick in die wahre Natur unserer Realität.

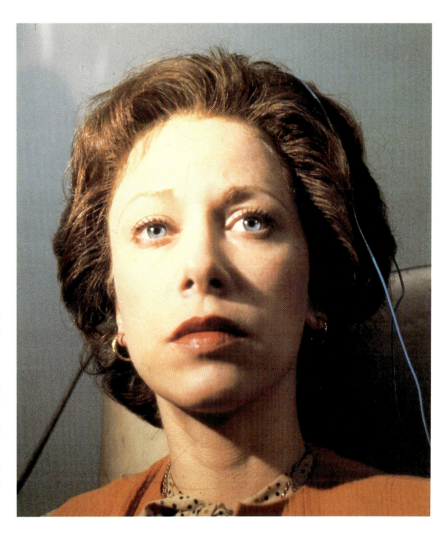

Was ist die „Wirklichkeit", und wo beginnt die Illusion? Für die Wissenschaftler existiert real nur das, was wahrnehmbar, meßbar und beobachtbar ist. Aus diesen Wahrnehmungen werden Folgerungen gezogen und entsprechende Naturgesetze aufgestellt. Ein geistig gesunder Mensch vermag zumeist problemlos zwischen Phantasie und „realen" Geschehnissen zu unterscheiden.

Es ist jedoch wissenschaftlich erwiesen, daß es Dinge gibt, die zwar real existieren, von unseren fünf Sinnen aber nicht erfaßbar sind, wie z. B. Töne, die so hoch sind, daß sie für das menschliche Ohr unhörbar sind. Möglicherweise gibt es sogar noch eine weitere Form von „Realität", basierend auf den Erlebnissen, die Menschen in Ekstase haben. Tatsache ist, daß be-

VON HALLUZINATIONEN VERFOLGT

Oben: Die Schauspielerin Connie Booth spielte 1982 die Hauptrolle in dem BBC-Dokumentarfilm The Story of Ruth. *Ruth, eine Amerikanerin, lebte mit ihrem Ehemann Paul in London. Eine Frau von durchschnittlicher Intelligenz und vollkommen normal, bis auf die immer wiederkehrende, leibhaftige Halluzination von ihrem Vater. Links: Der Film beschreibt die Qualen der Erinnerung an die sexuellen Belästigungen, die die zehnjährige Ruth erleiden mußte.*

stimmte sinnliche Wahrnehmungen die Grundlage dessen bilden, was wir gemeinhin als „vernünftig" bezeichnen. Für die meisten von uns sitzt eine Katze sicherlich auf dem Sofa und nicht umgekehrt.

Was geschieht jedoch, wenn uns der Geist nun aber im Stich läßt, und zwar nicht nur in Form alltäglicher Irrtümer, sondern durch eine vollkommen falsche Interpretation der Informationen, die ihm von den Sinnesorganen zugetragen werden? Um einen solchen Fall handelt es sich bei Sybil Isabel Dorsett, die in sechzehn Persönlichkeiten unterschiedlichen Charakters gespalten war und sich im Spiegel abwechselnd als elegante Blondine, als hochgewachsene, schlanke Rothaarige, als verschüchterte Aschblonde, als kleinwüchsige Brünette, ja sogar als Mann mit braunen Augen erblickte. Sie paßte sogar ihre Kleidung der jeweiligen Person an, die ihrem „echten", sichtbaren Selbst überhaupt nicht entsprach. Sobald dann eine andere Persönlichkeit in ihren Körper schlüpfte, zeigte sich diese sehr erstaunt über die unpassende Garderobe.

Ganz anders gelagert ist der Fall von Ruth, einer 25jährigen Amerikanerin, verheiratet mit Paul, drei Kinder und Patientin des Psychiaters Dr. Morton Schatzman. Er hat ihre Erlebnisse in einem Buch mit dem Titel *Die Geschichte von Ruth* festgehalten, die

1982 von der BBC für das Fernsehen bearbeitet wurden.

Ruth hatte Dr. Schatzman ihre Probleme anfangs folgendermaßen geschildert: Sie empfand ihren ehelichen Verkehr als „schmutzig", fürchtete sich vor Türen, mied Gesellschaft und geriet in Menschenmengen leicht in Panik. Sie haßte es, einkaufen zu gehen, hatte keinen Appetit, empfand Abneigung gegen ihre Kinder und hatte das Gefühl, daß ihr Kopf bald explodiert. Sie war die zweitjüngste von vier Geschwistern. Bei der Geburt ihres jüngsten Bruders war sie zehn Jahre alt. In dieser Zeit versuchte der Vater, Ruth zu vergewaltigen, was ihm beinahe gelang. Die Tatsache, daß er Alkoholiker und rauschgiftabhängig war, macht Ruths Darstellung glaubwürdig. Auch war er als gewalttätig bekannt. Einmal hatte er sogar ein Gewehr auf Ruth angelegt und sie nur knapp verfehlt. Wegen Scheckbetrugs mußte er eine Zeitlang ins Gefängnis und wurde auch in eine Nervenheilanstalt eingeliefert.

Haß und Ekel

Ruth erzählte ihrer Mutter von dem Vorfall, aber sie glaubte ihr nicht und steckte sie sofort in ein Kinderheim, wohin sie jedesmal zurückmußte, wenn ihr Vater die Familie wieder einmal verließ. Ruth heiratete mit 17 und gründete ihren eigenen Hausstand. Ihrem Vater gegenüber empfand sie nur noch Haß und Ekel.

Sie verschwieg Dr. Schatzman, daß sie ihren Vater fast täglich als Halluzination wahrnahm und er ihr wie eine Person aus Fleisch und Blut erschien. Diese Sinnestäuschungen hatten ein Jahr nach der Geburt ihres ersten Kindes eingesetzt. Manchmal überlagerte sein Gesicht das ihres Mannes oder des Babys, und selbst wenn sie ihn nicht sah, spürte sie seine Gegenwart im Haus. Sie hatte das Gefühl, daß er sie in den Selbstmord treiben wollte. Einmal saß er bei einem Essen mitten in der Runde ihrer Freunde – so leibhaftig, daß sie ihm glattweg eine Tasse Kaffee angeboten hätte, wäre sie daheim gewesen. Ein andermal saß er zwischen zwei Besuchern und nahm aktiv an dem Gespräch teil, was außer ihr freilich niemand beobachten konnte.

> „BEIM VIERTEN MAL SAH SIE EINEN MANN VOR SICH IM ZUG, DER SICH IN IHREN VATER VERWANDELTE. SIE BEKAM ES MIT DER ANGST. ALS SIE AN IHRER HALTESTELLE AUSSTIEG, FOLGTE IHR DER MANN."
>
> **Dr. Morton Schatzman**

Unten: Viele Legenden erzählen von unglücklichen Menschen, die von paranormalen Wesen, Geistern und vielleicht auch Halluzinationen verfolgt wurden, die vielfach totale Macht über sie gewannen. In einem bekannten griechischen Mythos wurde Orest von den Erinyen verfolgt. Ruths Vater war seiner Tochter gegenüber ebenso erbarmungslos wie diese Furien. Er verspottete sie, wenn sie Furcht hatte, pirschte sich hinterrücks an sie heran oder tauchte plötzlich in einer Runde von Freunden auf. Er verfolgte sie deshalb, so glaubte sie, weil er sie seiner Meinung nach „als Kind nicht genügend verletzt hatte".

1979 wurde sie als Patientin in das „Arbours Crisis Centre" eingeliefert, das Dr. Schatzman und seine Kollegen in London gegründet hatten. Auch dort begegnete ihr immer wieder der Vater. Einmal meinte sie zu spüren, wie sich ihr Bett verrückte, als er mit den Füßen dagegentrat. Immer wieder sah sie ihren Vater deutlich vor sich. Sie konnte genau seine Zähne erkennen, hörte ihn lachen und nahm in Anwesenheit des Arztes sogar seinen Körpergeruch wahr.

Schatzman erkannte, daß Ruth durchaus rational dachte. Sie verhielt sich nicht wie eine typische Geisteskranke, und er wußte von Forschungen, die belegen, daß auch in der westlichen Welt bei geistig Gesunden gelegentlich Halluzinationen auftreten. Auch hatte er gelesen, daß für die Senoi, einen malaiischen Volksstamm, Träume eine so wichtige Rolle spielten, daß sie ihren Kindern beibrachten, den Schreckgestalten aus ihren Alpträumen entgegenzutreten, Macht über sie zu gewinnen und sie sich schließlich zunutze zu machen. So schlug er Ruth vor, sie solle diesem Beispiel folgen und der Erscheinung ihres Vaters Einhalt gebieten.

Dies war kein einfaches Unterfangen. Ruth sah, hörte und roch ihren Vater immer wieder, manchmal erschien er ihr auf den Gesichtern völlig Fremder projiziert. Sie hatte das Gefühl, er könne ihre Gedanken lesen, und daß er danach trachtete, Macht über sie zu gewinnen und sie zu beherrschen. Der Arzt riet ihr, die Erscheinung zu verscheuchen, was sie schließlich ab und zu auch schaffte, obwohl danach manchmal noch sein unverwechselbarer Geruch im Zimmer hing.

Vaterfigur

Eine Woche nach ihrer Einlieferung verwandelte sich Paul vor Ruths Augen in ihren Vater. Als ihr Mann sie einmal leicht berührte, hatte sie das Gefühl, als würde ihr jemand die Hand zerquetschen. Sie weigerte sich, in dieser Nacht mit ihrem Mann im gleichen Raum zu schlafen. Am nächsten Tag erschien ihr Vater auf Dr. Schatzmans Gesicht. Der Arzt hatte ihr vorgeschlagen, sie solle ihren Vater auf ihn projizieren, denn sobald etwas „faßbar" wird, verliert es oft seinen Schrek-

Links: Die Schuld in Form einer Erscheinung einer „Frau, der Unrecht zugefügt worden war", soll Lord Lyttleton vor seinem nahen Tode gewarnt haben.

bung verfügte, willentlich Halluzinationen herbeizuführen und wieder verschwinden zu lassen. Aufgrund ihrer Familiengeschichte nahm er an, daß sie diese Gabe wohl geerbt hatte. Als Dr. Schatzman dann für zweieinhalb Wochen verreist war, erschien Ruths Vater mindestens achtmal. Sie hörte das Rascheln seiner Kleider, wie er eine Packung Zigaretten öffnete und wachte davon auf, als er sich auf ihr Bett setzte. Einmal gelang es ihr, ihn zu verscheuchen, das zweite Mal verwirrte sie ihn durch eine beiläufige Bemerkung über den Kaffee, und beim dritten Mal saß sie in der Badewanne und bat ihn um ein Handtuch. Anschließend blieb er ungewöhnlich lang fern. Erst nach 19 Tagen nahm sie ihn wieder im Bett auf Pauls Körper wahr.

Nach seinem Wiederauftauchen schlug Dr. Schatzman vor, Ruth solle versuchen, unter kontrollierten Versuchsbedingungen eine freundlichere Erscheinung herbeizuführen. Nach einigen Bemühungen gelang es Ruth, eine Halluzination ihrer besten Freundin Becky zu projizieren, mit der sie im Geiste Gespräche führte. In der Regel verhielten sich die Erscheinungen normal. Nur gelegentlich konnten sie etwa durch geschlossene Türen gehen. Ruth nahm aber auch die ihre Anwesenheit begleitenden Umstände wahr. So spürte sie den Luftzug, wenn jemand ins Zimmer „trat", und einmal sah sie, wie Becky Zahnpasta auf eine Zahnbürste drückte und ihr diese reichte, obwohl weder die Tür noch die Zahnpastatube oder die Bürste sich tatsächlich bewegten. Ruths Halluzinationen dauerten zwischen wenigen Sekunden und 20 Minuten, und jedesmal war sie danach gleichermaßen aufgeregt wie ausgelaugt. Sie erlebte, daß ihre Erscheinungen über eine eigene Persönlichkeit verfügten: Obwohl sie sie schließlich willentlich kommen und gehen lassen konnte, taten sie nicht immer, was sie von ihnen verlangte.

Als nächstes rief Ruth in Anwesenheit von Dr. Schatzman dessen Doppelgänger hervor, der in einem Sessel links neben dem Arzt saß. Als sich Dr. Schatzman auf den Platz seines Doppelgängers setzte, stand dieser auf und übernahm seinen Platz, und als Dr. Schatzman an ihm vorbeiging, versperrte er Ruth die Sicht auf sein Doppel. Sie beobachtete bei-

ken. Dies würde Ruth beweisen, daß sie nun die Oberhand hatte, denn wenn sie die Erscheinung willkürlich heraufbeschwören konnte, wäre sie auch in der Lage, sie willentlich zu vertreiben. Als ihr dies gelang, bestand Ruths nächster Schritt darin, die Halluzination ohne die Hilfe eines anderen Körpers herbeizuführen und dann kraft ihres Willens wegzuschicken.

Weitere Fortschritte machte Ruth, als es ihr gelang, ihren Vater wieder auf Dr. Schatzman zu projizieren, ihn jedoch dabei andere Kleider tragen zu lassen. Als der Arzt auf sie zutrat, kam die Erscheinung näher, und als Dr. Schatzman ganz leicht seine Hand auf Ruths legte, fühlte sie wieder diesen schmerzhaften Druck. Es gelang ihr, die Trugwahrnehmung zu verscheuchen, allerdings fühlte sie sich danach völlig erschöpft.

Nach elf Tagen wurde Ruth entlassen, und Dr. Schatzman war davon überzeugt, daß sie keineswegs „verrückt" war, sondern offenbar über die Bega-

Unten: In dieser Szene aus der BBC-Verfilmung fühlt sich Ruth von den sexuellen Annäherungsversuchen ihres Mannes Paul (gespielt von Colin Bruce) abgestoßen, weil sie in ihm plötzlich ihren eigenen Vater sah. Im späteren Verlauf ihrer Behandlung fand sie heraus, daß sie in Abwesenheit ihres Mannes nicht nur ein leibhaftiges Abbild von ihm heraufbeschwören, sondern mit dieser Halluzination auch schlafen konnte – und das sexuelle Erlebnis als befriedigend empfand.

„ALS NÄCHSTES RIEF RUTH EINEN DOPPELGÄNGER VON DR. SCHATZMAN HERBEI, DER – IN ANWESENHEIT DES ARZTES – IN EINEM SESSEL LINKS NEBEN IHM SASS. ALS SCHATZMAN AUFSTAND, UM SICH AUF DIESEN PLATZ ZU SETZEN, NAHM DAS PHANTOM SEINEN EIN … SIE KONNTE BEIDE MÄNNER GLEICHZEITIG IN EINEM SPIEGEL BEOBACHTEN."

de Männer gleichzeitig im Spiegel, und als Dr. Schatzman seinen Arm vor sich in die Luft ausstreckte, sah sie ihn mit seinem Doppelgänger tanzen.

Schließlich projizierte Ruth auch eine Erscheinung von sich selbst und kommunizierte mit dieser auf geistiger Ebene. Allerdings empfand sie dieses Erlebnis als äußerst anstrengend. Sie wiederholte das Experiment in Dr. Schatzmans Anwesenheit, die Anspannung verursachte ihr jedoch starkes Herzklopfen und Kopfweh.

Die Welt des Zwielichts

Zu diesem Zeitpunkt war Ruth für Dr. Schatzman in vielerlei Hinsicht keine Patientin mehr, sondern eher eine wissenschaftliche Assistentin. Als sie beschrieb, daß die Beine ihrer Erscheinungen Schatten warfen, wurden Experimente mit Licht und Dunkelheit durchgeführt. In ihren Halluzinationen konnte Ruth Räume erhellen bzw. verdunkeln, konnte aber die Worte auf dem Rücken eines Buches, das in einem real verdunkelten Raum stand, nicht lesen, obwohl sie in ihrer Halluzination den Raum hell erleuchtet sah. Sie konnte um eine Scheinperson herumgehen und sie aus allen Winkeln betrachten, war in der Lage, sie anzufassen und von ihr berührt zu werden. Sie beschrieb die Phantome als etwas kühler als leibhaftige Menschen und erhielt geschriebene Mitteilungen auf Papier. Für Außenstehende deutete jedoch nichts auf die Existenz dieser Gestalten hin. Ihre Phantome erschienen auch nicht auf Fotos von den Sesseln, in denen sie gesessen haben sollten, und auch die von ihr wahrgenommenen Stimmen waren auf Bandaufnahmen nicht nachweisbar. Es handelte sich also eindeutig um Trugbilder ohne objektive Realität.

Dann entdeckte Ruth, daß sie das Bild ihres Vaters auf ihr eigenes Spiegelbild projizieren konnte, wobei Dr. Schatzman in der Nähe war, damit das Phantom „nicht Macht über sie gewinnen konnte". Sie spürte die Empfindungen ihres Vaters, was ihr Angst einflößte.

> „SOBALD DAS GESICHT IHRES VATERS IHR EIGENES ÜBERLAGERTE, KÖNNTE ER MACHT ÜBER SIE GEWINNEN. DESHALB WOLLTE SIE MICH IN DER NÄHE HABEN."
>
> **Dr. Morton Schatzman**

„Er" antwortete auch auf Fragen des Psychiaters und gab dabei Informationen über sich selbst preis. Ruth fühlte sich bei diesen Experimenten äußerst unbehaglich, aber sie wurde von ihrem Vater nicht überwältigt, obgleich sie seine Angst, seinen Zorn und sein sexuelles Begehren intensiv fühlte. Diese Erfahrungen hatten Ähnlichkeit mit mediumistischen Trancezuständen. Ob die vom „Vater" gegebenen Antworten nun stimmten und ob Ruth jemals davon gewußt hatte, konnte allerdings nicht ermittelt werden.

Während einiger solcher Sitzungen traten verschiedene Fakten zutage, die mit der Vorgeschichte ihres Vaters und mit Ruths Kindheit zusammenhingen. Sie schien seine und ihre Emotionen gleichzeitig zu empfinden. Je mehr sie von ihm erfuhr, desto mehr Mitleid verspürte sie für ihn. Schließlich konnte sie seine Erscheinung ohne Hilfe eines Spiegels herbeiführen, mit ihm geistig verschmelzen und trotzdem noch seine Gefühle empfinden. „Je mehr ich mich entspannte", so Ruth, „desto weniger sah ich ihn, und desto mehr wurde ich eins mit ihm." Schatzman konnte über Ruth mit ihm sprechen und erlebte ihn als eine mit der Person des Vaters schlüssige Persönlichkeit, die aber nicht mehr Ruths entsprach. Schatzman stellte Überlegungen an, ob diese möglicherweise einen verborgenen Aspekt von Ruths Persönlichkeit darstellen könnten.

Als Ruth ihren leibhaftigen Vater in den Vereinigten Staaten besuchte, ereignete sich etwas gänzlich Unerwartetes: In ihrem Auto projizierte sie eine Erscheinung von Paul, die offensichtlich auch der Vater wahrnahm. Noch überraschender ist die Tatsache, daß es ihr gelang, „Paul" zweimal während seiner Abwesenheit heraufzubeschwören, mit ihm schlief und dies als außerordentlich befriedigend empfand.

Es gab aber auch Experimente, die mißlangen. Einmal versuchte sie, ein paar neue Slips zu beschreiben, die Paul gekauft hatte, indem sie ihn als nur mit Unterwäsche bekleidetes Scheinbild projizierte, aber ihre Beschreibung stellte sich als falsch heraus. Als sie ein anderes Mal versuchte, von einem Doppelgänger In-

Links oben: Dr. Morton Schatzman, Ruths Psychiater, nahm sich seiner verzweifelten Patientin mit sehr viel Einfühlungsvermögen an. Er schaffte es, daß ihre Halluzinationen schließlich nichts Alptraumhaftes mehr für sie hatten, und half ihr dabei, diese Erscheinungen zu kontrollieren und sogar willkürlich herbeizuführen.

Links: Ruth vertraut sich in dieser Szene aus der BBC-Verfilmung Dr. Schatzman an (gespielt von Peter Whitman).

formationen über Dr. Schatzmans Leben zu erfahren, lag die Trefferquote recht niedrig.

Allmählich zeichneten sich die Grenzen ihrer seltsamen Begabung ab. Allerdings gelang es ihr, von sich selbst eine Doppelgängerin heraufzubeschwören, die ihr halbvergessene Kindheitserinnerungen ins Gedächtnis zurückrief. Dieses Double war möglicherweise nur ein Instrument, mit dessen Hilfe sie unterschwellige Erinnerungen aktivierte. Wie auch immer, die von ihr dabei detailliert beschriebenen Vorfälle aus ihrer Kindheit wurden später zum großen Teil von ihrer Mutter bestätigt. Gelegentlich konnte sie sogar mit ihrer eigenen Doppelgängerin verschmelzen, so daß sie in „Erinnerungstrancen" geriet, die in mancher Hinsicht wie die Trancezustände spiritistischer Medien anmuteten, dann wieder hypnotischen Regressionen ähnel-

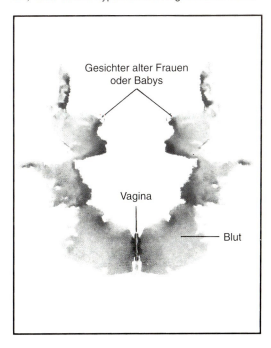

Gesichter alter Frauen
oder Babys

Vagina

Blut

ten. Mit der Zeit lernte sie, diese „Trancetechnik" auch ohne Doppelgängerin einzusetzen, allerdings mußte immer jemand anwesend sein, weil sie sich an diese Erlebnisse später nicht mehr erinnern konnte.

Während dieser Regressionszustände sprach und benahm sich Ruth wie ein Kind oder eine Heranwachsende. In den psychologischen Tests, die dabei durchgeführt wurden, reagierte sie stets wie Mädchen des betreffenden Alters. Dies beweist, daß sie tatsächlich ihre Vergangenheit nacherlebte. Andere Tests zeigten, daß Ruths Sinne (Sehen, Hören) Äußerungen ihrer Phantome genauso wahrnahmen, als handelte es sich um Menschen aus Fleisch und Blut. Aus all dem folgerte Dr. Schatzman, daß Ruth keineswegs „geistesgestört" oder hirngeschädigt war, sondern vielmehr über eine einzigartige kreative Begabung und Projektionsfähigkeit verfügte. Warum traten die Halluzinationen dann erst ab einem bestimmten Zeitpunkt auf? Begonnen hatten sie 1976. Ruths ältere Tochter war damals drei Jahre alt – in diesem Alter war Ruth das erste Mal ins Kinderheim gesteckt worden. Das älteste Kind war sieben – in diesem Alter war ihr Vater damals zurückgekehrt, nachdem er seine Familie zum ersten Mal verlassen hatte. Der Auslöser für ihre Halluzinationen waren möglicherweise diese unterbewußten Kindheitstraumata, in Verbindung mit dem Gefühl der Verlassenheit, die sie empfand, als sie nach ihrer Heirat

Der Rorschachtest ist in der Psychiatrie eine weitverbreitete Methode, um den geistigen Zustand eines Patienten auszuloten. Der Test umfaßt zufällig entstandene, symmetrische Tintenkleckse, die von den Versuchspersonen gedeutet werden. Auch Ruth wurden mehrere solcher Testbilder gezeigt – sowohl als Erwachsene als auch in hypnotischer Regression.

Links: Diese Abbildung wurde Ruth vorgelegt, als sie unter Hypnose in ihre Teenagerzeit zurückgeführt worden war. Sie sah darin die Köpfe zweier Babys, die bluteten. In einer späteren Phase sah sie in demselben Klecks zwei alte Frauen und eine Vagina – eine gängige Interpretation, die jeder von uns sehen könnte.

Rechts: In einem anderen Klecksbild erkannte die unter Hypnose stehende Ruth ein Tier mit gefährlichen Beißzangen – bzw. einen Penis. Auf die Frage, ob sie jemals ihren Vater nackt gesehen hatte, antwortete sie als „Teenager" pikiert: „Nein, niemals. Er hat immer aufgepaßt, daß das nicht passierte." Aus der Hypnose erwacht, meinte Ruth, das sei eine Lüge gewesen: „Immer, wenn er betrunken war, wedelte er mit ihm herum." Aus diesen Sitzungen ließ sich erkennen, daß Ruth als „Teenager" eine große Abneigung gegen Psychiater hegte und sich deshalb absichtlich so unkooperativ wie nur möglich verhielt. Ihre Klecksdeutungen entsprachen jedenfalls ganz sicher keinem kranken Gehirn.

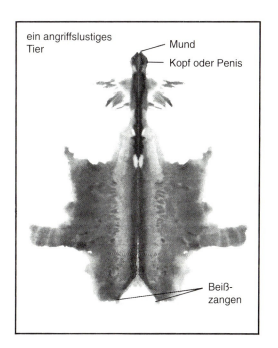

ein angriffslustiges
Tier

Mund

Kopf oder Penis

Beiß-
zangen

nach London übersiedelte und sich dort zunächst fremd fühlte.

Wie erging es Ruth nach der Therapie? Die Halluzinationen dienen ihr heute nur noch zum Zeitvertreib. Wenn sie z. B. lange Strecken im Auto allein unterwegs ist, „holt" sie sich einen Beifahrer zum Unterhalten, und wenn es auf einer Party langweilig zugeht, unterhält sie sich im Geiste mit einem Phantom. Ihre Geschichte ist für die psychologische Forschung von unschätzbarer Bedeutung.

> „ANDERE TESTS ZEIGTEN, DASS RUTHS SINNE (SEHEN, HÖREN) ÄUSSERUNGEN IHRER PHANTOME GENAUSO WAHRNAHMEN, ALS HANDELTE ES SICH UM MENSCHEN AUS FLEISCH UND BLUT. AUS ALL DEM FOLGERTE DR. SCHATZMAN, DASS RUTH KEINESWEGS ‚GEISTESGESTÖRT ODER HIRNGESCHÄDIGT' WAR, SONDERN VIELMEHR ÜBER EINE EINZIGARTIGE BEGABUNG UND PROJEKTIONSFÄHIGKEIT VERFÜGTE."

UNHEIL-BRINGENDE STERNE

Die Vorstellung, daß die Entwicklung des Lebens auf unserer Erde durch Kometen beeinflußt wurde, halten viele für ein Hirngespinst. Eine neue wissenschaftliche Theorie scheint dies aber wieder in den Bereich des Möglichen zu rücken.

Über 2000 Jahre hatte sich die Wissenschaft strikt nach der Lehre des Aristoteles gehalten, wonach kein fester Körper von jenseits ihrer Atmosphäre auf die Erde gelangen könnte. Seine Argumentation beruhte auf philosophischen Prämissen. Jenseits des Mondes, so glaubte Aristoteles, bestand alles aus „purer" Materie, die feinstofflicher war als alles, was es auf der Erde gab. Wie könnten also jemals Steine vom Himmel fallen?

Diese traditionelle Auffassung hielt sich hartnäckig über Jahrhunderte und erstickte jegliche wissenschaftliche Forschung einer anderen Richtung. Noch im 18. Jahrhundert konnte die „Académie Français" mehrere Museen dazu bewegen, ihre Meteoritensammlungen wegzuwerfen, da sie von keinerlei wissenschaftlichem Interesse wären. Gerade aus der wissenschaftlich nicht vorbelasteten Landbevölkerung kamen immer wieder Berichte über Kometensichtungen. Doch die Wissenschaft ignorierte dies einfach, weil ein Zweifel an Aristoteles nie in Erwägung gezogen wurde.

Heute ist die Existenz von Kometen wissenschaftlich erwiesen. Allerdings formulierten die Astronomen Victor Clube und Bill Napier vom „Royal Observatory" von Edingburgh (jetzt Oxford University) vor einigen Jahren eine Theorie über den Ursprung von Kometen, die mindestens ebensoviel Staub aufwirbelte wie seinerzeit die Behauptung, daß „Steine" auf die Erde fallen.

Clube und Napier wiesen darauf hin, daß das Sonnensystem alle 50 Millionen Jahre einmal durch einen der Spiralarme unserer Galaxis reist, wobei es zwangsläufig mit einer der enormen eisigen Staubwolken kollidiert, die sich bekanntermaßen in den

Oben: Eine Computerfotografie des Kometen Bennett.

Ganz oben: Die Astronomen Dr. Victor Clube und Dr. Bill Napier verfechten die Theorie, daß für viele Katastrophen, die im Verlauf der Erdgeschichte auftraten, riesige Kometen verantwortlich waren.

Lücken zwischen den Sternen befinden. Diese Kollisionen führen zum Chaos: Beim Aufeinandertreffen der verschiedenen Schwerkraftfelder werden die Kometen des Sonnensystems umhergeschleudert, und ein neuer Kometenschwarm dringt in das Sonnensystem ein.

Dafür gibt es laut Clube und Napier seit langem einen Beweis. Trifft diese Theorie nämlich zu, müßte das Sonnensystem schon seit geraumer Zeit mit Sternenfragmenten geradezu vollgepackt sein, was auch der Fall ist. Die Planeten wären mit Aufschlagskratern übersät, was auch stimmt. Das Modell von Clube und Napier würde demnach eine der rätselhaftesten Merkmale des Sonnensystems erklären, den Asteroidengürtel zwischen den Umlaufbahnen des Mars und des Jupiter, der aus kleinen, felsigen Körpern besteht. Dieser Asteroidengürtel war lange Zeit Gegenstand höchst spekulativer Theorien über explodierende Planeten, die sich alle als unhaltbar erwiesen. Nach Clube

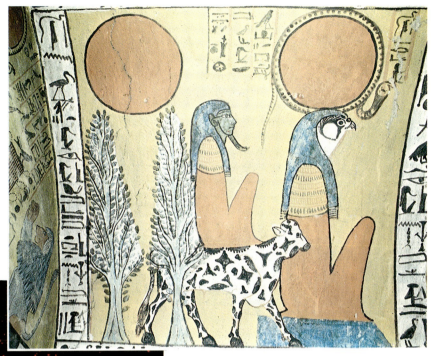

*Oben: Drachen und Schlangen-
wesen, wie sie in dieser
altägyptischen Malerei aus dem
Grab des Sennutem zu erkennen
sind, werden von vielen als
symbolische Darstellungen von
Kometen interpretiert.*

und Napier handelt es sich dabei um eine Art Abfall-
eimer für die Überreste vormaliger und nunmehr aus-
gebrannter Kometenschwärme.

Welche langfristigen Folgen ziehen diese peri-
odisch auftretenden Kometenbombardements nach
sich? Deren sichtbare Auswirkungen lassen angeblich
nur ganz allmählich nach, so daß die Erde noch Tausende von Jahren weiterhin unter „Dauerbeschuß"
dieser extraterrestrischen Flugkörper steht. Den sogenannten Gould-Gürtel, ein spiralförmiges, galaktisches
System, haben wir erst vor 10 Millionen Jahren verlassen, als sich vermutlich gerade unsere humanoiden
Vorfahren entwickelten. Echte menschenähnliche Wesen tauchten etwa vor einer Million Jahren auf, die prähistorischen Höhlenkulturen entstanden vor 50 000
Jahren, und urbane Gesellschaften, die schriftliche
Aufzeichnungen hinterließen, existieren seit etwa
5000 Jahren. Besteht demnach die Möglichkeit, daß
der Mensch das lange Nachspiel des Zusammenpralls
mit einer interstellaren Wolke aus planetaren Bruchstücken erlebt hat?

Clube und Napier sind der Auffassung, daß die Auswirkungen dieser Kollision bis weit in die Frühzeit der
Menschheitsgeschichte bemerkbar gewesen sein
müßten: „Das gegenwärtig gehäufte Auftreten inter-
planetarischer Partikel, Meteorschwärme und Feuerkugeln (große Meteore) … sind Hinweise darauf, daß
es in den letzten tausend Jahren am Himmel äußerst
bewegt zuging." Nach ihren Berechnungen müssen in
den letzten 5000 Jahren mindestens 50 Kometen mit
einem Gesamtgewicht zwischen einer und 1000 Megatonnen auf die Erde aufgeprallt sein. Mit abnehmen-
der Größe dieser Objekte sinkt natürlich auch die
Wahrscheinlichkeit eines Aufpralls. Allerdings ist es
durchaus im Bereich des Möglichen, daß im Verlauf
der Menschheitsgeschichte zumindest ein Himmelskörper auf die Erde niederging, der zwischen 1000 und
10 000 Megatonnen wog. Die Folgen eines solchen
Aufpralls wären katastrophal gewesen: Ein Meteor von
diesem Gewicht könnte ein Gebiet von 2,5 Millionen
Quadratkilometern vollkommen zerstören und ver-
strahlen.

Clube und Napier zeigten aber nicht nur die mathe-
matische Wahrscheinlichkeit einer solchen Begegnung mit einem Kometen auf, sondern versuchten,
den Übeltäter auch zu identifizieren oder zumindest
seine Überreste ausfindig zu machen. Wenn man die
im Universum kreisenden Bruchstücke sorgfältig analysiert, so meinen sie, könnten wir „größere und auf-
schlußreichere Überreste von Kometen rekonstruieren". Der 1978 entdeckte Asteroid Hephaistos hätte
bei einem Aufprall auf die Erde mit seinen zehn Kilometern Durchmesser durchaus zum Aussterben der
Dinosaurier führen können. Auch der Beta-Taurid-
Strom aus kleinen Bruchstücken und ein sterbender
Komet namens Encke kreisen in nahezu derselben
Umlaufbahn, die sehr nah an die Erde heranreicht. Für
Clube und Napier liegt es auf der Hand, daß alle diese
Objekte die ursprünglichen Bestandteile ein und desselben Körpers sind. Aus den vorhandenen Nachwei-
sen entwickelten sie die Theorie, daß „mit großer Si-
cherheit einmal ein 20 Kilometer großer Komet die
Erde umkreiste, der um 2500 v. Chr. auseinander-
brach."

Wie dieser riesige Komet ausgesehen haben könnte, läßt sich theoretisch nachvollziehen. Seine Leuchtkraft „käme fast der des Mondes gleich, auch hätte er
nachts Schatten werfen können. Er wäre als leuch-
tendgelber Lichtfleck erschienen, umgeben von einer
kreisförmigen Koma (Kern), die vermutlich den Vollmond an Größe übertraf, und mit einem Schweif, der
sich über weite Bereiche des Firmaments hinzog."

Dieser ehrfurchtgebietende Anblick und sein Gefol-
ge aus kleineren Kometen, die seine allmähliche Auf-
lösung begleiteten, wäre jahrhundertelang die vorherrschende Himmelserscheinung gewesen.

Parallelen in der Mythologie

Es liegt auf der Hand, warum ein solcher Komet die
ganze Erde hätte vernichten können. Auf seiner Reise
entlang der Erdumlaufbahn wäre er irgendwann aus-
einandergebrochen, und ein wahrer Meteoritenhagel
wäre auf unseren blauen Planeten niedergeprasselt.
Es hätten sich mächtige Feuerkugeln gebildet, und mit
sehr großer Wahrscheinlichkeit wären riesige Bruchstücke davon auf der Erde aufgeschlagen.

Liefern die zeitgenössischen Aufzeichnungen unserer Vorfahren, die Zeugen dieses tödlichen Zusam-
menbruchs gewesen sein müßten, Hinweise auf einen
„Superkometen", wie ihn Clube und Napier annehmen? Die beiden Physiker verweisen hier auf die Mythologie und darauf, daß die Himmelsgötter und
Himmelsdrachen der alten Kulturen durchaus Kometen symbolisieren könnten. Fast alle Legenden erzählen vom Kampf um die Vorherrschaft zwischen der
Sonne und dem regierenden Himmelsgott oder von einer fürchterlichen, vorzeitlichen Drachengestalt. In
Ägypten gab es Ra und Apophis, in Griechenland Zeus
und Typhon, in Babylonien Marduk und Tiamat, und
die Bibel erzählt von Jehova und Rahab. Wenn diese
Legenden auf realen Erscheinungen basieren, würde
das die verblüffenden Übereinstimmungen zwischen
all den vielen Legenden der Alten und Neuen Welt erklären, deren zentrales Thema die Theomachie, der
„Krieg der Götter", darstellt, die durch Schilderungen
von Himmelsschlachten, Erdbeben, Flutwellen, Blut-
regen (roter Staub?), Donnerschlägen und anderen
kataklystischen Ereignissen ausgeschmückt wurden.

Die Kometentheorie verleiht Mythen von weltweiten

Oben: Noah und die Arche – hier eine Darstellung in einem farbigen Glasfenster in einer Kirche in Coignières, Frankreich. Clube und Napier behaupten, daß die Sintflut, wie viele andere in der Bibel beschriebene Katastrophen, durch einen nahe an der Erde vorbeifliegenden Kometen verursacht wurden.

von einem Kometen berichtet, der zu einem Zeitpunkt niederging, der astronomisch wahrscheinlich ist. Als die Israeliten Ägypten verließen, wurden sie von einer „Wolkensäure" geführt, die sich vor ihnen am Himmel erhob und nachts wie ein Feuer leuchtete. Nach der Auswertung der Bewegungen dieser Erscheinung, wie sie im Buch Mose geschildert sind, kamen Clube und Napier zu der Schlußfolgerung, daß es sich hier „eindeutig um die Beschreibung eines riesigen Kometen handelt, der sich in geringer Inklination in einer unmittelbaren Erdumlaufbahn befindet … Falls diese Textstelle frei erfunden ist, müßte man den Verfasser zu seinen hellseherischen Fähigkeiten beglückwünschen."

Die gelungene Verknüpfung alter Quellen mit modernen astronomischen Forschungsergebnissen führte dazu, daß die Theorie von Clube und Napier von den Wissenschaftlern aller davon berührten Disziplinen ernst genommen werden mußten. Es ist jedenfalls zu hoffen, daß ihnen nicht das gleiche Schicksal widerfährt wie Immanuel Velikowsky, einem wissenschaftlichen Außenseiter unseres Jahrhunderts, dessen Arbeit mit fadenscheinigen Argumenten ignoriert und ins Lächerliche gezogen wurde. In seinem in den fünfziger Jahren erschienenen, vielgelesenen und vielgeschmähten Buch *Worlds in Collision* (Welten im Zusammenstoß) führt er die biblischen Plagen und andere wundersame Erscheinungen aus dem Buch Mose auf die verheerende Aktivität eines Kometen zurück. Velikowskys Interpretation der biblischen Ereignisse klingt in der Tat recht kühn: Bei dem besagten Kometen handelt es sich um einen Himmelskörper vom Ausmaß der Erde, der später zum Planeten Venus wurde. Nach Velikowsky wurde um 700 v. Chr. durch den Mars, der durch die abgeirrte „protoVenus" aus seiner Umlaufbahn geworfen wurde, eine weitere Serie von Katastrophen ausgelöst.

Die Vertreter der konventionellen Lehrmeinung, darunter bekannte Persönlichkeiten wie Isaac Asimov und Carl Sagan, versuchten Velikowskys Arbeit ins Lächerliche zu ziehen und sogar zu unterdrücken. Es ist in diesem Zusammenhang von einer der skandalösesten Hexenjagden in der Geschichte der Wissenschaft gesprochen worden. Die mit großem Eifer vorgebrachten Gegenargumente entbehren oftmals jeglicher wissenschaftlichen Grundlage. Vielleicht war auch Berufsneid im Spiel, da Velikowsky kein ausgebildeter Astronom, sondern Psychoanalytiker war. Grobe Fehldarstellungen seiner Theorie in frühen Rezensionen (so unterstellte man Velikowsky z. B., er würde glau-

Feuersbrünsten und Überschwemmungen eine ganz neue Bedeutung. Besonders das Alte Testament enthält eine ganze Reihe von Katastrophenbeschreibungen, die durchaus die Folgen eines Kometenaufschlags gewesen sein könnten, angefangen von der Sintflut bis zu dem Feuer- und Schwefelregen, der auf Sodom und Gomorrha niederging. Am eindrucksvollsten sind die Geschehnisse vor dem Auszug der Israeliten aus Ägypten um 1450 v. Chr. Hier erzählt die Bibel von Plagen, die man leicht als Folgen niedergehender Kometenbruchstücke und Kometenstaub interpretieren kann: die Vergiftung und Rotfärbung des Nils, Ruß, der die Haut verbrannte, sengende Winde, tagelange Dunkelheit und feurige „Hagelkörner", die beim Aufprall ausgewachsene Bäume umlegten. Die Teilung des Roten Meeres beruhte möglicherweise auf einem schweren Erdbeben.

Ein weiteres Indiz ist eine Bibelstelle, die konkret

Links: Nach Auffassung von Clube und Napier zeigt dieser in Schottland gefundene Stein einen langen, geschwungenen Kometenschweif. Der von einem riesigen Halo umgebene Kometenkopf dürfte ebenso stark wie unser Vollmond geleuchtet haben.

Links: Die Zerstörung von Sodom und Gomorrha und die Teilung des Roten Meeres (unten), die es Moses und den Israeliten ermöglichte, der ägyptischen Armee zu entkommen, könnte nach Clube und Napier die Folge von starken Bewegungen in der Erdkruste gewesen sein, die durch einen erdnahen Kometen ausgelöst wurde.

einzigartige Quelle alter, kosmologischer Mythen, der viele spätere Forscher, darunter auch Clube und Napier, sehr viel verdanken. Vor allem ist das Durchhaltevermögen Velikowskys zu würdigen, der sich mit seiner Katastrophentheorie in den fünfziger Jahren völlig isoliert hatte und von niemandem ernst genommen wurde.

Die meisten Geologen des 19. und 20. Jahrhunderts sind Anhänger der Katastrophentheorie, d. h., sie sind überzeugt, daß globale Verwüstungen die Erdgeschichte geprägt und den Verlauf der biologischen Evolution beeinflußt haben. Zeitweilig gerieten diese Theorien etwas in Vergessenheit, aber die aktuelle Forschung tendiert wieder in diese Richtung. In der Geologie spricht man heute von einer „Neo-Katastrophentheorie", oder wie es Derek Ager, emeritierter Professor der Swansea University, ausdrückt: „Die Geschichte der Erde besteht, gleichsam dem Leben eines Soldaten, aus langen Phasen der Langeweile und kurzen Phasen voll Furcht und Schrecken."

Velikowskys Problem mit der Zeit

Im Rückblick wird deutlich, daß Velikowskys Theorie, daß die Erdgeschichte durch punktuelle extraterrestrische Katastrophen beeinflußt wurde, ihre Richtigkeit hat. Ein wissenschaftliches Gegenargument konnte er allerdings nicht widerlegen: der korrekte Zeitmaßstab. Laut Velikowsky war der riesige Komet, der den Himmel in den Jahrtausenden vor Christus beherrscht hatte, zum Planeten Venus geworden. Nach den momentan anerkannten Gesetzen der Astrophysik kann sich die Umwandlung der elliptischen Umlaufbahn eines Kometen in eine nahezu kreisrunde jedoch unmöglich in so kurzer Zeit vollziehen. Clube und Napier haben dieses Problem umgangen: Sie hatten behauptet, daß die Fragmente des Himmelskörpers die Erde bis heute auf einer Kometenumlaufbahn umkreisen, und dadurch wird kein geltendes Gesetz der Astrophysik verletzt. Mit komplizierten Argumenten versuchten sie zu belegen, daß Velikowsky die Namen zerstörter Kometen auf Planeten übertragen hatte. Für sie beruhte Velikowskys Irrtum auf einer falschen Namenszuweisung: „Er nahm die Mythologie der Kometen für bare Münze und übertrug sie auf die Planeten. Dabei kam er dann auf alle möglichen seltsamen Ideen."

Ein anderes Zeitproblem beschäftigt Wissenschaftler, die die Vorstellung, daß von extraterrestrischen Ereignissen ausgelöste Katastrophen erst in jüngster Vergangenheit stattfanden, nur mit Widerwillen akzeptieren können. Möglicherweise liegt dies an einer nur allzu menschlichen Angst, die die Möglichkeit von periodischen Katastrophen nicht in Betracht ziehen will, zumal, wenn diese sich in der unmittelbaren Vergangenheit ereignet haben könnten. Die Vorstellung einer langsamen, ungestörten Entwicklung des Lebens, wie sie Darwin postulierte, ist jedoch nicht länger haltbar. „Darwin konnte sich die Evolution noch ohne die zerstörerische Einwirkung von Kometen vorstellen", so Clube und Napier. „Das ist, als würde man jemanden ein Fußballspiel erklären, in dem niemand die Existenz des Balles anerkennt."

ben, daß von der Venus Frösche herabfielen) und nicht zuletzt vielleicht auch eine tiefverwurzelte Angst vor der Vorstellung, daß globale Katastrophen solchen Ausmaßes erst in relativ junger Vergangenheit stattgefunden haben sollen, mögen zu solchen Reaktionen geführt haben.

Die erhitzten Gemüter beruhigten sich erst 30 Jahre später. Dann endlich unterwarf man Velikowskys Arbeit einer sachlichen Untersuchung, insbesondere durch die „Society for Interdisciplinary Studies" (Gesellschaft für interdisziplinäre Forschung) in Großbritannien. Velikowskys Methodik, die Aufzeichnungen alter Völker aus aller Welt auszuwerten und Zusammenhänge zur jüngsten Erdgeschichte und den Ereignissen innerhalb unseres Sonnensystems herzustellen, ist von unschätzbarem Wert. Sein Buch ist eine

Homöopathen sind davon überzeugt, daß viele Krankheiten geheilt werden können, indem man Gleiches mit Gleichem behandelt. Gibt es für diese Überzeugung wissenschaftliche Nachweise?

Viele Formen der unorthodoxen Medizin beschreiten außergewöhnliche Wege, die eine ganze Reihe interessanter Fragen aufwerfen. Haben alle homöopathischen Arzneimittel auf den Körper einen physikalisch meß- und nachvollziehbaren Einfluß? Oder handelt es sich manchmal um Placebos, die dem Patienten nur dann etwas nutzen, wenn er fest an ihre Wirkung glaubt und zu dem Therapeuten eine positive Beziehung entwickelt?

Ziel der Homöopathie ist eine ganzheitliche Therapie. Bei der Auswahl des richtigen Arzneimittels spielen also nicht nur die körperlichen Beschwerden, sondern auch die Psyche des Patienten und seine augenblickliche Gemütsverfassung eine Rolle.

Ein Homöopath schickt seinen Patienten nicht zu zahllosen Untersuchungen bei verschiedenen Fachärzten. Vielmehr bestimmt er ein individuelles Krankheitsbild – ausgehend von den offensichtlichen Symptomen und den Aussagen des Patienten, wie er sich etwa zu bestimmten Tageszeiten fühlt oder welche Gewohnheiten er hat. Erst all diese Faktoren zusammengenommen ergeben ein sinnvolles, ganzheitliches Bild, anhand dessen der Homöopath eine passende Arznei auswählen kann. Einer der Mitbegründer der Homöopathie, James Tyler Kent, hat wesentliche Prinzipien dieser Heilkunde folgendermaßen erklärt:

„Die Homöopathie ist eine exakte Wissenschaft. Sie basiert auf einem Naturgesetz, an das sich jeder seriöse Arzt bei der Verschreibung von Arzneimitteln halten muß. In der Homöopathie gibt es keine Mittel, die gezielt gegen ganz bestimmte Krankheiten wirken; sie bietet vielmehr individuell auf die Person und deren Beschwerden abgestimmte Mittel."

Bei homöopathischen Heilverfahren gilt die Grundregel, daß Ähnliches durch Ähnliches behandelt wird. Der Vater der Homöopathie, der Arzt Samuel Hahnemann (1755–1843), fand heraus, daß ein Mittel, das an einem Gesunden in hoher Dosierung bestimmte Krankheitssymptome verursacht, bei einem Kranken in niedriger Dosierung einen Reiz hervorruft, der die Krankheit auslöscht. Für ihn waren Symptome Ausdruck individueller Heilvorgänge der augenblicklichen Krankheit. Diese Theorie war bereits in den Schriften von Hippokrates und 1676 auch in den *Medical Observations* des englischen Arztes Thomas Sydenham erwähnt worden.

Klingen die Konzepte der Homöopathie also wirklich so seltsam? Auch in der Schulmedizin gibt es Mittel, die, wenn sie einem Gesunden verabreicht werden, die gleichen Symptome hervorrufen, die bei dem Leiden auftreten, für das sie verschrieben werden. Auch scheint das Ähnlichkeitsprinzip der Homöopathie mit dem Impfprinzip der Schulmedizin übereinzustimmen – jedenfalls bei oberflächlicher Betrach-

HOMÖOPATHIE –
HEILVERFAHREN ODER HUMBUG?

Oben: Ordentlich aufgereiht stehen diese alten Tinkturfläschchen bei A. Nelson und Co., einem britischen Hersteller homöopathischer Arzneien, auf den Regalen. Diese Apotheke wurde eingerichtet von Ernest Louis Ambrecht, einem Landsmann und Zeitgenossen von Samuel Hahnemann (auf der gegenüberliegenden Seite rechts), dem Begründer der Homöopathie. Hahnemann formulierte folgende drei Grundprinzipien: Eine Krankheit kann durch kleine Dosen eines Mittels geheilt werden, das in hoher Dosierung die Symptome ebendieser Krankheit hervorruft; durch hohe Verdünnung werden die Heilkräfte einer Substanz erhöht (potenziert) und schädliche Nebenwirkungen ausgeschaltet.

tung. Ein Impfstoff stimuliert das Immunsystem des Körpers, so daß er bestimmte künftige Erreger besser bekämpfen kann. Im Einzelfall können kurz nach der Impfung in abgemilderter Form die Symptome der betreffenden Erkrankung auftreten. Zwischen den beiden Verfahren besteht allerdings insofern ein grundsätzlicher Unterschied, als die Homöopathie nicht immunisieren, sondern heilen will und hierzu Mittel verwendet, die ähnliche Symptome hervorrufen, wie sie bei dem Kranken gerade vorliegen, und auf diese Weise eine Heilreaktion auslösen. Was die heutige Schulmedizin jedoch grundsätzlich von der Homöopathie unterscheidet, sind die winzigen Dosierungen, in denen homöopathische Mittel verordnet werden. Diese werden in so hoher Verdünnung verabreicht, daß von der ursprünglichen Heilsubstanz zum Schluß nur mehr Spuren übrig sind.

Die Vorteile einer Verdünnung an sich sind immerhin wissenschaftlich erwiesen. Die sogenannte Arndt-Schulz-Regel besagt, daß jeder Arzneistoff in kleinen Dosen stimulierende Wirkung zeigt, während höhere Dosen hemmend und sehr hohe Dosen tödlich wirken.

Trotz dieser bekannten Tatsache sträubt sich die etablierte Schulmedizin gegen die extremen Verdünnungen, wie sie in der Homöopathie praktiziert werden. Was in der Schulmedizin als „kleine" Dosis gilt, ist nach homöopathischen Maßstäben bereits eine enorm hohe Konzentration. Laut Schulmedizin sind Arzneimittel dazu da, Krankheiten zu bekämpfen und nicht, um dem Körper zu helfen, sich selbst zu heilen.

Schon die Art der Herstellung homöopathischer Heilmittel mutet etwas „alchemistisch" an – die therapeutischen Wirkstoffe werden abwechselnd kräftig geschüttelt und verdünnt. Dies muß nach genau verschriebenen Regeln erfolgen, um die richtige Potenz (Verdünnungsstufe) zu erzielen. Natürlich sind die Homöopathen darum bemüht, die Wirksamkeit ihrer Heilbehandlungen wissenschaftlich nachzuweisen und zu erklären. Es wurde in dieser Richtung bereits viel geforscht, hauptsächlich in Frankreich, Deutschland, der Schweiz, Indien, England und in den USA. Die hierbei gewonnenen Ergebnisse haben aber wenig Überzeugungskraft. In einem inoffiziellen Bericht mußte Dr. Jean Kollerstrom vom „Scientific and Medi-

cal Netword" (England) eingestehen, daß nur sehr wenige Veröffentlichungen auf diesem Gebiet einer strengen, statistischen Analyse standhalten oder den geforderten Maßstäben im Hinblick auf die Wiederholbarkeit genügen.

Zwischen 1941 und 1954 führte Dr. William Boyd von der Universität Glasgow Untersuchungen durch, die aufsehenerregende Resultate an den Tag brachten. Er maß den Einfluß von Quecksilberchlorid auf die Geschwindigkeit chemischer Reaktionen bei Wachstumsprozessen. Üblicherweise wirkt diese Substanz wachstumshemmend. Die Forschungsergebnisse ergaben jedoch, daß es in winzigen Mengen eine wachstumsstimulierende Wirkung zeigte. Seine Arbeit wurde von vier Gruppen von Statistikern unabhängig voneinander analysiert, die Boyds Schlußfolgerung alle bestätigten. Leider ließ sich dieses eindrucksvolle Ergebnis niemals wiederholen, so daß einer der fundamentalen Grundsätze der wissenschaftlichen Forschung – daß eine Behauptung erst dann als wissenschaftlich einwandfrei erwiesen gilt, wenn mehr als ein Forscher zu demselben Ergebnis kommen – nicht erfüllt werden konnte.

Oben rechts: Diese wunderbaren Strukturen bildeten sich bei der Kristallisierung einer Lösung aus Chrom- und Nickelsalzen, denen eine winzige Menge einer homöopathischen „Muttertinktur" beigemischt wurde. Die Muster hängen von der chemischen Beschaffenheit dieser Tinktur ab; es handelt sich dabei um eine relativ konzentrierte homöopathische Substanz, aus der hochverdünnte Arzneien hergestellt werden.

DIE BACHBLÜTENTHERAPIE

Die 38 verschiedenen Heilmittel der Bachblütentherapie sollen auf bestimmte Gemütsverstimmungen und davon abhängige körperliche Symptome einen positiven Einfluß ausüben und wurden erstmals von Dr. Edward Bach (1880–1936) entwickelt. Der Homöopath war davon überzeugt, daß die körperlichen Symptome eines Patienten durch Beeinflussung seiner psychischen Verfassung gelindert werden können. Nach Bachs peinlich genauen Anweisungen müssen die Köpfe bestimmter Blüten drei Stunden lang im Wasser liegen und dem Sonnenlicht ausgesetzt werden. Seiner Theorie

zufolge beruht die Wirksamkeit der Blüten auf der Anziehung geistiger Kräfte zur Reinigung und Heilung. Mit wissenschaftlichen Methoden kann dieses Zusammenspiel jedoch nicht nachgewiesen werden.
Bach verschrieb Kirschpflaume gegen unkontrollierte Ausbrüche, Enzian gegen allgemeinen Pessimismus und Wildrose gegen Apathie. Gegen Selbstvorwürfe empfahl er Kieferblüten, gegen Grollgefühle Weiden- und Eichenblüten gegen Mutlosigkeit. Chicorée sollte bei Selbstmitleid helfen, Springkraut bei Reizbarkeit und Stechpalme bei Eifersucht.

1980 wurde am „Scientific and Medical Network" versucht, die Versuche zweier holländischer Wissenschaftler, Amons und Manavelt, zu wiederholen, die diese einige Jahre zuvor durchgeführt hatten. Sie hatten unter Laborbedingungen die Wirkung von hochverdünntem Quecksilberchlorid auf die Wachstumsgeschwindigkeit von Lymphoblasten in der Gewebekultur einer Maus untersucht. Auch die Holländer hatten festgestellt, daß diese Substanz die Wachstumsgeschwindigkeit beeinflußte, was sich durch die eigenen zwei Testreihen des britischen Institutes jedoch nicht bestätigte. Das Wachstum der Zellkulturen wurde durch Quecksilberchlorid weder gehemmt noch gesteigert. Hierzu Dr. Kollerstrom: „Unsere Ergebnisse sind weitere Beispiele (von denen es in der Literatur noch andere gibt) dafür, daß diese Art von Experiment nicht wiederholbar ist. Nun gibt es viele Skeptiker, die dieses unerquickliche und unerklärliche Phänomen endlich vom Tisch haben wollen und es deshalb als Schlamperei im Labor abtun oder davon ausgehen, daß das Experiment in der Literatur zu ungenau beschrieben war. Hierzu möchte ich anmerken, daß solche Möglichkeiten meiner Meinung nach nur sehr selten zutreffen …

Oben: Der Arzneikasten von Samuel Hahnemann, dem Vater der Homöopathie. Da homöopathische Tinkturen nur in extremer Verdünnung verwendet werden, braucht man jeweils nur winzige Mengen. Die Korken tragen Hahnemanns handschriftliche Vermerke.

Unten: In einem Labor zur Herstellung homöopathischer Arzneimittel wird die Potenz beziehungsweise die Wirksamkeit einer Arznei durch mehrfaches Verdünnen paradoxerweise laufend erhöht; nach jedem Verdünnungsvorgang wird der Behälter kräftig geschüttelt. Eine gängige Potenz ist „D3" – auf einen Teil Arzneistoff kommen tausend Teile Verdünnung (Alkohol oder Milchzucker).

Was ich damit sagen will – und dies nicht ohne Zögern und auch nur mit einem gewissen Widerwillen –, ist, daß wir vielleicht einfach gezwungen sind, die Nichtwiederholbarkeit als Faktum zu akzeptieren, daß sie weder auf menschlicher Nachlässigkeit noch auf irgendeinem Wunschdenken und vermutlich auch nicht auf einer schieren Laune der Zelle oder des Organismus beruht. Dies gilt vielleicht in besonderem Maße für Schwellenbereiche, für die man gerne wissenschaftliche Nachweise auf dem Tisch hätte. Wir müssen uns hier entweder mit einer Art ‚Experiment-Effekt' zufriedengeben oder von Faktoren ausgehen, die jenseits dessen liegen, was wir bis heute wissen."

Der Autor und Physiker Fritjof Capra meinte, daß die Homöopathie jeglicher wissenschaftlichen Grundlage entbehrt und möglicherweise eher als eine Form „Resonanz" oder „Abstimmung" verstanden werden sollte, die zwischen dem Arzt und dem Heilmittel herrscht. Das würde etwa bedeuten, daß die körpereigenen Heilkräfte eines Menschen durch das relativ schwache, aber fein abgestimmte Heilmittel einen kräftigen Reiz erfahren – ähnlich wie eine Klaviersaite einen lauten Ton von sich gibt, wenn diese exakt mit einer Note von einem anderen Instrument harmoniert. Capra weiter: „Man könnte sich fragen, ob die eigentliche Resonanz … nicht die ist, die zwischen Arzt und Patient besteht, und das Heilmittel dabei nur als Krücke fungiert."

Man mag versucht sein, homöopathische Heilbehandlungen in den Bereich der Psychotherapie oder des Gesundbetens abzuschieben und nicht als medizinisches Behandlungsverfahren zu betrachten. Das hieße aber wiederum, andere Aspekte der Forschungsliteratur und die mehr informellen Beweise aus klinischen Fallstudien zu ignorieren.

1980 wurde in Glasgow, Schottland, eine großangelegte klinische Versuchsreihe über die Wirkung homöopathischer Mittel bei Gelenkrheumatismus durchgeführt. Dabei stellte sich heraus, daß sich der Gesundheitszustand derjenigen Patienten, die die üblichen Medikamente der Schulmedizin plus individuell verschriebene homöopathische Arzneien erhielten, schneller verbesserte als der Zustand der zweiten Versuchsgruppe, der die üblichen Medikamente zusammen mit Placebos verabreicht wurden – einer

Links: Aus dem Eisenhut, einer Giftpflanze, wird eine homöopathische Tinktur gewonnen, die bei akuten Erkrankungen, zum Beispiel bei Fieber und Erkältungen, Verwendung findet. Auch chronische Angstzustände sollen durch die Tinktur gemildert werden.

Rechts: Die Christrose liefert homöopathische Heilmittel, die unter anderem bei Bewußtlosigkeit, Muskelschwäche und Zähneknirschen Abhilfe schafft. Ein Vorteil homöopathischer Mittel besteht darin, daß sie nur in winzigen Mengen erforderlich sind – oft braucht man sie nicht einmal zu schlucken, da sie bereits im Mund absorbiert werden.

Unten: Das „Royal London Homoepathic Hospital" steht seit 1948 unter der königlichen Schirmherrschaft, was diesem Zweig der unorthodoxen Heilmedizin großen Auftrieb bescherte.

wirkungslosen Substanz, die die Betreffenden für eine Zusatzarznei hielten. Dieser Unterschied wurde den Mitteln und nicht den beteiligten Ärzten zugeschrieben.

1981 gelang ein großer Durchbruch in bezug auf die Wiederholbarkeit homöopathischer Experimente. Raynor Jones und Michael Jenkins vom „Royal London Homoeopathic Hospital" konnten mehrmals nachweisen, daß bestimmte Substanzen in extrem hoher Verdünnung die Wachstumsgeschwindigkeit von Weizensämlingen beeinflußten.

Einen weiteren eindrucksvollen Beweis liefern die Heilungserfolge während der großen Cholera-Epidemie, die Europa in den dreißiger Jahren des 19. Jahrhunderts heimsuchte. Das „Royal London Homoeopathic Hospital" verfügt über eine umfassende Dokumentation über nachgewiesene Heilungserfolge, die sich über Jahre hinziehen. Vieles scheint sogar darauf hinzudeuten, daß die Homöopathie der Schulmedizin häufig überlegen ist.

Auch die vielen anekdotischen Aussagen lassen sich nicht einfach beiseite schieben. Versuchen Sie einmal einer Mutter, die gerade noch voller Sorge um ihr fiebergeschütteltes Kind war, einzureden, daß seine Temperatur unmittelbar nach der Einnahme einer homöopathischen Arznei nur deshalb gefallen war, weil sich das Kind mit dem Arzt so gut verstand!

Das Problem ist, daß die Homöopathie mit der heutigen wissenschaftlichen Auffassung unvereinbar ist. Das betrifft eine weitere unorthodoxe Heilbehandlung, die Bachblütentherapie. Für einen streng wissenschaftlich denkenden Menschen bedeutet deren Anwendung schierer Unsinn. Sind es chemische Reaktionen oder die Einbildung? Wie diese homöopathischen Mitteln nun wirklich funktionieren, entzieht sich nach wie vor unserer Kenntnis.

TELEPATHISCHE BOTSCHAFTEN

Viele Menschen sind der Überzeugung, daß wir alle einmal im Besitz telepathischer Fähigkeiten waren, sie jedoch in unserer modernen Gesellschaft zum großen Teil verloren haben. Mit Hilfe der Experimente von Serena Roney-Dougal kann man diesen verborgenen Talenten auf die Spur kommen.

Stellen Sie sich vor, Sie sitzen in einem bequemen Sessel in einem abgedunkelten Raum und hören über Kopfhörer das Rauschen eines Wasserfalls. Ihre Augen sind mit halbierten Pingpongbällen abgedeckt, auf die eine rote Lampe gerichtet ist, so daß Sie beim Entspannen nur ein diffuses rötliches Licht wahrnehmen.

Diese außergewöhnliche Situation gehört zu einem Experiment, mit dem man feststellen kann, ob jemand über telepathische Fähigkeiten verfügt. Wer sich diesem Experiment unterzieht, gibt nach der Begrüßung durch den Testleiter zunächst einen „Stimmungsbericht" ab, in dem die Testperson ihre Einstellung gegenüber dem Experiment und ihre allgemeine emotionale Verfassung beschreibt. Dann macht es sich die Testperson auf einem Sessel bequem, der Testleiter setzt ihr einen Kopfhörer auf und stellt die Lautstärke des Wasserfalls nach den Wünschen der Testperson ein. Als nächstes blendet er ein anderes Geräusch ein – nur so laut, daß es durch das Wasserrauschen hindurch gerade noch wahrnehmbar ist. Dann dreht der Testleiter die Lautstärke um fünf Dezibel herunter, worauf dieses Geräusch für die Testperson unhörbar wird. An ihrer linken Hand schließt der Versuchsleiter dann Palmar-Elektroden an, mit denen die physiologischen Reaktionen der Testperson überwacht werden können. Anschließend werden halbierte Pingpongbälle auf die Augen gelegt und etwa 45 Zentimeter vom Gesicht entfernt eine rote Lampe plaziert.

Durch das sanfte Rauschen des Wasserfalls und die Augenabdeckung werden alle äußeren Einflüsse und visuellen Ablenkungen ausgeblendet, und die Versuchsperson gleitet entspannt in den sogenannten Ganzfeldzustand hinüber – einen völlig ungestörten Zustand gleichmäßiger Stimulation, der durch keinerlei äußere Reize beeinflußt wird.

Anschließend wird das Wasserfallgeräusch abgeschaltet, und die Testperson erhält die Mitteilung, daß sie nun unterbewußte Botschaften erhalten wird. Daraufhin setzt das Rauschen des Wasserfalls wieder ein.

Da von außen nichts mehr an die Testperson herandringt, wendet sich ihr Geist nach innen, und es tauchen Gedanken, Bilder und Erinnerungen auf, die dem Unterbewußtsein entspringen. Gleichzeitig spielt der Testleiter ein Band mit Informationen ab, die über den

Kopfhörer zugespielt werden – allerdings so leise, daß sie durch das Rauschen des Wasserfalls hindurch nicht hörbar sind. Dies wird als subliminale Stimulation bezeichnet: Der Reiz ist physikalisch real, aber akustisch zu leise, um bewußt wahrgenommen zu werden. Er kann allerdings die unterschwellige Bewußtseinsebene erreichen. Das Band, das diese Informationen in Form von fünf miteinander in Beziehung stehenden Wörtern enthält, wird vom Testleiter kurz nach Beginn des Experiments willkürlich unter vier Bändern ausgewählt. Während des Experiments weiß also niemand, was darauf zu hören ist. Während sich die Testperson in diesem Zustand befindet, wird sie gebeten, alles auszusprechen, was ihr durch den Kopf geht. Ihre Äußerungen werden aufgezeichnet, und nach Beendigung des Experiments wird die Testperson gebeten, die Wörter zu ordnen, und zwar in der Reihenfolge, die ihrem Gefühl nach ihren Eindrücken während des Ganzfeldzustandes am ehesten entspricht.

Wortassoziationen

Als nächstes füllt die Testperson einen weiteren Bericht zu ihrer Stimmungslage aus und führt für jedes der vier Informationsbänder einen Wortassoziationstest durch. Dabei werden die Bänder mit den jeweils fünf Wörtern vorgespielt, darunter auch das Band mit den bereits vorher übermittelten Informationen. Die Testperson soll sich nun an die einzelnen Wörter erinnern und das erste nennen, das ihr in den Sinn kommt. Das Band mit den von ihr genannten Eindrücken wird dann drei unabhängigen Untersuchern vorgelegt, die es analysieren und auf Übereinstimmung mit den vier Informationsbändern überprüfen.

Im Ganzfeldzustand kann man nicht nur Botschaften wahrnehmen, die einem physikalisch durch die Kopfhörer zugespielt werden, sondern auch telepathisch übertragene Inhalte. In einem weiteren Experiment wählt eine Person, die als Sender fungiert, ein Band aus, hört sich die Wortfolgen in ihrem Kopfhörer in normaler Lautstärke an, visualisiert sie vor ihrem geistigen Auge und versucht, der Testperson diese Bilder mental mitzuteilen.

Bei diesem Experiment wechseln die beiden Übertragungsmöglichkeiten – telepathisch beziehungsweise unterschwellig – nach dem Zufallsprinzip miteinander ab, das heißt, die Testperson weiß nicht, auf welche Weise die Botschaften jeweils übermittelt werden. Es hat sich herausgestellt, daß diejenigen, die subliminale Botschaften wahrnehmen können, auch die telepathisch übermittelten Inhalte empfangen, während andere, die mit der einen Übertragungsform Probleme haben, in der Regel auch für die andere nicht recht empfänglich sind. Ein Ziel des Experiments besteht darin herauszufinden, für welche Art von Menschen in welchen psychologischen Zuständen sich solche Kommunikationswege eröffnen.

Bei der Auswertung einer Versuchsreihe ergab sich, daß von insgesamt acht Testpersonen drei in der Lage waren, das betreffende Band jedesmal zu identifizieren, das heißt, es als erstes oder zweites nannten. Diese drei Personen zeigten eine signifikante Empfänglichkeit für die Informationen – sowohl die physikalisch als auch die telepathisch übermittelten.

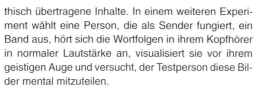

Links: Bei den von Serena Roney-Dougal entwickelten ASW-Experimenten hört sich eine Testperson auf einem Band bestimmte Wortfolgen an und versucht im Anschluß daran, diese einer anderen Testperson geistig zu übermitteln.
Unten: Serena Roney-Dougal überwacht den Lautstärkepegel einer Bandaufzeichnung und spielt dabei ihrer Versuchsperson per Kopfhörer subliminale Informationen zu.

Oben: Bei dieser Versuchsperson ist nahezu jegliche sinnliche Wahrnehmung ausgeschaltet. Die Augen mit halbiertem Pingpongbällen abgedeckt, erreicht den Mann durch einen Kopfhörer lediglich das Rauschen eines Wasserfalls. In diesem Zustand völliger Entspannung, dem sogenannten Ganzfeldzustand, kann er subliminale, das heißt unterschwellige Botschaften empfangen, die ihm ein Sender von außen übermittelt.

Informationsübertragung scheint in einem zweiphasigen Prozeß abzulaufen. In der ersten Phase erreicht die Meldung das Unterbewußtsein, in der zweiten Phase gelangt sie von dort ins Bewußtsein. Wem die Mechanismen des Unterbewußten nicht ganz fremd sind, ist hier im Vorteil: Diese Menschen sind eher in der Lage, die oftmals recht komplizierten und vielschichtigen Bilder aus ihrem Unterbewußtsein in Begriffe umzusetzen.

Die komplizierten Vorgänge, die während einer solchen Umsetzung und Übertragung ablaufen, lassen sich am besten anhand eines tatsächlichen Beispiels veranschaulichen. In dem betreffenden Ganzfeldexperiment enthielt das Band die fünf Wörter „Sultan – Aladin – Harem – Fest – Tanzen". Im Ganzfeldzustand äußerte die Testperson folgendes: „Ich sehe etwas, aber ich weiß nicht, was es ist – eine Krippe oder so, eine Wiege, meine ich, ja, eindeutig eine Wiege in einem Wohnzimmer, einem mittelalterlichen Wohnzimmer, jemand schaukelt die Wiege und trägt mittelalterliche Kleidung, schwarze Wandteppiche …

Mineralien, entweder Kohle oder irgendeine Art Stein … verwandelt sich in ein Wasserbecken oder etwas Ähnliches … Lichtblitze … Bohnensprossen … Küche, kupferne Küchenutensilien."

Die Testperson analysierte später ihre eigenen Eindrücke und interpretierte die Wiegenbilder im Zusammenhang mit einem Harem, die Lichtblitze und das Mineral bezog sie auf Aladin und seine Zauberlampe, die Küche hing mit einem Fest zusammen. Während des ganzen Experiments dachte sie immer wieder an Essen, und das Wiegenbild tauchte später erneut auf. Es wird zwar nicht direkt auf die arabische Nachtszene eingegangen, aber die Testperson war in der Lage, den begrifflichen Inhalt ihrer Eindrücke mit den Zielwörtern zu verknüpfen, so daß ihre Interpretation als „Treffer" galt. Zwei der drei unabhängigen Beurteiler stimmten übrigens mit ihrer Analyse überein.

Nun ist es natürlich einfach, diese Verbindungen nachzuvollziehen, wenn die Testperson die Zielbegriffe identifiziert. Aber was ist, wenn sie das Ziel verfehlt? In der Regel schenkt man solchen „Versagern" keine

Beachtung. Kann man aber davon ausgehen, daß telepathische oder subliminale Kommunikation nur dann stattgefunden hat, wenn der Betreffende die Zielwörter nennen kann?

Der korrekte Empfang einer Zielbotschaft hängt, wie wir gesehen haben, von zwei Schritten ab. Eines hat sich bei diesen Experimenten immer wieder gezeigt: Die meisten „Versager" erfolgen nicht deswegen, weil die Botschaft nicht ins Unbewußtsein vordringt, sondern aufgrund einer unkorrekten Umsetzung der Eindrücke, die im Ganzfeldzustand entstehen. Die Bilder, die auf die Zielwörter hinweisen, sind in der Regel durchaus vorhanden; aber oft ist die Testperson unfähig, sie mit der Wortfolge auf dem Testband in Zusammenhang zu bringen.

Wahrnehmungsabwehr

Zuweilen tritt etwas ein, was man als niedriges Geräuschverhältnis bezeichnen könnte: Die zielwortbezogenen Bilder sind vorhanden, aber es stürmen so viele äußere Informationen auf den Geist ein – sozusagen „Nebengeräusche" aus dem Unbewußten –, daß es außerordentlich schwierig ist, die subliminale beziehungsweise telepathische Botschaft herauszuhören. Diese Nebengeräusche bilden möglicherweise einen Verteidigungsmechanismus des Geistes gegen unerwünschte Informationen. In der Psychologie, insbesondere der Erforschung der subliminalen Wahrnehmung, ist dieses Phänomen wohlbekannt und wird dort als Wahrnehmungsabwehr bezeichnet: Man hört einfach nicht, was man nicht hören will. Dank dieser Fähigkeit kann man sich in einem Raum trotz Stimmengewirr mit jemand einzelnem unterhalten – oder den Wirt überhören, der die Sperrstunde anmahnt. Ein besonders anschauliches Beispiel lieferte eine Testperson, die sich im Ganzfeldzustand zehn Minuten lang darüber ausließ, wie sie das Trinken aufgegeben hatte. Die Zielwörter waren „Kneipe – Fäßchen – Faß – Bierseidel – Stielglas" gewesen; trotzdem reihte die Testperson das betreffende Band erst als viertes und damit letztes ein – einfach deshalb, weil, wie sie später sagte, „der Zufall einfach zu groß war".

Die meisten Abwehrhaltungen haben allerdings einen subtileren Hintergrund. Nehmen wir das Beispiel einer Testperson, die nach ihrer eigenen Einschätzung in subliminalen wie in telepathischen Testsitzungen eine Trefferquote aufweist, die nur ganz knapp oberhalb der Zufallsgrenze liegt. Für alle drei Bewerter lag der Betreffende aufgrund seines Sitzungsprotokolls jedoch signifikant über der Zufallsgrenze. Mit anderen Worten, bei der logischen, analytischen Auswertung der Gedankenbilder durch drei unabhängige Beobachter ergab sich ein statistisch relevantes Vorhandensein zielwortbezogener Vorstellungsbilder. Während des Experiments war sich die Testperson der Zielwörter insofern „bewußt", als sie an Dinge dachte, die mit diesen zusammenhingen. Viermal war die betreffende Person während der Selbstanalyse im Anschluß an die Ganzfeldsitzung nicht in der Lage, die richtigen Zielwörter zu identifizieren – hauptsächlich deshalb, weil sie ihr Protokoll keiner streng analytischen Beurteilung unterzog, sondern sich das Zielwort herauspickte, von dem sie das „Gefühl" hatte, daß es das richtige wäre. Solche persönlichen Bewertungen erweisen sich meistens als falsch.

Ein noch deutlicheres Beispiel dieses Abwehrmechanismus lieferte eine Testperson, die von vornherein

„INFORMATIONSÜBERTRAGUNG SCHEINT IN EINEM ZWEIPHASIGEN PROZESS ABZULAUFEN. IN DER ERSTEN PHASE ERREICHT DIE MELDUNG DAS UNTERBEWUSSTSEIN, IN DER ZWEITEN PHASE GELANGT SIE VON DORT INS BEWUSSTSEIN."

TELEPATHIE-SPIELE

Mit dem im folgenden beschriebenen Spiel können Sie Ihre telepathischen Fähigkeiten aktivieren – Fähigkeiten, die angeblich von Natur aus mehr oder minder in allen von uns schlummern, die wir aber nach der Kindheit meist verlieren.

Man braucht dazu zwei Mitspieler – einen „Sender" und einen „Empfänger" und ein normales Kartenspiel. Der Sender schaut sich jede Karte an, ohne sie seinem Mitspieler zu zeigen. Dieser muß dann sagen, welche Farbe (rot oder schwarz) die jeweilige Karte hat. Gehen Sie folgendermaßen vor:

1. Setzen Sie sich beide Rücken an Rücken hintereinander.

2. Der Sender mischt die Karten, nimmt die oberste auf und sieht sie sich an. Dann klopft er kurz auf die Karte, um dem Empfänger mitzuteilen, daß er zur Übertragung bereit ist. Er konzentriert sich nun auf die betreffende Kartenfarbe und versucht, sie dem Empfänger geistig mitzuteilen. Hierzu kann er entweder seine Augen schließen und sich intensiv auf das Wort „rot" beziehungsweise „schwarz" konzentrieren oder sich auch bildhaft etwas in der entsprechenden Farbe vorstellen, zum Beispiel eine rote Tür oder ein schwarzes Auto.

3. Der Empfänger nennt die Farbe, die er geistig wahrgenommen hat.

4. Der Sender macht für jede richtige Antwort auf einem Blatt Papier einen Haken und für jede falsche Antwort ein Kreuz.

Bei 52 Karten sind nach dem Gesetz der Wahrscheinlichkeit 26 Zufallstreffer möglich. Wer laufend über diesem Durchschnitt liegt, bedient sich zweifellos in irgendeiner Form telepathischer Kräfte. Paradoxerweise kann aber auch eine niedrige Trefferquote auf paranormale Fähigkeiten hinweisen – allerdings auf einer negativen Ebene, da der Empfänger sich unbewußt vielleicht selber im Wege steht (dieses Phänomen ist als „Psi-Blockade" bekannt). Fortgeschrittene können später versuchen, bestimmte Farbenfolgen zu beschreiben.

Nur etwa zehn Prozent aller Testpersonen nennen die Zielwörter ganz direkt; die meisten Protokolle enthalten vielschichtige symbolische und assoziative Verbindungen, die von den unabhängigen Beurteilern jedoch eindeutig als zielwortbezogen erkannt werden, auch wenn von manchen Testpersonen jeglicher Zusammenhang vehement bestritten wird – vermutlich, weil sie der Tatsache nicht ins Gesicht sehen wollen, daß sie Informationen empfangen haben auf eine Art und Weise, die sie persönlich für Humbug halten. Wer nicht an außersinnliche Wahrnehmungen glaubt, produziert besonders verzerrte Bilder, was aber nicht bedeutet, daß auf der Ebene des Unterbewußtseins keine subliminale oder telepathische Kommunikation stattgefunden hat. Es bedeutet lediglich, daß die Übertragung durch mehr „Nebengeräusche" gestört wurde. Bei den treffsicheren Testpersonen kommen die Botschaften klar und deutlich an, die geistigen Nebengeräusche treten zurück. Diese Menschen sind mit den Mechanismen ihres Geistes vertrauter und können die verschlungenen Pfade, auf denen die Zielwörter in ihr Unterbewußtsein eindringen und die geistigen Bilder beeinflussen, in der Regel gut verfolgen. Bei der Untersuchung der Unterschiede zwischen Testpersonen, die laufend Treffer erzielen, und denen, die laufend danebenliegen, ergeben sich bestimmte Faktoren, die diese Abweichungen möglicherweise verursachen. Ein Schlüsselfaktor ist die innere Einstellung – wer leugnet, daß er die Fähigkeit besitzt, subliminale oder telepathische Botschaften zu empfangen, und be-

Oben: Auf dieser Darstellung aus dem 19. Jahrhundert sieht man Zöllner, die gerade eine Bande Schmuggler überwältigen. In einer von Serena Roney-Dougals Telepathie-Sitzungen lauteten die Zielwörter „Schmuggler – Schwarzhandel – Abenteuer – Pferde – Mondschein". Die Testperson sah vor ihrem geistigen Auge Eis, die Titanic, den ewigen Frost von Alaska, Jungen in Gefängnissen, die finstere Gestalt des Steerpike, einer Figur aus Mervyn Peakes Roman Gormenghast (rechts), und sogar Albert Pierrepoint, den letzten Staatshenker von England (auf der gegenüberliegenden Seite oben links). Diese Bilder scheinen mit den Zielwörtern nur entfernt in Zusammenhang zu stehen – aber bei dem Assoziationstest verknüpfte die Versuchsperson später das Wort „Abenteuer" mit „Kälte" und das Wort „Schmuggler" mit „Galgen".

nicht an außersinnliche Wahrnehmungen glaubte. Sie bestritt, daß die Bilder, die sie im Ganzfeldzustand vor ihrem geistigen Auge gesehen hatte, mit den Zielwörtern in einem wie auch immer gearteten Zusammenhang standen – obwohl sich immer und immer wieder herausstellte, daß das der Fall war. Der Bezug war zwar nie so offenkundig wie bei den anderen drei Testpersonen, die laufend Treffer erzielten, aber er war definitiv vorhanden. Obwohl die Testperson selbst die Zielwörter nicht benennen konnte, sahen die unabhängiger Beurteiler – einigermaßen vertraut mit den symbolischen Verzerrungen und Umwandlungen, zu denen das Unterbewußtsein imstande ist – in der Regel durchaus einen Zusammenhang.

In einer typischen Sitzung lauteten die Zielwörter „Schmuggler – Schwarzhandel – Abenteuer – Pferde – Mondschein". Die Testperson sprach wiederholt von Eis, Eisbergen, der Titanic, Frost in Alaska und so weiter. Nach dem Experiment assoziierte sie das Zielwort „Abenteuer" mit „Kälte", „Schmuggler" mit „Galgen". Noch während der Sitzung sah sie vor ihrem geistigen Auge Jungen in Gefängnissen, römische Soldaten, Steerpike (eine Figur aus Mervyn Peakes mittelalterlichem Roman Gormenghast) mit einem Messer in der Hand und, was besonders bedeutsam war, Albert Pierrepoint, den letzten Henker von England.

Obwohl zwischen diesen Vorstellungsbildern und den Zielwörtern kein unmittelbarer Zusammenhang erkennbar ist, bilden die Wortassoziationen doch sehr aufschlußreiche Verbindungsglieder. Man muß dazu wissen, daß der Geist beim freien Assoziieren, also bei dem Versuch, sich zu dem Informationsmaterial im Unterbewußtsein Zugang zu verschaffen, Bilder meist verzerrt und im wesentlichen in symbolischer Umsetzung wiedergibt. Man darf also nicht erwarten, daß die Zielbegriffe im Ganzfeldzustand wortwörtlich auftauchen; vielmehr kommt es auf Verknüpfungen an.

hauptet, noch niemals derartige Erfahrungen gemacht zu haben, wird höchstwahrscheinlich keine Treffer erzielen. Wer jedoch in einer Umgebung aufgewachsen ist, in der man solchen Dingen positiv gegenüberstand, kann sich diese Fähigkeit antrainieren und nach und nach immer mehr Treffer erzielen.

Es scheint experimentell erwiesen, daß wir alle über gewisse latente ASW-Talente verfügen, die nur aktiviert werden müssen.

115

GROSSE UFO-SPEKTAKEL

Was versuchen die UFOs uns zu sagen? Könnte es sein, daß ihre außerirdischen Piloten gelegentlich eine Light-Show für uns inszenieren?

Ein immer wiederkehrendes Merkmal der UFO-Berichte ist die offensichtliche Ziel- und Regellosigkeit der Zwischenfälle – Lichter, die über den Himmel schweben und Flugzeuge irritieren oder kleine Gruppen von Augenzeugen ohne besonderen Grund erschrecken. Im folgenden beschreiben wir zwei Episoden. Die erste ereignete sich auf den Kanarischen Inseln, wo ein UFO einer ganzen Anzahl Leuten aus größerer Entfernung erschien und sich dann drei erschreckten Zeugen aus nächster Nähe zeigte, wobei auch drei humanoide „Piloten" in Erscheinung traten. Die zweite Geschichte ereignete sich in Lot-et-Garonne in Südwestfrankreich, wo ein UFO lautlos über einem Feld auftauchte, einen bei Nacht arbeitenden Bauer zu Tode erschreckte und dann ebenso lautlos wieder verschwand.

Am Abend des 22. Juni 1976 besuchte ein besonders unternehmungslustiges UFO die Kanarischen Inseln. Es wurde von vielen Leuten gesehen, und einige Berichte erschienen auch in spanischen Zeitungen. Dabei hätte es sein Bewenden haben können, aber dann überließ das spanische Ministerium für Luftfahrt die Dokumentation von zwölf UFO-Zwischenfällen dem Journalisten Juan José Benitez von der in Bilbao

erscheinenden Zeitung *La Gaceta del Norte*. Einer der Fälle war das Spektakel auf den Kanarischen Inseln.

Eine ganze Anzahl von interessanten Tatsachen kam zutage. Ein Bericht eines Arztes aus Gran Canaria war bereits international bekannt geworden, und der Zwischenfall sowohl von einem spanischen Kriegsschiff wie durch Fotografien von Privatleuten bestätigt (diese wurden später von den Behörden zur Untersuchung beschlagnahmt).

Am 22. Juni 1976 um 21.27 Uhr sichteten der Kapitän, der Kadett und mehrere Matrosen der Korvette *Atrevida* das UFO an der Ostküste der Insel Fuerteventura. Sie sahen ein Licht, teils gelb, teils blau, das sich über das Meer auf sie zubewegte und dabei ständig an Höhe gewann. Zuerst dachten sie, es handele sich um ein Flugzeug mit angeschalteten Landescheinwerfern, aber sie änderten sehr schnell ihre Meinung, als das Licht plötzlich anhielt und verlosch. Statt dessen erschien plötzlich ein rotierender, nach unten gerichteter Lichtstrahl. Zwei Minuten später nahm das Licht die Form eines gigantischen Lichtkranzes an, der 40 Minuten lang Land und Meer erleuchtete. Dann erschien wieder das ursprüngliche, gelbblaue Licht, das sich jetzt teilte: der blaue Teil blieb in dem Lichtkranz, der gelbliche stieg in einer unregelmäßigen Spirale hoch, bevor er in Richtung des benachbarten Gran Canaria verschwand. Es brauchte nur drei Minuten, um die 85 Seemeilen (158 km) zurückzulegen, erreichte also die erstaunliche Geschwindigkeit von 3060 km/h.

Im nördlichen Teil von Gran Canaria gab es eine ganze Menge Augenzeugen; die zuverlässigste Geschichte stammt von dem dortigen Arzt, Don Francesco-Julio Padrón Léon. Er wurde von einem jungen Mann, Santiago del Pino, gebeten, nach seiner kranken Mutter zu sehen. Die beiden fuhren mit einem Taxi, das von Francisco Estevez gesteuert wurde. Hinter einer Kurve auf der Straße von Galdar nach Agaete am Nordwestende der Insel, bei einem Ort namens Las Rosas, sahen sie plötzlich eine gigantische Lichtkugel von blasser, blaugrauer Farbe, die sich wenige Meter über den Boden erhob. Plötzlich brach das Radio in dem Taxi ab, und die drei begannen zu schaudern unter einer Welle schneidender Kälte.

Die Zeichnungen rechts und gegenüber zeigen die wunderbaren Lichterscheinungen über Gran Canaria und den nahe gelegenen Inseln aus dem Jahr 1976, und die beiden Humanoiden, die Augenzeugen in einer riesigen transparenten Kugel sahen.

Dieses eindruckvolle Foto des UFOs von den Kanarischen Inseln stammt von einem Privatmann. Es wurde sofort von der Polizei beschlagnahmt und erst einige Monate nach dem Vorfall freigegeben.

Der Taxifahrer hielt an, und fröstelnd konnten die drei zwei übergroße Wesen beobachten, die sich innerhalb der Kugel befanden, die etwa die Höhe eines zweistöckigen Hauses hatte und durchsichtig war – die Sterne dahinter waren gut zu erkennen.

Die beiden Ufonauten schienen in einen tiefroten, enganliegenden Anzug gekleidet zu sein und trugen schwarze Helme. Weitere Merkmale konnten die Zeugen nicht beschreiben, außer daß sie sie im Profil sahen. Sie standen einander gegenüber an einer Art Instrumentenkonsole auf einer Plattfrom und bedienten Hebel und Knöpfe. Dr. Padrón war besonders von ihren ausladenden Hinterköpfen beeindruckt.

Plötzlich kam der Taxifahrer auf die Idee, seinen Suchscheinwerfer anzuschalten. In diesem Augenblick begann die Kugel hochzusteigen, und die Beobachter konnten eine durchsichtige Röhre in ihrem Inneren sehen, aus der eine Art von blauem Gas oder eine Flüssigkeit ausströmte, die die Kugel auf die Größe eines 30stöckigen Hauses aufblies, während die beiden Wesen und die Kontrollkonsole ihre Größe behielten.

Hochgradig beunruhigt wendete der Fahrer und fuhr zu einigen nahe liegenden Häusern. Dort erzählte eine Familie dem Arzt, daß ihr Fernseher ausgefallen sei. Vom Fenster ihres Hauses beobachten sie, wie das „Gas" aufhörte, in die Kugel zu strömen. Dann hörte man ein hochfrequentes Pfeifen, und das Objekt verschwand blitzartig in Richtung Teneriffa, umgeben von einem Lichtkranz.

Es wurde später bekannt, daß Dr. Padrón von den Untersuchungsbeamten des spanischen Luftfahrtministeriums angewiesen wurde, über sein Erlebnis zu schweigen. So wurden die Einzelheiten seiner Aussage erst nach der Übergabe des Dossiers an Juan Benitez publik. Dennoch sickerte die Episode in ihren Konturen an die Öffentlichkeit durch, bevor die Nachrichtensperre verhängt wurde. Einige Zeitungen berichteten von einem runden Objekt mit Bedienungsfeldern und „Piloten" im Inneren, das über einem Zwie-

„ZWEI MINUTEN SPÄTER NAHM DAS LICHT DIE FORM EINES GIGANTISCHEN LICHTKRANZES AN, DER 40 MINUTEN LAND UND MEER ERLEUCHTETE. DANN ERSCHIEN WIEDER DAS URSPRÜNGLICHE, GELB-BLAUE LICHT, DAS SICH JETZT TEILTE."

belfeld schwebte und eine Teil der Ernte zerstörte. Diese Zerstörungen in einem Umkreis von etwa 30 m wurden auch von dem Bulletin des Ministeriums bestätigt.

Das UFO wurde dann von Hunderten von Menschen in Puerto de la Cruz gesehen, als es Teneriffa überquerte und schließlich von der Mannschaft und den Passagieren einer Fähre, die zwischen Teneriffa und Las Palmas verkehrte. Viele Bewohner der Inseln La Gomera und Hierro telefonierten mit den Zeitungsredaktionen und lokalen Radiosendern über ihre Beobachtungen des Flugobjekts.

Spuren auf dem Radar

Das Dossier des Ministeriums enthielt auch einen Bericht, daß das Objekt auf dem Radar gesichtet und verfolgt worden war, und Fotos, die im Süden von Gran Canaria aufgenommen wurden. Der Fotograf wurde von der Polizei identifiziert und seine Aufnahmen beschlagnahmt und erst mit der Herausgabe des Dossiers einige Monate später freigegeben.

Die Zeugenaussage des Arztes vermittelt den Eindruck, daß er ein wirklich einmaliges UFO-„Schauspiel" gesehen hat. Aber war dieses Schauspiel eine Art ferngesteuerte Inszenierung?

Im Lauf der Jahre gab es eine Fülle an Spekulationen über die Art der Objekte, die UFO-Zeugen gesehen hatten. Sind die UFOs vielleicht wirklich eine Art von kontrolliertem Himmelschauspiel? Und wenn ja, wer oder was steuert sie? Gibt es vielleicht eine Botschaft? Ein Bericht aus Frankreich kann hier weitere Einzelheiten beisteuern.

Das Wetter in Lot-et-Garonne in Südwestfrankreich, 90 km östlich von Bordeaux, war miserabel in der Nacht des 13. November 1971, eines Samstags. Der Himmel war wolkenverhangen, und es nieselte. Dennoch arbeitete der Bauer Angelo Cellot draußen und pflügte ein Feld an einer Nebenstraße zwischen seinem Haus und dem seiner Brüder. Der Traktor war mit einem Suchscheinwerfer ausgestattet, denn Cellot war es gewohnt, bis spät nachts zu arbeiten.

Gegen 1.50 Uhr morgens bemerkte er plötzlich ein

Unten: Die fünf Lichtsäulen, wie sie der Bauer Angelo Cellot in Südwestfrankreich früh an einem Novembermorgen sah.

Licht, von dem er zunächst annahm, daß es von dem Traktor eines anderen Bauern stammte. Als er aber wendete und auf den Fluß an der Nordgrenze des Feldes zufuhr, bermerkte er, daß sich das Licht in der Luft befand und sich von dem Fluß her seinem Feld näherte. Er dachte, es sei ein Helikopter, aber als er wieder zur Straße zurückfuhr, stellte er fest, daß das Objekt seine Richtung geändert hatte und ihm jetzt auf das Feld folgte, wobei ihm ein rotes Licht vorausleuchtete. Das UFO, das in einer geschätzten Höhe von etwa 40 Metern schwebte, hatte auch unten fünf Lichter, die so hell waren, daß Angelo nicht mehr unterscheiden konnte, was sich hinter ihnen befand, als er den Suchscheinwerfer auf sie richtete.

Der Bauer hatte das Ende der Furche erreicht, als er merkte, daß sich der Eindringling aus der Luft direkt über ihm befand. Seine Umgebung war jetzt in das blendende Licht der fünf Lichtkegel getaucht, und seine Verwirrung und Unruhe wich langsam der Angst. Cellot sah, daß das UFO auf etwa 15 bis 20 Meter über ihm herunterging, und seine Angst wurde zu Panik. Er ließ seinen Traktor mit laufendem Motor und brennenden Scheinwerfern zurück und stürzte zum Haus seines Bruders Jean, um Alarm zu schlagen. Er hatte gerade etwa 30 Meter zurückgelegt, als er zurückschaute und sah, wie das UFO hochstieg und nach Norden abdrehte. So rannte er zu seinem Traktor zurück und schaltete den Motor und die Scheinwerfer aus. Erst da bemerkte er, daß sich das Objekt völlig lautlos bewegte. Als Angelo ihm nachsah, stellte er zu seiner Erleichterung fest, daß es langsam hinter einer flachen Erhebung aus seinem Gesichtsfeld verschwand. An allen Gliedern zitternd, hatte der Bauer wenig Lust, seine Arbeit zu beenden; er fuhr seinen Traktor in die Scheune und ging gegen 2.00 Uhr schlafen.

Die Nachricht von dieser wichtigen Begebenheit gelangte später in die Zeitung *La Dépêche du Midi* und von dort aus zur staatlichen französischen Untersuchungskommission GEPAN (Groupe d'etudes phénomènes aérospatiaux non-identifiées, Gruppe zum Studium nichtidentifizierter Erscheinungen des Luftraums), in deren Auftrag Colonel Pierre Berton Angelo Cellot befragte. Er war von zwei Polizeibeamten begleitet und schrieb später einen offiziellen Bericht.

Wie in vielen anderen Erlebnissen, war das Hauptmerkmal dieser beiden UFO-Sichtungen das Licht: glühendes Licht, changierendes Licht, Lichtkreise, buntes Licht, rotierendes Licht, Lichtstrahlen und geheimnisvolle, große Lichtkegel. Der genaue Zweck dieser außergewöhnlichen Schauspiele bleibt jedoch weiterhin äußerst mysteriös und verwirrend.

> „CELLOT MERKTE, DASS DIE UMGEBUNG JETZT IN DAS BLENDENDE LICHT DER FÜNF LICHTKEGEL GETAUCHT WAR, UND SEINE VERWIRRUNG UND UNRUHE WICH LANGSAM DER ANGST."

MONDSÜCHTIGE THEORIEN

Der Mond hört nicht auf, uns Rätsel aufzugeben. Manche behaupten sogar, daß Weltraumforscher bemüht sind, ein schreckliches Geheimnis vor uns zu verbergen: Der Mond, unsere Tür zum Weltall, soll von außerirdischen Intelligenzen bewohnt werden. Gibt es Beweise für diese unvorstellbare Behauptung?

Oben: Trotz der umfangreichen und kostenaufwendigen Erforschung durch amerikanische und sowjetische Weltraumprogramme bleibt der Mond – seit Tausenden von Jahren von vielen Völkern als Herrscher der Nacht verehrt – in vielerlei Hinsicht noch genauso geheimnisvoll wie eh und je.

Der Mond ist eine kleine Welt – er ist etwa ein Viertel so groß wie die Erde und hat nur etwas über fünf Prozent von ihrem Gewicht. Der sagenumwobene Himmelskörper birgt eine Wüste von öden Felsen, die ringförmig aufgetürmt sind und Krater genannt werden. Weite, sich dahinschlängelnde Gebirgszüge heben sich vom Hintergrund ab wie ein freiliegendes Rückgrat. Trotz der geringen Größe des Mondes sind viele dieser Berge höher als der Mount Everest.

Zwischen den Gebirgsketten erstrecken sich über Hunderte von Kilometern ausgedehnte Ebenen. Diese in Dunkelheit gehüllten, düsteren Weiten kann man sogar von der Erde aus mit dem bloßen Auge erkennen. Die ersten Astronomen, die den Mond durch Fernrohre beobachteten, hielten sie aufgrund ihrer Ebenheit für Ozeane. So tragen diese dunklen Gebiete heute noch Namen wie Meer der Ruhe (lateinisch: Mare tranquillitatis) und Meer der Stürme (Oceanus procellarum). Heute wissen wir jedoch, daß es sich bei den Meeren (Maria) eigentlich um

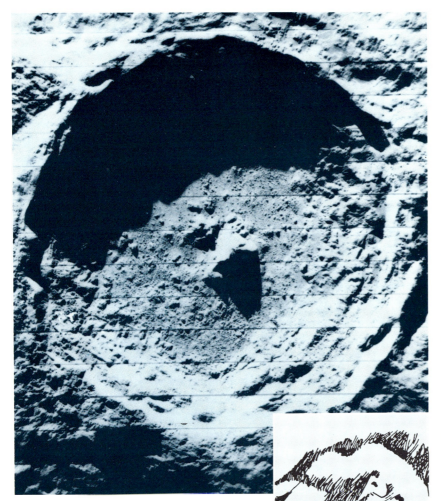

hundert Jahren sind einige Wissenschaftler der Ansicht, daß der Mond in der Frühphase unseres Sonnensystems von der Erde abgespalten und als unser einziger natürlicher Satellit ins All geschleudert wurde. Andere vertreten wiederum die Meinung, daß der Mond in der Nähe unserer Erde entstand, geboren aus der gleichen Wolke wirbelnder Gase und Staub. Eine dritte Theorie verlegt den Geburtsort des Mondes ganz weit weg ins Sonnensystem. Nachdem er als ein eigenständiger Planet durch das All gewandert war, wurde er schließlich von der Gravitation der Erde eingefangen und zu seinem Satellitendasein gezwungen.

Unter der Vielzahl von Informationen zu unserem Erdmond haben unabhängige Forscher auch Hinweise gefunden, die eine Reihe von unorthodoxen Thesen unterstützen. Eine immer wieder vertretene These besagt, daß der Mond eben nicht so tot ist, wie er scheint. Vielleicht – so behaupten manche – war er einmal von Lebewesen bewohnt; vielleicht ist er es immer noch. Möglicherweise existieren auf unserem Mond außerirdische Lebensformen, die ihn unter Umständen von den Tiefen des Alls in die Umlaufbahn der Erde gebracht haben.

Teures Versteckspiel

Der Amerikaner George H. Leonard ist von der Existenz außerirdischen Lebens auf dem Erdmond überzeugt. In seinem Buch *Someone Else is On Our Moon* (Es gibt Leben auf dem Mond) behauptet er, daß gigantische Maschinen die Mondoberfläche umgraben und Krater ausheben. Seiner Meinung nach haben die außerirdischen Mondbewohner gewaltige Wohnkuppeln und Türme errichtet, riesige kilometerlange Spira-

ebene Flächen aus trockenem Gestein, Staub und vulkanischer Asche handelt. Auf dem Mond gibt es weder Wasser noch Luft. Aus diesem Grund erscheint es unwahrscheinlich, daß dort Leben, wie wir es kennen, existieren kann.

Noch bevor die ersten Astronauten mit der Apollo II im Juli 1969 den Mond erreichten und die trostlose Einsamkeit mit eigenen Augen sahen, hatten die Astronomen früherer Generationen entschieden, daß der Mond eine tote, luftlose Welt ist. Eingehüllt in dicke Raumanzüge, die für die lebenswichtige Versorgung mit Atemluft sorgten, kletterten die ersten Menschen auf dem Mond aus ihrer Rakete hinab auf die düstere, graue Mondoberfläche. Die Unfruchtbarkeit der sie umgebenden Landschaft war sofort zu spüren. So bewiesen auch die von ihnen zur Erde mitgebrachten Felsstücke, daß der Mond eine tote Welt ist und sich seit Milliarden von Jahren nicht verändert hat.

Die amerikanischen Astronauten ließen Instrumente auf der Mondoberfläche zurück, die nach möglicherweise vorhandenen Gasen „schnuppern" sollten. Auch sollten sie eventuelle Bodenerschütterungen aufzeichnen, die dann auf Mondbeben schließen ließen. Von den sowjetischen, unbemannten Sonden Luna kehrten Oberstufen mit Bodenproben zur Erde zurück, die ebenso wie die Bodenproben der Amerikaner eindeutig jede Lebensform auf dem Erdmond ausschlossen.

Diese wissenschaftlichen Unternehmungen hätten eigentlich die Geheimnisse unseres natürlichen Satelliten ein für allemal lüften sollen. Jede neue Antwort warf jedoch auch neue Fragen auf. Selbst über den Ursprung des Mondes wird noch gestritten. Seit über ein-

Ganz oben: Der Schriftsteller George H. Leonard glaubt, auf einer offiziellen NASA-Fotografie auf dem Boden des Kraters Tycho die Buchstaben PAF zu erkennen, die der außerirdischen Kommunikation dienen sollen. Leonard nahm eine Zeichnung (oben) mit seiner rätselhaften Botschaft in sein Buch Someone Else is On Our Moon *(Es gibt Leben auf dem Mond) auf. Er beharrt darauf, Konstruktionen auf dem Kraterboden gesehen zu haben, die Sonnenkollektoren sein könnten.*

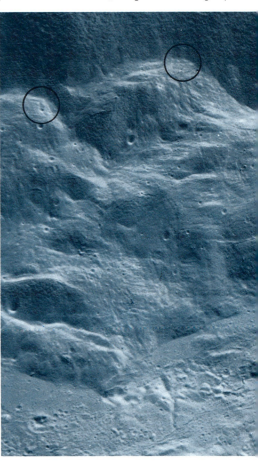

len schräg in die Mondkruste getrieben. Sie sollen sogar große Spalten in der Oberfläche des Mondes miteinander verbunden haben.

Leonard ist sich sicher, daß die amerikanische Weltraumbehörde NASA ihr Wissen um die Außerirdischen zurückhält. Er glaubt, daß die Astronauten der Apollo verhüllende Worte zur Beschreibung der Mondoberfläche wählten, damit bei der Übertragung der Bilder nicht die Existenz außerirdischen Lebens ans Licht käme. So wurden nach Leonard die mehrere Milliarden teuren Mondlandungen nicht zu wissenschaftlichen Zwecken geplant, auch nicht wegen des politischen Ruhms, das Wettrennen im All gewonnen zu haben: Sowohl die Regierung der USA als auch der UdSSR, so Leonard, hatten sich streng geheim verbündet, um den außerirdischen Mondbewohnern auf die Spur zu kommen. Als die ersten Astronauten dann riesige, leistungsstarke außerirdische Maschinen vorfanden, ohne ihre Verwendung erklären zu können, hielten die Regierungen die Ergebnisse der Mondlandung unter Verschluß. Die NASA erzählte der Welt, daß sie „für den Augenblick die bemannten Landungen eingestellt" hätte.

In seiner Hypothese stützt sich Leonard auf seine eigene Untersuchung Tausender Nahaufnahmen, die bei bemannten und unbemannten Flügen zum Mond gemacht wurden. Er versichert, daß seine Auslegung von „Dr. Sam Wittcomb" – ein Pseudonym für einen ehemaligen Mitarbeiter der NASA – unterstützt wird. Leonards gesamte „Beweise" basieren auf veröffentlichten Fotografien der NASA; seine „künstlichen Bauten" kann man allerdings nur bei genauer Betrachtung durch ein Vergrößerungsglas erkennen. Leonard sagt, daß „zwölf Quadratzentimeter Mondterritorium auf den glänzenden, von der NASA veröffentlichten Fotos ei-

Oben: Die beiden Spuren auf der Mondoberfläche wurden, so behauptet es der Schriftsteller George Leonard, von intelligenten Wesen verursacht. Die kürzere, kettengliedartige Spur erstreckt sich über 275 Meter; die schmalere, schwächere Spur auf der äußersten rechten Seite des Bildes ist 365 Meter lang.

Links: Die schwer erkennbaren x-förmigen Zeichen (eingekreist und auf der unteren Zeichnung wiedergegeben) sind nach Leonards Meinung ferngesteuerte X-Drohnen – außerirdische Maschinen mit einer Armlänge von bis zu fünf Kilometern, die in der Lage sind, Gestein in Staub zu verwandeln.

nen wochenlang beschäftigen können. Und am Ende dieser Wochen hat man vielleicht nur einen Hauch Ahnung von der Hälfte dieses Gebietes."

Leonard behauptet, daß die Fotografien Objekte von einer solchen Regelmäßigkeit zeigen, die nur künstlichen Ursprungs sein können. In einem bergigen Gebiet unweit des Kraters Bullialdus glaubt er eine gigantische Gruppe von Zahnrädern – das größte mit einem Durchmesser von acht Kilometern – sowie einen Generator von vergleichbarer Größe entdeckt zu haben. Im bekannten Krater Tycho erkennt er eine künstlich angelegte achteckige Fläche mit den riesigen Schriftzeichen PAF. Weitere schriftzeichenähnliche Glypten (Furchen) kommen auch an anderen Stellen auf der Mondoberfläche vor, sagt er. Am häufigsten findet man die Buchstaben A, X und P. Leonard hat auch Buchstaben vom altertümlichen Runenalphabet entdeckt sowie ein Schriftzeichen, das aussieht wie „ein altes Hindu-S, das mit einem semitischen S verbunden ist". Diese Buchstaben, so vermutet, er, dienen als Markierung, damit die Außerirdischen in ihren UFOs erkennen, welchen Krater sie gerade überfliegen.

In einem mit solchen Glypten gekennzeichneten Krater will Leonard ein halbes Dutzend UFOs am Boden ausfindig gemacht haben. Diese sind, wie er berichtet, oval mit einem Durchmesser von etwa 45–60 Metern; das UFO im Zentrum des Kraters berührt ein „anderes glühendes Objekt, das einer elektrischen Glühbirne ähnelt. Man könnte jetzt mit ziemlich großer Sicherheit davon ausgehen, daß das ovale Objekt … auf irgendeine Art von dem anderen Objekt gewartet wird." Die anderen UFOs warten, bis sie an der Reihe

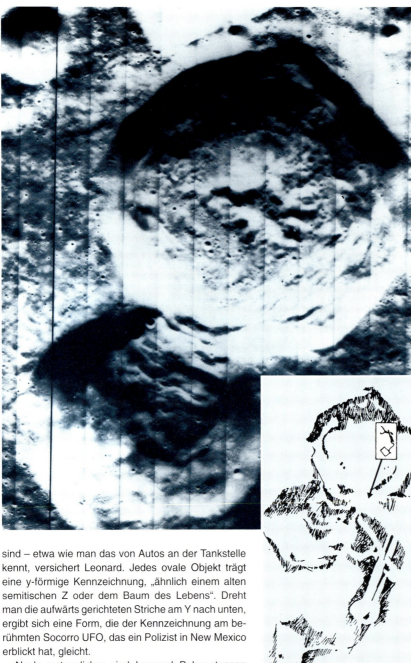

Apollo 14 zwei riesige Superbagger entdeckt hätte, ähnlich den von Menschen geschaffenen Löffelbaggern, aber um ein Vielfaches größer. Er ist überzeugt, die Apollo-Besatzung muß sie auch gesehen, das Geschehene aber geheimgehalten haben.

Ein weiterer Schriftsteller, der gleichfalls die Meinung vertritt, daß die NASA Informationen geheimhält, ist Don Wilson, Autor von *Our Mysterious Spaceship Moon* (Unser geheimnisvoller Raumschiff-Mond). Auch er will merkwürdige Konstruktionen auf dem Mond entdeckt haben. Nach Wilsons Vorstellung ist der Mond teilweise hohl und soll tatsächlich ein Raumschiff aus den fernen Tiefen des Universums sein, das seine außerirdische Besatzung in unser Sonnensystem geflogen hat.

Für seine Theorie verweist Wilson auf zwei angesehene Wissenschaftler – Michael Wasir und Alexander Tscherbakow –, die an der Sowjetischen Akademie der Wissenschaften arbeiteten. Er zitiert ihren Artikel *Is the Moon the Creation of Intelligence?* (Ist der Mond ein Werk der Intelligenz?), der erstmals im Juli 1970 in der Zeitschrift *Sputnik* erschienen war. Wasir und Tscherbakow deuten an, daß der Mond ein Raumschiff von Außerirdischen sei. Die für uns sichtbare Oberfläche sei lediglich eine äußere Hülle, die wirkliche Oberfläche liege 80 Kilometer tief im Inneren des Mondes. Die Außerirdischen sollen für sich einen Raum von 50 Kilometern Höhe beanspruchen und eine durchgehende äußere Hülle von 30 Kilometern Dicke geschaffen haben, die als Schutzschild gegen Meteoriten dient. Oben auf dieser harten Außenhaut liege eine wenige Kilometer dicke Schicht lockeren Füllmaterials – die Mondoberfläche.

Wilson behauptet nun, daß seine Theorie viele der „Geheimnisse" des Mondes erklärt. Die Krater sind im Vergleich zu ihrem Durchmesser ziemlich flach: Auf den Mond aufgeschlagene Meteoriten konnten die harte Außenhaut nicht durchdringen und sprengten le-

sind – etwa wie man das von Autos an der Tankstelle kennt, versichert Leonard. Jedes ovale Objekt trägt eine y-förmige Kennzeichnung, „ähnlich einem alten semitischen Z oder dem Baum des Lebens". Dreht man die aufwärts gerichteten Striche am Y nach unten, ergibt sich eine Form, die der Kennzeichnung am berühmten Socorro UFO, das ein Polizist in New Mexico erblickt hat, gleicht.

Noch erstaunlicher sind Leonard Behauptungen über die außerirdischen Bagger. Am häufigsten entdeckte er die sogenannten ferngesteuerten X-Drohnen. Diese bestehen aus zwei zu einem X verkreuzten Röhren. Die größte Röhre mißt eine Länge von fünf Kilometern. X-Drohnen will Leonard auch an den Kammlinien und Rändern der Krater sowie auf den Kraterbögen gefunden haben. Sie scheinen das darunterliegende Gestein aufzubrechen, indem sie mit Keulen, die an den Enden der Beine befestigt sind, darauf einschlagen. Andere X-Drohnen entfernen den ausgegrabenen Staub mit einer Art Gebläse. Leonard beteuert sogar, eine Gruppe von X-Drohnen gefunden zu haben, die systematisch einen 5800 Meter hohen Berg abtragen, während andere Krater von bis zu sechs Kilometer Durchmesser ausheben. Jeder dieser Krater ist mit einem weißen Kreuz markiert, welches, so meint Leonard, über die Anwesenheit einer X-Drohne informiert.

Leonard zufolge gibt es auf dem Mond jedoch noch andere Maschinen. Er gibt an, daß er auf Fotos der

Ganz oben: George Leonard versichert, er könne auf diesem von der NASA-Sonde Lunar Orbiter 1 am 26. August 1966 aufgenommenen Foto eine gigantische Maschine, einen Superbagger, in der rechten oberen Ecke des oberen Kraters erkennen. Auf der obenstehenden Skizze ist das vermeintliche Objckt eingerahmt wiedergegeben.

Rechts: George Leonard vertritt die Meinung, daß eine mit einer Kuppel versehene Plattform den schmalen dreieckigen Schatten auf der Fotografie des Herodotus-Gebirgszuges verursacht.

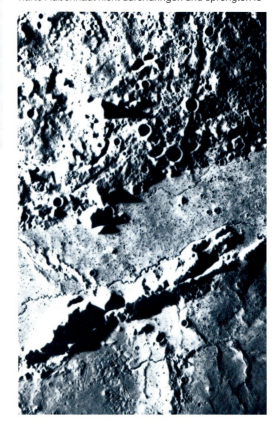

diglich die lockeren Gesteinsmassen zur Seite, so daß weite, aber flache Senken entstanden. Die glatten Lava-Ebenen bestehen dann aus einem „zementartigen Material", das die Außerirdischen zur Reparatur der bei diesen Aufschlägen entstandenen Einkerbungen benutzten. Den russischen Wissenschaftlern zufolge hat der Mond deshalb eine geringere Dichte als die Erde, weil er zum Teil hohl ist.

Uralte Felsen

Wilson akzeptiert diese Interpretation pauschal und fügt einigen der von den Apollo-Missionen gebrachten „Überraschungen" seine eigene Auslegung bei. Zu diesen zählen die Unterschiede zwischen dem Alter des Felsgesteins auf dem Mond und auf der Erde sowie zwischen den Mondfelsen und dem Mondboden, auf dem sie liegen. Wilson schließt aus, daß der Mond älter ist als die Erde, aber auf seiner Reise durch „verschiedene kosmische Zeitzonen" „jüngeres" Gestein aufsammelte. Auch die chemische Zusammensetzung des Mondes unterscheidet sich von der der Erde, und hier deutet Wilson an, daß die Außerirdischen die Oberflächenschichten von innen nach außen schichteten, als sie die Gebiete unter der Außenhaut, die sie als ihren Lebensraum benötigten, aushöhlten.

Ist der Mond auch heute noch bewohnt? Wilson gräbt die 70 Jahre alten Ideen des Österreichers Hans Hoerbiger aus – Ideen, die, nebenbei bemerkt, einen Bestandteil des, wenn auch geringen, philosophischen Hintergrunds des Nationalsozialismus darstellten. Hoerbiger glaubte, die Erde hätte mehr als nur einen Mond gehabt, und unser gegenwärtiger Mond wäre vor erst 13 500 Jahren erschienen. Wilson vermutet, daß Außerirdische in einem beschädigten Raumschiff in unser Sonnensystem kamen, den vorigen Mond der Erde in ein neues Schiff umwandelten und dann mit ihrem neuen Schiff davonflogen. (Er gibt jedoch

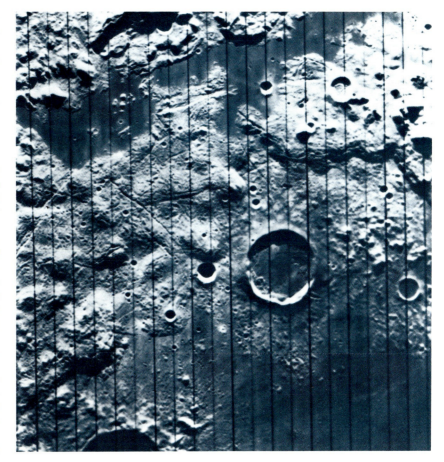

Oben: Auf diesem Foto, das von der anderen Seite des Mondes aufgenommen wurde, identifiziert Leonard verschiedene Konstruktionen als das Ergebnis der Arbeit intelligenter Wesen. Dazu gehört eine Kuppel auf einer „planmäßig errichteten" Plattform mit parallelen, durch einen Bogen verbundenen Wänden. Die gezeigten Landschaftsausschnitte umfassen den flachen, unregelmäßig geformten Lacus Veris, ganz oben im Bild, den großen Krater von Maunder, sowie einen Teil des flachen Mare Orientale im unteren Drittel des Bildes.

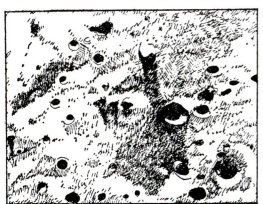

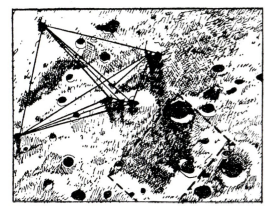

Links: Die Illustrationen aus Don Wilsons Buch Our Mysterious Spaceship Moon *versuchen zu beweisen, daß es sich bei den geometrischen Felsanordnungen im Gebiet westlich des Meeres der Ruhe um Steinsäulen handelt, die von intelligenten Wesen auf dem Mond aufgestellt wurden.*

keinerlei Erklärung für die Herkunft des vorigen Mondes.)

Wilson vertritt die Auffassung, daß diese Außerirdischen, als sie sich in unserer Nähe aufhielten, die Erde auch besuchten und hoch in den Anden die jetzt verlassene Stadt Tiahuanaco (was Wilson mit „Stadt des zum Untergang verurteilten Satelliten" übersetzt) gründeten. Er hat sich auch mit Anhaltspunkten auseinandergesetzt, die andeuten, daß der Mond immer noch von Außerirdischen bewohnt sei. Er entdeckte zwar nicht Leonards ferngesteuerte X-Drohnen, Superbagger oder schriftzeichenähnliche Glypten, fand dafür aber hohe „Turmspitzen", „Blöcke" und „Kuppeln", wobei er sich mehr auf die Kommentare der Apollo-Astronauten verließ und jede Abweichung vom einfachen Englisch als Geheimcode interpretierte. Jedoch, selbst wenn man Wilsons Verdacht bezüglich der Unaufrichtigkeit der NASA akzeptiert, gibt uns dies noch immer keinen Hinweis darauf, was die Astronauten wirklich gesehen haben.

Die Wissenschaftler sind davon überzeugt, daß unser Mond eine tote Welt ist, seit langem nach geologischen Maßstäben inaktiv und zudem ein Satellit, auf dem es noch nie Leben gegeben hat.

Von jeher waren die Astrologen der Auffassung, daß die Himmelskörper das menschliche Leben beeinflussen. Der folgende Beitrag beschäftigt sich mit verschiedenen Theorien über die Auswirkungen der Kraft der Sonne auf unser Verhalten und auf unseren Charakter.

VON KOSMIS

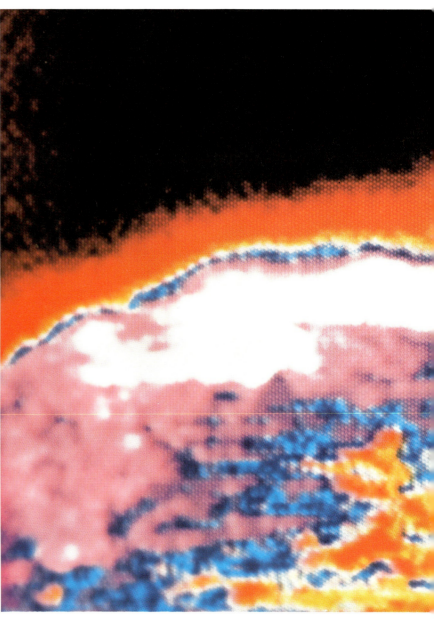

Die Astrologie ist eine sehr alte Wissenschaft: Ihre Lehren und Prinzipien sind uns seit Jahrtausenden überliefert. Vieles von dem, was wir heute als traditionelle Astrologie bezeichnen, hat seinen Ursprung jedoch nicht im Altertum, sondern im späten 19. Jahrhundert. Damals erfuhr das Studium der Astrologie in Europa einen enormen Aufschwung.

Ein Teil der heutigen Verwirrung über das eigentliche Ziel der Astrologie kann auf die Theorien einiger Astrologen des 19. Jahrhunderts, wie zum Beispiel auf R. C. Smith, zurückgeführt werden. Er und andere Astrologen behaupteten, daß die Himmelskörper nicht nur Menschen, sondern auch Tiere, Pflanzen, Edelsteine und Orte beeinflußten. Die Verknüpfung von Objekten mit himmlischen Dingen aufgrund einer „inneren Sympathie" liegt der Lehre von der „Analogie" zugrunde, die wiederum Tierkreiszeichen mit Teilen des menschlichen Körpers assoziiert. Diese Theorie inspirierte den englischen Okkultisten Aleister Crowley (1875–1947) zur Aufstellung seiner „Analogietafeln", die er 1909 unter dem Titel 777 veröffentlichte. Seine 194 Tafeln beinhalten die Entsprechungen der Buchstaben des hebräischen Alphabets zu den Planeten, der Himmelssphäre und den Elementen, zu den Farben, den Tarotkarten, den ägyptischen und römischen Göttern, den Hindu-Göttern, Pflanzen, Edelsteinen, Arzneien und Düften.

Wie oben, so auch unten

Teile seiner Theorie übernahm Crowley von den englischen Okkultisten der achtziger und neunziger Jahre des 19. Jahrhunderts, wie zum Beispiel von L. MacGregor Mathers. Einige seiner Gedanken findet man schon bei mittelalterlichen Gelehrten wie Cornelius Agrippa; wieder andere Aussagen können der römischen Astrologie zugeschrieben werden und Lehren, die mit der jüdischen Kabbala verbunden sind. Die Lehre von den „Analogien" ist eine eindeutige Weiterentwicklung des Prinzips „Wie oben, so auch unten", das jede Eventualität berücksichtigen soll. Obwohl häufig als vollkommen künstlich kritisiert, ist dieses Prinzip auch heute noch häufig ein wesentlicher Bestandteil von Astrologiekursen.

Man mag den Skeptiker verstehen, wenn er einige der fundamentalen Prinzipien der Astrologie, etwa anthropomorphe Zuschreibungen, fraglich findet. Liest man zum Beispiel, daß der typische Fisch (Pisces) ungewöhnlich hervorstehende Augen und einen korpulenten Körperbau hat und daß er oder sie wahr-

Oben: Diese gewaltige Sonneneruption erstreckte sich über eine Fläche von etwa 160.000 Kilometern. Ob wir nun glauben oder bestreiten, daß Sonneneruptionen Auswirkungen auf das Schicksal der Menschen haben, John Nelsons Beobachtungen scheinen jedenfalls darauf hinzudeuten, daß die relative Stellung der Planeten die Aktivität auf der Sonnenoberfläche beeinflußt und demzufolge auch die Menge der die Erde erreichenden kosmischen Strahlung.

scheinlich gut schwimmen kann, dann wird der Skeptiker sagen, daß diese Beschreibung auch auf Menschen anderer Sternzeichen zutrifft. In der Astrologie findet man jedoch häufig anthropomorphe Zuschreibungen. Vom Krebs (Cancer) sagen Astrologen beispielsweise, daß er einen besonderen, ein wenig seitwärts gerichteten Gang habe, der Schütze (Sagittarius, halb Mensch, halb Pferd) soll ein längliches Gesicht mit hervorstehenden Vorderzähnen haben, und der Stier (Taurus) sei typisch starrköpfig, mit einem breiten Gesicht und einem stämmigen Körper.

Durch den Einfluß der Himmelskörper, vor allem durch den der Sonne und des Mondes, kommen angeblich bestimmte Eigenschaften im Menschen zum Tragen. In *Waites Compendium of Natal Astrology* (Kompendium der Geburtsastrologie) werden einige davon aufgeführt:

HEN STÜRMEN

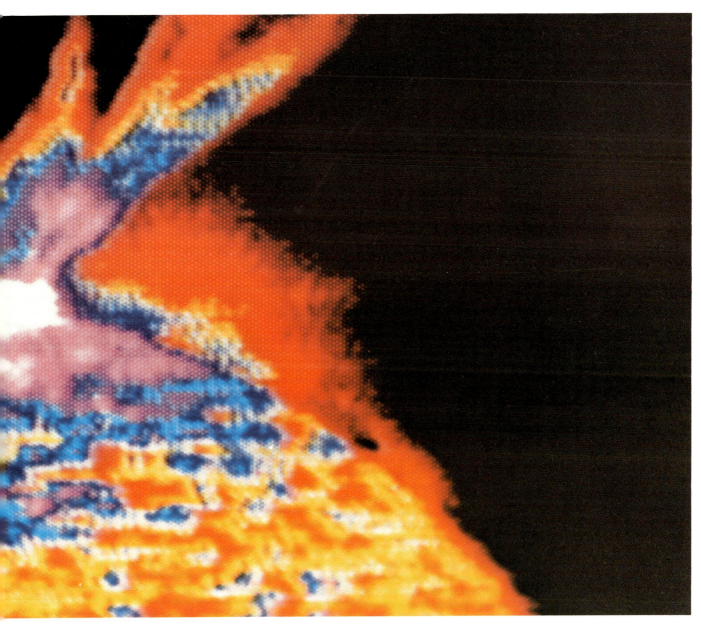

Sonne: Stolz, Großzügigkeit, Egoismus, Ehrgefühl, Treue, Ehrgeiz, Vitalität

Mond: Empfindlichkeit, Sentimentalität, Mutterinstinkt, Fraulichkeit, Unbeständigkeit

Merkur: Schnelligkeit, Scharfsinn, Verstand, Schlagfertigkeit, Redegewandtheit

Venus: Schönheit, Würde, Liebreiz, künstlerischer Geschmack, Sensibilität, Geselligkeit

Mars: Männlichkeit, Stärke, Ausdauer, Mut, Impulsivität, Leidenschaft, Aggression

Jupiter: Optimismus, Großzügigkeit, Fröhlichkeit, Sportlichkeit, Stärke, Vornehmheit, Förmlichkeit

Saturn: Bedachtsamkeit, Schweigsamkeit, Pessimismus, Selbstbeherrschung, Tiefgründigkeit, Standhaftigkeit

Bei den angeführten Eigenschaften handelt es sich um Eigenschaften, die man von den einzelnen Göttern aus der Mythologie kennt – aber warum wurde einem bestimmten Planeten der Name eines bestimmten Gottes verliehen? Der Mars mit seiner roten Färbung als Symbol für Blut und Leidenschaft läßt sich leicht mit dem Kriegsgott identifizieren und damit mit all dem, was als wesentliche männliche Charaktereigenschaften angesehen wird. Nur warum sollte man einen kleinen, hellen Planeten mit Schlagfertigkeit und Verstand in Zusammenhang bringen, während ein anderer Schönheit und Liebreiz verkörpern soll? Warum sollte wohl ein entfernter und sich langsam bewegender Himmelskörper Optimismus und Großzügigkeit symbolisieren, während ein anderer Bedachtsamkeit und Pessimismus verkörpert?

Erst wenn man das Beispiel der Sonne heranzieht, kommt man einer möglichen Erklärung näher. Es gibt Menschen, die der Überzeugung sind, daß Kinder, die im Hochsommer zur Mittagszeit geboren wurden, sich in der Persönlichkeit prinzipiell von denen unterscheiden, die im Winter um Mitternacht geboren wurden. Viele von denen, die von sich behaupten, nicht an Astrologie zu glauben, sind trotzdem überzeugt, daß die Jahreszeit, die Tageszeit und das Wetter zur Zeit der Geburt eines Kindes durchaus dessen Wesen und Verhalten beeinflussen können.

Vor dem Hintergrund dieser Argumentation lesen Sie bitte aufmerksam folgende Zeilen: „Jüngste Untersuchungen eines bekannten Marktforschungsbüros haben gezeigt, daß ein hoher Prozentsatz von Kindern, die in den ersten zwei Wochen im August um die Mittagszeit herum geboren wurden, gesünder sind als der Rest ihres Jahrgangs, im allgemeinen kräftig gebaut, hoch gewachsen und häufig blond sind. In ihrer

weiteren Entwicklung zeigen sie Führungsqualitäten, sind sowohl praktisch veranlagt als auch gutmütig."

Wahr oder nicht wahr, ist die Aussage zumindest glaubhaft formuliert und dürfte selbst Skeptiker zumindest zum Nachdenken bringen. Hätte die Ausführung aber begonnen mit: „Löwen sind tendenziell …" würden wahrscheinlich auch aufgeschlossenere Menschen „Unsinn!" und „Aberglauben!" gerufen haben – so allergisch reagieren viele auf das Thema Astrologie.

Und doch, zu sagen, daß sich die Sonne im Tierkreis des Löwen befindet, heißt nicht mehr, als daß die Wochen zwischen dem 22. Juli und dem 21. August gemeint sind. Daß aber der Teil des Tierkreises, in welchem sich die Sonne zu diesem Zeitpunkt des Jahres befindet, als Löwe bezeichnet wird, kann daran liegen,

DER JUPITEREFFEKT UND ANDERE PHÄNOMENE

1974 führte ein Buch mit dem Titel *The Jupiter Effect* (Der Jupitereffekt) von John Gribbin und Stephen Plagemann zu einer umfangreichen Kontroverse unter den Wissenschaftlern. Die Autoren stellten ihre Hypothese vor, wonach die Stellung der Planeten zur Sonne Auswirkungen auf die Sonnenaktivität habe und eine verstärkte Aktivität auf der Erde seismische Vorgänge auslösen können soll. Diese Vermutung allein hätte aber nicht solch einen Wirbel verursacht. Die Autoren sagten jedoch für 1982 zudem einen besonders starken Ausbruch solarer Aktivitäten voraus, welcher – so ihre Hypothese – auf der ganzen Welt, einschließlich im berüchtigten San-Andreas-Graben in Kalifornien, zu schweren Erdbeben führen würde.
Die Autoren legten sich auf das Jahr 1982 fest, da ihrer Meinung nach im März desselben Jahres der Einfluß von kombinierter pla-

Oben: Dieses farbverstärkte Foto des Jupiters wurde 1979 von der Raumsonde Voyager 1 aufgenommen und zeigt den wolkenverhüllten Planeten mit seinem Großen Roten Fleck, von dem man annimmt, daß es sich um eine atmosphärische Störung handelt, die seit mindestens 200 Jahren andauert.

netarer Gravitation auf die Sonne spektakuläre Sonneneruptionen auslösen würde. Da Jupiter der größte Planet mit der stärksten „Zugkraft" ist, wurde die Theorie von einem derartigen Einfluß der Planeten als „Jupitereffekt" bezeichnet.
Die Vorhersage massiver Erdbeben stellte sich jedoch als falsch heraus. Die Sonnenaktivität erreichte 1979 einen Höhepunkt; Kalifornien wurde nicht von besonders schweren Erdbeben heimgesucht, und die Autoren zogen ihre Vorhersage offiziell zurück. In einer weiteren Veröffentlichung *Beyond The Jupiter Effect* (Was hinter dem Jupitereffekt steckt) aus dem Jahre 1983 gaben Gribbin und Plagemann ihren Irrtum zu, unterstrichen jedoch erneut ihre Überzeugung, daß die seismischen Aktivitäten auf der Erde in den Jahren erhöhter Sonnenaktivität am stärksten sind. Sie wiederholten ebenfalls ihre Argumentation, daß die Wechselwirkung der Gravitation zwischen kosmischen Körpern das Klima der Erde beeinflussen kann und so eventuell dramatische Auswirkungen auf die Nahrungsmittelproduktion hat.

daß über die Jahrhunderte die Erfahrungen gezeigt haben, daß die Kinder, die in dem Zeitraum geboren wurden, den wir August nennen, dahin tendieren, wesentliche Eigenschaften aufzuweisen, die der Mensch dem Löwen zuweist.

Dann ist es möglich, daß alle Konstellationen des Tierkreises ursprünglich nach den Charaktereigenschaften derjenigen benannt wurden, die zu dem jeweiligen Zeitpunkt des Jahres geboren wurden. Möglich ist auch, daß die Namen der Planeten zugleich das Temperament derjenigen bezeichnen, die geboren wurden, als dieser Planet im Horoskop dominierte. Wir haben es hier – das sollte man nicht vergessen – mit einer Flut von detaillierten Informationen zu tun, die über etwa 2000 Jahre zusammengetragen wurden.

Das Horoskop ist eine Zeittafel für einen bestimmten Augenblick. Für die in diesem Augenblick geborene Person zeigt das Horoskop ihr „Sonnenzeichen" – es sagt uns, in welchem Zwölftel des Jahres die Geburt erfolgte, mit anderen Worten gibt es die Stellung der Sonne im Horoskopkreis und des am östlichen Horizont bei der Geburt aufsteigenden Zeichens (des Aszendenten) an. Es nennt auch die relative Position von bis zu neun anderen „Markierungspunkten" (Marker) am Himmel.

Der bedeutendste dieser Marker ist der Mond, der sich in weniger als drei Tagen durch jedes Tierkreiszeichen hindurch bewegt. Es ist allgemein anerkannt, daß die Sonne und der Mond einen sehr großen Einfluß auf die Menschen ausüben: die Sonne, weil sie Licht und Wärme spendet und für die Photosynthese unabdingbar ist; Sonne und Mond zusammen, da ihre Gravitationskräfte miteinander beziehungsweise gegeneinander gerichtet die Gezeiten hervorrufen. Da die Geschichte der Menschen über 600 Millionen Jahre in einer engen Verbindung mit dem Wasser zurückverfolgt werden kann, gibt es keinen Grund anzunehmen, wir würden nicht auf die Kraft der Gezeiten reagieren. Hat man dies erst einmal als Möglichkeit akzeptiert, kann man die Art der Beeinflussung der Gravitations- und Magnetfelder innerhalb des Sonnensystems durch die Bewegung der Planeten untersuchen.

Immer wieder die Sonne

In der Mitte der vierziger Jahre unseres Jahrhunderts errichtete John Nelson, ein Techniker der „RCA Communications Inc.", ein Teleskop auf dem Dach des Bürogebäudes der Firma mitten in Manhattan, New York, und begann, die Sonne zu studieren. Nelson wußte, daß ungewöhnlich starke Sonnenaktivität im allgemeinen von starken Störungen der Funkübertragungen begleitet war. Seine Aufgabe bestand darin, einen Weg zu finden, diese „kosmischen Stürme" vorherzusagen.

Bis 1967 konnte Nelson mit seiner Untersuchungsmethode bereits eine Erfolgsquote von 93 Prozent bei insgesamt 1460 Vorhersagen von schweren magnetischen Stürmen verzeichnen. Über die Jahre hatte er auch gelernt, welche Planetenstellungen gut beziehungsweise schlecht für die Übertragung von Funksignalen waren. Störungen, so hatte er entdeckt, traten immer dann auf, wenn zwei oder mehr Planeten im Winkel von 0°, 90° oder 180° im Verhältnis zur Sonne auseinanderstanden – gleich, ob Sonnenaktivitäten vorhanden waren oder nicht. Außerdem traten größere

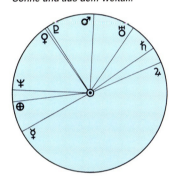

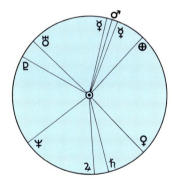

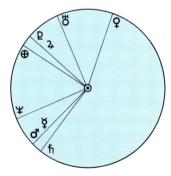

☿	Merkur	♄	Saturn
♀	Venus	♅	Uranus
⊕	Erde	♆	Neptun
♂	Mars	♇	Pluto
♃	Jupiter		

Störungen auf, wenn einer der vier inneren Planeten (Merkur, Venus, Erde oder Mars) in dieser geometrischen Anordnung mit einem der riesigen äußeren Planeten, wie zum Beispiel Jupiter oder Saturn, verbunden war. Es zeigte sich, daß noch schwerwiegendere Störungen auftraten, wenn fünf oder sechs Planeten innerhalb von wenigen Tagen diese Anordnung passierten. Nelson kam zu der Auffassung, daß der Merkur für das Auslösen von 90 Prozent aller magnetischen Stürme verantwortlich war.

Die Ursache dieser Auswirkungen auf die Erde ist bis heute nicht geklärt: Vielleicht handelt es sich nur um eine Art Ebbe und Flut der Gravitation, oder Ursache ist die eine Sonneneruption begleitende Flut kosmischer Strahlung. Einige Biologen sind der Ansicht, daß heftige kosmische Stürme die Evolution wesentlich beeinflussen können, und Meteorologen sind sich nur zu gut über deren Auswirkungen auf das Wetter im klaren. Was die Ursache für die Sonneneruptionen betrifft, so ist es nicht zu weit hergeholt, anzudeuten, daß sie das Ergebnis einer Art solarer Flutwelle sind, verursacht durch die Stellung der Planeten zur Sonne.

Es verbleiben mindestens zwei Richtungen, in denen geforscht werden müßte. Erstens: Da Nelson mit seiner Arbeit eine enge Verbindung zwischen den Stellungen der Planeten zur Sonne und der ungewöhnlich vermehrten Sonnenaktivität nachgewiesen hat, besteht dann nicht auch die Möglichkeit, einen ähnlichen Zusammenhang zwischen der Stellung der Planeten zur Erde und der Geburt von Kindern mit bestimmten Persönlichkeitsmerkmalen herzustellen? Und zweitens: Wenn sich dieser Zusammenhang nachweisen läßt – was einen wesentlichen Beweis für die fundamentalsten Lehren der Astrologie erbringen würde –, müßten wir als nächstes untersuchen, ob der Einfluß auf die Persönlichkeit vor allem der Gravitation oder aber dem Auftreten verschiedener Intensitäten kosmischer Strahlung zuzuschreiben ist.

Halb Mensch, halb Fisch – so werden Meerjungfrauen in Volksmärchen und sogar in den Logbüchern einiger Seefahrer beschrieben. Gibt es jedoch Fakten, die für die Existenz dieser interessanten Geschöpfe sprechen?

D ie Legende über Meerjungfrauen und Wassermänner reichen bis in die Antike zurück. Diese Geschöpfe sind immer wiederkehrende Motive in den Sagen fast jedes Volkes. Durch die Jahrhunderte wollen unzählige Menschen die rätselhaften Wasserbewohner gesehen haben – und, glaubt man den Berichten, so sind die Meere auch heute noch das Zuhause zahlloser Meerjungfrauen.

Am 20. Dezember 1977 berichtete die südafrikanische Zeitung *Pretoria News* über den Fund einer Meerjungfrau in einem Abwasserkanal im Limbala Stage II Township von Lusaka. Die Aussagen der Augenzeugen widersprachen einander, und es war schwierig herauszufinden, wer denn nun eigentlich was gesehen hatte: Es scheint, daß die Meerjungfrau von Kindern entdeckt wurde. Sobald das bekannt wur-

DER REIZ DER MEERJUNGFRAU

de, versammelte sich dort eine Menschenmenge. Einem Reporter wurde erzählt, daß das Geschöpf „von der Taille aufwärts wie eine europäische Frau aussah, während der Rest des Körpers dem hinteren Teil eines Fisches ähnelte und mit Schuppen bedeckt war".

Die ersten Aufzeichnungen über einen Wassergeist betreffen den fischschwänzigen Gott Ea, auch bekannt unter dem Namen Oannes, einer der drei großen Götter der Babylonier. Er war der Herrscher der Meere, der Gott des Lichtes und der Weisheit und brachte seinem Volk die Kultur. Ursprünglich war Oannes der Gott der Akkadier gewesen, einem semitischen Volk im nördlichen Babylonien, von dem die Babylonier ihre Kultur herleiteten. Er wurde bereits im Jahre 5000 vor unserer Zeitrechnung in Akkad verehrt.

Fast unser ganzes Wissen über den Oannes-Kult verdanken wir den erhalten gebliebenen Fragmenten einer dreibändigen Geschichte von Babylonien, die im 3. Jahrhundert v. Chr. von Berossus, einem chaldäischen Priester der Bel, in Babylon geschrieben wurde. Im 19. Jahrhundert entdeckte Paul Emil Botta, der französische Vizekonsul in Mosul, Irak, und passionierte Archäologe (wenn es ihm auch vornehmlich um Grabplünderung ging) im Palast des assyrischen Königs Sargon II. bei Khorsabad in der Nähe von Mosul

eine bemerkenswerte Skulptur des Oannes aus dem 8. Jahrhundert v. Chr. (jetzt im Pariser Louvre) und dazu noch Reliefs, auf denen mehrere Menschen in fischähnlicher Kleidung zu sehen waren.

Ein weiterer alter fischschwänziger Gott war Dagon, der von den Philistern verehrt wurde und der in der Bibel (1. Sam 5, 1–4) erwähnt wird. Wir erfahren, daß die Bundeslade direkt neben die Statue des Dagon in einem ihm geweihten Tempel in Aschdod, einem der fünf großen philistäischen Stadtstaaten, gestellt wurde. Am folgenden Tag lag die Statue „vor der Lade des Herrn, mit dem Gesicht zur Erde gewandt". Mit großer Bestürzung und zweifellos noch größerer Furcht stellte das Volk von Aschdod die Dagon-Statue wieder an ihren Platz. Am darauffolgenden Tag jedoch war sie wieder vor die Bundeslade gefallen, dieses Mal waren aber der Kopf und die Hände abgebrochen.

Es ist ebenfalls wahrscheinlich, daß die Frau und die Töchter Oannes Fischschwänze hatten. Erhalten gebliebene Darstellungen sind jedoch undeutlich und lassen keine eindeutige Bestimmung zu. Keine Zweifel gibt es dagegen bei der semitischen Mondgöttin Atargatis, die zuweilen auch Derketo genannt wird. Der griechische Schriftsteller Lukian (etwa 120–180 n. Chr.) beschrieb sie in seinem Werk *De Syriam Dea:*

Oben links: Die „Fejee mermaid" war 1842 die Hauptattraktion des Wanderzirkus von Phineas T. Barnum. Sie wurde auf Plakaten mit verlockenden Meereswesen, ähnlich dem auf dem Gemälde von John Waterhouse (oben), angekündigt. Wir wissen aber, daß diese „Meerjungfrau" eine Fälschung war, die aus dem Rumpf eines weiblichen Affen bestand, der auf einen großen, ausgestopften Fischschwanz aufgesetzt wurde.

„Von dieser Derketo sah ich in Phönizien eine Zeichnung, in der sie in einer merkwürdigen Gestalt dargestellt wurde: In der oberen Hälfte ist sie eine Frau, von der Taille aber hinunter zu den unteren Gliedmaßen hat sie einen Fischschwanz."

Fischschwänzige Gottheiten sind in beinahe jeder Kultur des Altertums anzutreffen. Im Mittelalter sah man fischschwänzige Wesen dann eher als menschenähnliche Meeresbewohner an. Plinius d. Ä. (23–79 n. Chr.), ein römischer Staatsbeamter und enzyklopädischer Schriftsteller, der bei Ausbruch des Pompeji zerstörenden Vesuvs getötet wurde, war für die abendländischen Gelehrten von bedeutendem Einfluß. Für die mittelalterlichen Gelehrten galten die Aussagen Plinius' als über jeden Zweifel erhabene Wahrheiten. Aus diesem Grund akzeptierten sie auch das, was er über die Meermenschen zu berichten wußte:

„Ich habe verdiente Mitglieder des Ritterordens (römische Soldaten) als Zeugen [...] die im Golf von Ca-

Oben: Die Meerjungfrau, die Mathy Trewhella entführt haben soll, ist für die Nachwelt in der Kirche in Zennor, Cornwall, England, in eine Bank geschnitzt worden. Die Schnitzerei ist etwa 600 Jahre alt, die Legende kann jedoch beträchtlich älter sein.

Links: Meerjungfrauen, Wassermänner und Meerkinder vergnügen sich auf diesem Bild in der wogenden See.

Unten: Berichte und Darstellungen von Meerjungfrauen entsprangen häufig erotischen Männerphantasien. So sollen sie etwa ertrinkenden Seeleuten zu Hilfe kommen.

diz einen Meermenschen gesehen hatten, der in allen Teilen seines Körpers vollkommen einem menschlichen Wesen glich [...]"

Es ist jedoch nicht klar, warum die „verdienten Mitglieder" glaubten, einen Meeresbewohner gesehen zu haben, obwohl er doch so vollkommen einem Menschen ähnelte. Plinius war aber überzeugt davon, daß es die Wesen aus dem Meer wirklich gab.

Die Geschichten über die Meermenschen fanden Verbreitung, und merkwürdigerweise wurde dies von der Kirche offen unterstützt, die es als angebracht empfand, die alten heidnischen Legenden an ihre eigenen Belange anzupassen. Meerjungfrauen wurden in das *Bestiarium* (Tierbuch) aufgenommen, und in vielen Kirchen und Kathedralen fand man geschnitzte Darstellungen. Ein besonders schönes Exemplar einer geschnitzten Meerjungfrau ist in der Kirche von Zennor in Cornwall, England, an der Seite einer Bank zu sehen. Man nimmt an, daß diese Schnitzerei etwa 600 Jahre alt ist, und sie wird mit der Legende von Mathy Trewhella, dem Sohn des Kirchenvorstehers, in Verbindung gebracht, der eines Tages auf unerklärliche Weise verschwand. Jahre danach kam ein Schiffskapitän nach St. Ives und erzählte, wie er vor Pendower Cave geankert hatte, als eine Meerjungfrau erschien und zu ihm sagte: „Dein Anker versperrt unsere Höhle, Mathy und unsere vier Kinder kommen dort nicht heraus." Für die Einwohner von Zennor war das die Erklärung für Mathys geheimnisvolles Verschwinden.

Im allgemeinen aber verhieß der Anblick der Meerjungfrauen nichts Gutes. Man sagte ihnen nach, daß sie mit ihrem wunderbaren Gesang so manche Schiffsbesatzung bezauberten und das Schiff dann – wie die sagenhaften Sirenen der griechischen Mythologie – an gefährliche Klippen lockten.

Nachgewiesene Begegnungen

Im späten Elisabethanischen und frühen Jakobinischen Zeitalter war der Glaube an die Meerjungfrauen teils stärker und teils schwächer ausgeprägt. Solche Männer wie der Philosoph Frances Bacon und der Dichter John Donne wußten viele Naturerscheinungen rational zu erklären, so auch die Meerjungfrauen. Dies war nun auch die Zeit der aufblühenden Seefahrt, und manch großer Seefahrer erzählte von persönlichen Begegnungen mit den Wesen aus dem Meer. Im Jahre 1608 machte der Seefahrer und Forscher Henry Hudson, nach ihm wurden die Gebiete an der Hudson Bay benannt, den folgenden sachlichen Eintrag in sein Logbuch:

„Heute morgen schaute einer aus unserer Mannschaft über Bord und erblickte eine Meerjungfrau. Er rief nach den anderen, damit auch sie die Meerjungfrau sehen könnten. Ein weiterer Seemann kam, da war die Meerjungfrau schon dicht längsseits am Schiff und blickte die Männer sehr ernsthaft an: Kurz darauf wurde sie von einer Welle in die Höhe getragen: Vom Nabel aufwärts ähnelten der Rücken und die Brüste einer Frau (wie die sagten, die sie sahen); der Körper war so groß wie unserer auch, ihre Haut war sehr weiß, und sie hatte langes, schwarzes Haar; als sie untertauchte, sahen sie ihren Schwanz, der aussah wie der Schwanz eines Delphins und gefleckt war wie der einer Makrele. Die Namen derer, die sie gesehen haben, lauten Thomas Hilles und Robert Raynar."

Hudson war ein äußerst erfahrener Seemann, der

129

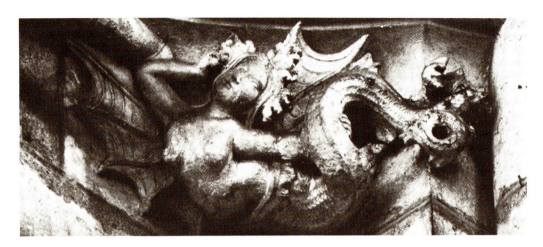

seine Mannschaft kannte und sich vermutlich nicht die Mühe gemacht hätte, einen üblen Scherz in das Logbuch einzutragen. Darüber hinaus zeigt dieser Bericht an sich schon, daß der Mannschaft die Geschöpfe aus dem Meer nicht unbekannt waren.

Die hohe Zeit der Meerjungfrauen kam jedoch im 19. Jahrhundert. Zu jener Zeit wurden den Menschen mehr falsche Meerjungfrauen auf Jahrmärkten und Ausstellungen vorgeführt als jemals zuvor. Damals wurde aber auch von mehreren erstaunlichen Begegnungen berichtet. Dazu gehören auch die beiden glaubwürdigsten Berichte, die je aufgezeichnet wurden. Am 8. September 1809 veröffentlichte die *Times* den folgenden Brief des schottischen Schulmeisters William Munro:

„Vor etwa zwölf Jahren, als ich Schulmeister der Kirchenschule von Reay (Schottland) war, machte ich einen Spaziergang zur Küste vom Sandside Bay. Da es ein sehr angenehmer und warmer Sommertag war, entschloß ich mich, meinen Spaziergang bis zum Sandside Head auszudehnen, als meine Aufmerksamkeit auf eine Gestalt gelenkt wurde, die einer unbekleideten Frau glich. Sie saß auf einem Felsen, der sich bis ins Meer erstreckte, und war offensichtlich dabei, sich das ihre Schultern umhüllende Haar von hellbrauner Farbe zu kämmen. Die Gestalt ähnelte mit all dem, was man sehen konnte, so verblüffend einer Frau, daß, wenn dieser Felsen, auf dem sie saß, nicht an einer zu gefährlichen Stelle für ein Bad gelegen wäre, ich diese Gestalt für ein menschliches Wesen hätte halten müssen. Dem ungeübten Auge wäre dies auch zweifelsohne so erschienen. Das Haupt war von Haar der oben erwähnten Farbe bedeckt, am Scheitel war es etwas dunkler, eine rundliche Stirn, ein volles Gesicht, gerötete Wangen, die Augen blau, der Mund und die Lippen natürlich geformt, ähnlich denen eines Mannes; die Zähne waren nicht zu sehen, da ihr Mund geschlossen war; die Brüste und der Bauch, die Arme und die Finger entsprachen von der Größe her einem erwachsenen Körper der Gattung Mensch; die Finger hatten, soweit ich aufgrund der Tätigkeit ihrer Hände sehen konnte, keine Schwimmhäute. Aber da bin ich mir nicht ganz so sicher. Sie blieb drei oder vier Minuten, nachdem ich sie erblickt hatte, auf dem Felsen sitzen und kämmte während dieser Zeit ihr Haar, das lang und dick war und auf das sie stolz zu sein schien, dann ließ sie sich ins Meer gleiten …"

Was immer William Munro auch gesehen und so ausführlich beschrieben hat, er war nicht allein, denn er fügte hinzu, daß mehrere Leute vor ihm, deren „Wahrheitsliebe ich nie habe anzweifeln hören", be-

hauptet hätten, die Meerjungfrau gesehen zu haben. Aber erst als er sie selbst gesehen hatte, war er „geneigt, ihren Berichten Glauben zu schenken".

Etwa um 1830 herum behaupteten Einwohner von Benbecula auf den Hebriden, eine junge Meerjungfrau fröhlich spielend im Meer gesehen zu haben. Einige Männer versuchten hinauszuschwimmen und sie zu fangen, aber sie schwamm ihnen mühelos davon. Dann warf ein kleiner Junge Steine nach der Meerjungfrau, von denen sie einer traf. Sie schwamm fort. Einige Tage später, etwa drei Kilometer von dem Ort entfernt, wo sie gesehen wurde, fand man den Leichnam der kleinen Meerjungfrau an die Küste geschwemmt. Viele Menschen kamen zum Strand, um den winzigen, hilflosen Körper zu sehen. Nach eingehender Untersuchung des Leichnams wurde festgestellt:

„Der obere Teil des Wesens hatte etwa die Größe eines gutgenährten drei- oder vierjährigen Kindes mit einer unnatürlich stark entwickelten Brust. Das Haar war lang, dunkel und glänzend, die Haut weiß, weich und zart. Der untere Teil des Körpers war wie ein Lachs geformt, aber ohne Schuppen."

Zu den vielen Menschen, die den kleinen Körper sahen, gehörte auch Duncan Shaw, Gutsverwalter von

Clanranald und Richter des Bezirkes. Er wies an, einen Sarg und ein Leichentuch für die Meerjungfrau anzufertigen und sie zur letzten Ruhe zu betten.

Von den vielen Fälschungen aus jener Zeit genügt es, ein oder zwei zu erwähnen, um so den Erfindungsreichtum der Fälscher zu illustrieren. Ein berühmtes Beispiel wird von der englischen Autorin Sabine Baring-Gould in *The Vicar of Morwenstow* (Der Vikar von Morwenstow) eingehend beschrieben. Der fragliche Vikar war der exzentrische Robert S. Hawker, der – aus Gründen, die ihm selbst am besten bekannt waren – im Juli 1825 oder 1826 vor der Küste von Bude in Cornwall, England, eine Meerjungfrau nachahmte. Eines Nachts bei Vollmond schwamm oder ruderte er zu einem Felsen unweit der Küste, setzte eine Perücke aus geflochtenem Seetang auf und wickelte Öltücher

lesen: „Eine Meerjungfrau wurde neu ins Museum aufgenommen – kein Preisaufschlag." Angezogen von dem Bild und der Vorstellung, was man da drin wohl zu sehen bekäme, kauften viele tausend eine Eintrittskarte, um sich dieses bemerkenswerte Spektakel nicht entgehen zu lassen.

Aber auch in jüngerer Vergangenheit sollen Meerjungfrauen gesehen worden sein. So zum Beispiel 1947 von einem Fischer auf der Hebrideninsel Muck. Die Meerjungfrau saß auf einer im Wasser treibenden Heringskiste (die zur Aufbewahrung lebender Hummer diente) und kämmte ihr Haar. Als sie bemerkte, daß sie beobachtet wurde, sprang sie ins Meer. Bis zu seinem Tod Ende der fünfziger Jahre war der Fischer nicht davon abzubringen, eine Meerjungfrau erkannt zu haben.

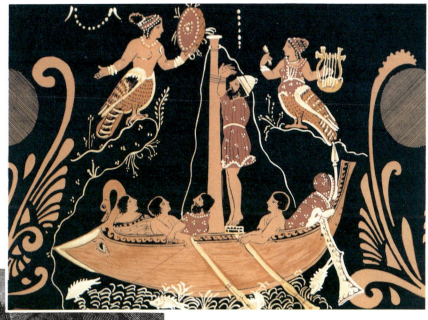

um seine Beine. Unbekleidet von der Taille aufwärts, sang er schließlich – was keine Wohltat für die Ohren war – so lange, bis er von der Küste aus gehört und gesehen wurde. Als die Neuigkeit in Bude bekannt wurde, strömten die Menschen zusammen, um ihn zu sehen, und Hawker wiederholte seine Vorstellung. Nach mehreren Auftritten verlor Hawker jedoch den Spaß an der Sache – seine Stimme war auch etwas heiser geworden – und trug unverkennbar *God Save the King* vor, stürzte sich in die See und ward als Meerjungfrau nimmermehr gesehen.

Dem großen amerikanischen Schausteller Phineas T. Barnum (1810–1891) werden zwei vielsagende Zitate zugeschrieben: „There's one (a sucker) born every minute" (Die Dummen werden nicht alle) und „Every crowd has a silver lining" (in Verballhornung eines Sprichwortes: Es ist ein Silberstreifen in der Menge). Barnum kaufte eine „Meerjungfrau", die er in „Watson's Coffee House" in London gesehen hatte, wo man sie für einen Schilling besichtigen konnte. Bei dem Wesen handelte es sich um ein scheußliches, runzliges Ding – wahrscheinlich die Mißbildung eines Fisches. Barnum nahm es in seine Kuriositätensammlung für seine „Größte Show der Welt" auf. Der Trick bestand aber darin, daß er vor dem Eingang zu seiner „Meerjungfrau-Show" ein auffälliges Plakat anbrachte, auf dem drei wunderschöne Frauen in einer Unterwasserhöhle ausgelassen herumtollten. Unter diesem Bild war zu

1978 erblickte der philippinische Fischer Jacinto Fatalvero in einer mondhellen Nacht nicht nur eine Meerjungfrau, sie half ihm sogar, einen großen Fang zu machen. Mehr ist darüber kaum bekannt, denn nachdem Fatalvero die Geschichte weitererzählt hatte, wurde er zur Zielscheibe von Witzen, zum Gespött der Leute und natürlich von den Medien gejagt. Verständlicherweise hat er sich dann geweigert, noch ein Wort davon verlauten zu lassen. Es wird angenommen, daß die Legende von den Meerjungfrauen auf einer Verwechslung mit Robben oder mit zwei im Meer lebenden Säugetieren beruht, der Rundschwanz-Seekuh und dem Dugong (eine Seekuh des Indischen Ozeans). Offensichtlich lassen sich viele Berichte auf diese Weise erklären. Dies ist mit Sicherheit aber keine plausible Erklärung.

Links: Junge Mädchen des Temiar-Senoi-Stammes schmücken sich mit Blumen, bevor sie an einer Trancezeremonie teilnehmen und der Dorfschamane Geister zur Heilung von Kranken herbeiruft. Der Schamane erfährt in seinen Träumen die besondere Melodie, mit der ein bestimmter guter Geist herbeigerufen werden kann, um den bösen Einfluß, der für eine Krankheit verantwortlich ist, zu brechen.

Unten: Wenn dieser kleine für die Trancezeremonie vorbereitete Senoi-Junge später einmal ein Schamane werden möchte, muß er in einem Traum von einem Geist „adoptiert" werden.

MIT TRÄUMEN ARBEITEN

Im allgemeinen messen wir unseren Träumen wenig Bedeutung zu. Die Senoi – ein malaiischer Stamm – wissen jedoch schon seit langem, daß Träume die Kanäle für außersinnliche Wahrnehmungen sein können.

Im Jahr 1932 erforschte der britische Anthropologe Pat Noone ein abgelegenes Gebiet im Hochland der Malaiischen Halbinsel. Auf seiner Forschungsreise studierte er unmittelbar einen Stamm, der sich Temiar Senoi nannte. Noone war der Ansicht, es handele sich um außergewöhnlich zufriedene Menschen. In seinen Briefen nannte er sie sogar „das glückliche Volk". Ihre Ehen waren dauerhaft, Gewalt und Verbrechen gab es nicht im Stamm. Auch die Kinder schienen wundersam zufrieden zu sein. Noone fragte sich, warum sich dieser Stamm so auffällig von den aber-

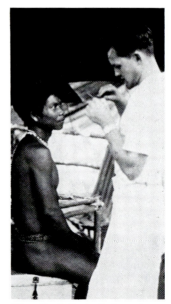

Oben: Der britische Anthropologe Pat Noone beschäftigte sich über lange Zeit mit dem Studium des Traumlebens der Temiar Senoi.

gläubischen, furchtsamen und oft gewalttätigen Stämmen unterschied, die das umliegende Gebiet bewohnten. Um dies herauszufinden, verbrachte er den Rest seines Lebens damit, die Temiar Senoi zu studieren, und er lud den amerikanischen Psychologen Kilton Stewart ein, an seiner Arbeit teilzuhaben und sein Fachwissen mit einzubringen.

Noone entdeckte, daß sich die Kultur der Senoi in großem Maße auf die gemeinsame Beschäftigung mit Träumen stützte. Jeden Morgen traf sich die Großfamilie bei der ersten Mahlzeit des Tages, um sich gegenseitig von den Träumen der letzten Nacht zu erzählen und diese zu besprechen. Sobald ein Kind sprechen konnte, wurde es dazu angeregt, ebenfalls seine Träume zu beschreiben. Dadurch wurde es schrittweise immer vertrauter mit seiner eigenen inneren Welt und auch der der anderen.

führt würde, sie eine mit ihr zusammen begrabene Holzkiste in der Mitte der Gemeinschaftshütte erscheinen lassen würde.

In jener Nacht tanzte der Stamm den Tanz aus dem Traum des Schamanen: Am Schluß des Tanzes erschien eine Holzkiste in der Luft und fiel zu Boden. Ein kalter Lufthauch durchzog die Hütte, und die Kranken gesundeten rasch.

Stewart und Noone hörten sich diesen Bericht skeptisch an und beschlossen, den Schamanen zu hypnotisieren, um so die zugrundeliegende Wahrheit zu entdecken. Aber auch unter Hypnose wiederholte der Schamane die Geschichte mit nur geringen Abweichungen. Der Schamane hatte also zumindest keinen bewußten Trick angewendet. Seiner Aussage nach war er genauso überrascht gewesen wie die anderen Stammesmitglieder auch, als die Kiste tatsächlich erschien.

Ob wir diese außergewöhnliche Geschichte nun glauben oder nicht – und der Beweiswert einer unter Hypnose erzählten Geschichte ist wahrscheinlich sehr zu bezweifeln –, es handelt sich hier um eine von den vielen Geschichten, erzählt von den Kulturen, die an die heilende Kraft von Träumen glauben. Ist es möglich, daß solche Phänomene auch in unserer Gesellschaft auftreten?

Um mehr über die Dynamik von Träumen herauszufinden, stellte der englische Traumforscher Joe Friedman 1972 Gruppen zusammen, die nach der Senoi-Methode arbeiteten. Einen Abend in der Woche trafen sich eine Reihe von Londonern im Alter von 20 bis 50 Jahren, die sich zum Teil zuvor nicht gekannt hatten, um sich gegenseitig ihre Träume zu erzählen und über sie zu reden. Jedes Gruppenmitglied berichtete über einen Traum, den er oder sie seit dem letzten Gruppentreffen gehabt hatte. Danach versuchte die Gruppe, die geträumten Ereignisse und die damit verbundenen intensiven Gefühle zu erklären.

Der gemeinsame Traum

Obwohl das Hauptanliegen dieser Treffen darin bestand, den Gruppenmitgliedern zu helfen, ihre Träume zu verstehen, bemerkte man bereits in der ersten Sitzung, daß verschiedene Arten psychischer Phänomene scheinbar gefördert wurden. Zu den eindeutigsten gehörte der „gemeinsame Traum".

Bill, ein Mitglied der Gruppe, beschrieb einen Traum, in dem er mit einem Zauberer, der ihn an Tom – ein anderes Gruppenmitglied – erinnerte, in einem Halbkreis stand. Von dem Punkt aus, wo Bill stand, führten Linien zu den Buchstaben des Alphabets, das an der gegenüberliegenden Wand geschrieben stand. Der Zauberer sagte Bill, daß er ein „H" oder ein „K" wäre. In der gleichen Nacht hatte Tom geträumt, daß er in einem Postamt arbeitete und Pakete dem Alphabet nach in unterschiedliche Säcke sortierte. Die Analogie zwischen beiden Träumen besteht darin, daß in Bills Traum ein Mensch vorkam, der Tom ähnelte und der Bill Buchstaben des Alphabets zuwies, während Tom in der gleichen Nacht geträumt hatte, Pakete nach den Buchstaben des Alphabets zu sortieren.

Manchmal stellte sich sogar heraus, daß ein Traum, den ein Mitglied der Gruppe hatte, mit einem Ereignis übereinstimmte, in das ein anderer aus der Gruppe in der vorhergehenden Woche verwickelt gewesen war. Hier ein erstaunliches Beispiel:

Peter, ein weiteres Mitglied der Gruppe, träumte, er

Es gibt wohl kein Kind, das nicht irgendwann einmal angsteinflößende Träume oder Alpträume hat. Soweit wir wissen, ist jedoch die Gemeinschaft der Senoi insofern einzigartig, wie sie ihre Kinder lehren, mit diesen Träumen umzugehen. Träumt ein Senoi-Kind, daß es von einem großen Tier gejagt wird, und wacht mit Schrecken auf, kann es sein, daß sein Vater das Kind drängt, sich wieder hinzulegen und sich in einem neuen Traum seinem Verfolger zu stellen. Ist das Tier aber zu groß, als daß sich das Kind ihm allein stellen könnte, wird ihm geraten, seine Brüder oder Freunde zu Hilfe zu rufen, die mit ihm zusammen dem Tier im Traum die Stirn bieten. So werden die Alpträume immer seltener und verschwinden schließlich ganz. Die Senoi-Kinder bauen auch Beziehungen zu den Gestalten auf, die ihnen einst in ihren Träumen Furcht einflößten, und nach und nach werden diese zu hilfreichen Ratgebern.

Die Senoi sind überzeugt, daß in ihren Träumen die Geister der Tiere, Pflanzen, Bäume, Berge und Flüsse wohnen. Durch ihre Freundschaft mit diesen Geistern, so fand Noone heraus, glauben sie, Dinge zu erfahren, die sie mit ihren Sinnesorganen allein nie erfassen würden.

So träumte ein Mann, der sich in seinen Träumen mit dem Geist der Flüsse befreundet hatte, häufig davon, wo er große Fische fangen könnte. Begab er sich dann am folgenden Tag zu dieser Stelle des Flusses, fing er auch die Fische, von denen er geträumt hatte. Ein anderes Mal träumte er von einer neuartigen Fischfalle. Er baute diese Falle seinem Traum gerecht nach, und sie funktionierte in der Tat einwandfrei. Andere Männer, die mit Geistern aus dem Tierreich befreundet waren, träumten oft von Plätzen im Wald, an denen sie gut jagen konnten.

Stewart fand Beweise für noch viel deutlichere und stärkere psychische Phänomene im Leben der Senois. Einmal war eine Epidemie im Stamm ausgebrochen, und ein Schamane hatte einen Traum, in welchem er von seiner verstorbenen Frau besucht wurde. Sie zeigte ihm einen Tanz, der, wie sie sagte, die Kranken in seinem Stamm heilen sollte. Im Traum verlangte der Schamane nach einem Beweis dafür, daß sie seine Frau war und kein anderer Geist, der sie nur nachahmte. Sie antwortete, daß, wenn der Tanz richtig ausge-

Oben: Mitglieder einer von Joe Friedman geleiteten Traumgruppe, die sich regelmäßig zur Besprechung ihrer Träume trafen, genauso wie die Temiar Senoi dies jeden Morgen tun. Die Mitglieder konnten sich nach einigen Wochen viel umfassender an ihre Träume erinnern, und – das erstaunlichste Ergebnis der Treffen – sie fanden telepathische und hellseherische Verbindungen zwischen den einzelnen Gruppenmitgliedern.

> „IN JENER NACHT TANZTE DER STAMM DEN TANZ AUS DEM TRAUM DES SCHAMANEN: AM SCHLUSS DES TANZES ERSCHIEN EINE HOLZKISTE IN DER LUFT UND FIEL ZU BODEN. EIN KALTER LUFTHAUCH DURCHZOG DIE HÜTTE, UND DIE KRANKEN GE-SUNDETEN RASCH."

sei beteiligt an oder Zeuge von einem Kampf zwischen einem Wissenschaftler und dem Teufel. Der Mond, den Peter aus dem Fenster sehen konnte, färbte sich blutrot, wurde voll und raste durch das Fenster direkt auf das Gesicht des Mannes zu. Im folgenden ein Zitat aus Peters Traumtagebuch:

„Der Mond war in den Kopf des Mannes eingedrungen. Ich wußte, der Mond war einer der Häscher des Teufels und diente hier als Mittel, den Mann zu besitzen […] Ich sah, wie der Mann gegen die Wand schlug […] Dann erschien neben seiner rechten Hand ein kleiner roter Lichtfleck an der Wand."

Zu dieser Zeit hatte ein viertes Gruppenmitglied, Ron, da er Schwierigkeiten hatte, einzuschlafen, ein phantastisches Buch mit dem Titel *The Illearth War* (Der Krieg der kranken Erde) von Stephen Donaldson gelesen. Er war gerade in die Stelle des Buches vertieft, wo ein gewisser Thomas Covenant einen letzten

Oben: Ein Gewirr von Drähten und Elektroden befindet sich am Kopf einer schlafenden Testperson. Infrarot-Videokameras in den Spezialschlafräumen des Labors gestatten eine ununterbrochene und trotzdem unaufdringliche Überwachung, so daß die REM-Phase (englisch: Rapid Eye Movement; rasche Augenbewegung), in denen die Testperson intensiv träumt, am Monitor verfolgt werden können. Gleichzeitig werden die Daten zur Aktivität des Herzens und der Gesichts- und Nackenmuskeln analysiert.

Versuch unternahm, die Macht des Königs des Bösen, Lord Foul, zu brechen. Die Macht des Lords Foul wurde so dargestellt, daß sich der Mond blutrot färbte und er Lord Foul als einer seiner Häscher diente.

In seinem Traum erblickte Peter einen roten Lichtfleck an der Wand neben der rechten Hand des Wissenschaftlers. In dem Buch trägt Covenant einen Ring aus Weißgold an seiner linken Hand. Dieser Ring sendet während Lord Fouls Überlegenheit ein rotes Leuchten aus. Peter hatte das Buch nie gelesen, noch konnte er auf irgendeine gewöhnliche Art erfahren haben, daß Ron zu jenem Zeitpunkt das Buch las.

Manchmal ist die außersinnliche Wahrnehmung (ASW) im Traum nicht mit der Gegenwart, sondern mit einem zukünftigen Ereignis im Leben des Träumenden oder eines anderen Gruppenmitglieds gekoppelt. Solche präkognitiven Träume sind häufig sehr spezifisch und genau und deuten auf zukünftige Ereignisse, die außerhalb der Einflußnahme des Träumenden liegen.

Trotzdem sind wir uns normalerweise solcher außersinnlicher Wahrnehmungen im Traum nicht bewußt. Selbst wenn wir uns an unsere Träume erinnern, gelingt dies kaum detailliert über einen längeren Zeitraum, und in den seltensten Fällen machen wir uns Notizen davon. Sollten wir uns doch an die Träume erinnern und sie auch aufschreiben, so diskutieren wir dennoch wohl kaum mit anderen darüber. Hätte Bill nicht an der Traumgruppe teilgenommen, würde er Tom den Traum nicht erzählt haben, da sie keine engen Freunde waren. Dann würde er auch nicht erfahren haben, daß Tom in der gleichen Nacht einen ähnlichen Traum gehabt hatte. An unseren Träumen scheint also mehr zu sein, als man auf den ersten Blick vermutet – wie es die Temiar Senoi schon seit langem erkannt haben. Vielleicht lüften wir einst das Geheimnis der Träume.

Rechts: Aufzeichnungen der Hirnwellen einer wachen Testperson, die mit der der Gehirnaktivität während des Schlafens verglichen werden, zeigen, daß sich bestimmte Gehirnaktivitäten in der Traum- und Wachphase sehr stark ähneln. Träume scheinen jedoch außersinnliche Wahrnehmungen (ASW) mehr zu begünstigen – möglicherweise, weil im Wachzustand unsere bewußte Wahrnehmung von ASW-Aktivitäten durch einen Überfluß von Alltagserlebnissen überlagert wird.

Aleister Crowley, einer der berühmtesten Engländer des 20. Jahrhunderts, war für viele seiner Hobbys berüchtigt – vor allem für Drogen, Pornographie und die Magie. Er selbst hielt sich sogar für das „Große Tier" aus der Offenbarung des Johannes.

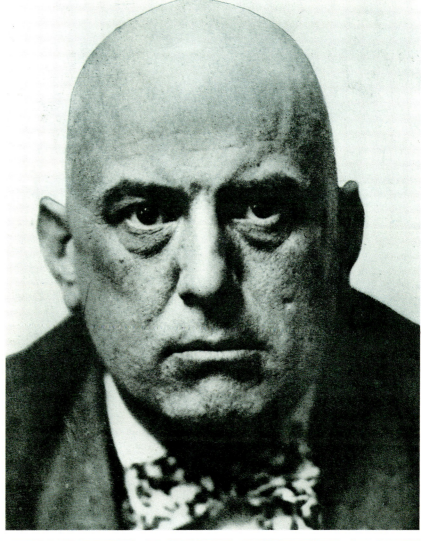

In unserer Zeit beschäftigt sich die Parapsychologie hauptsächlich mit geistigen Phänomenen wie Telepathie und Vorahnungen. Wie interessant diese für die Wissenschaft auch sein mögen, sie sind zweifellos weit weniger spektakulär als die physikalischen, durch Medien hervorgerufenen Erscheinungen wie Levitationen und Materialisationen verstorbener Seelen, mit denen sich vor allem die parapsychologische Forschung zwischen 1860 und 1930 besonders intensiv befaßt hatte.

Zu jener Zeit lebte eine ganze Reihe sogenannter physikalischer Medien. Neben dem berühmten D. D. Home stand vor allem die Italienerin Eusapia Palladino

TEUFEL IN MENSCHENGESTALT

im Mittelpunkt des Interesses, deren paranormale Fähigkeiten selbst ernsthafte Wissenschaftler wie Everard Feilding und Hereward Carrington in Erstaunen versetzten.

Ein Amateurforscher zeigte sich allerdings nicht im geringsten durch Eusapia Palladino beeindruckt. Nach einer ihrer Sitzungen war er der Meinung, sie wäre nur eine gewitzte Betrügerin, und alle, die ihre paranormalen Leistungen untersucht hatten, besonders das ektoplasmatische Gebilde, das aus ihr ausgetreten sein soll, seien hinters Licht geführt worden.

Die fragliche Séance fand 1913 statt, und der Forscher wollte eine Antwort auf eine Frage, die ihn geradezu verfolgte: „Feilding und die anderen sind zwar klug, vorsichtig, erfahren und kritisch, aber kann ich sicher sein, daß sie wirklich zuverlässig beschreiben, was sie sehen?" Die nun folgende Sitzung sollte endlich Klarheit bringen.

Palladino saß am Ende eines Tisches; hinter ihr stand ein mit einem Tuch verhängter Schrank und darin ein Podest mit verschiedenen Gegenständen,

Oben: Aleister Crowley hatte seinen entwaffnend-hypnotischen Blick bis zur Perfektion entwickelt: Viele, zumeist labile Damen, fanden ihn unwiderstehlich.

Rechts: Schon als Student am Trinity College in Cambridge hatte sich Crowley für eine ungewöhnlich exzessive Lebensweise entschieden.

die ihr Geisterarm bewegen sollte. Mary d'Este Sturges hielt das rechte Handgelenk des Mediums umfaßt, das linke ergriff der Forscher, der die Séance arrangiert hatte.

Im Verlauf der Sitzung bauschte sich der Vorhang über dem Schrank auf und fiel dann über den linken Arm und die linke Hand des Mediums sowie über den rechten Arm und die rechte Hand des Forschers. Er überlegte sich, daß dies nicht der linke Arm des Mediums bewirkt haben könnte, da er diesen ja selbst hielt; dann jedoch spürte er plötzlich Palladinos Handgelenk in seine Hand gleiten, obwohl ihm nicht bewußt geworden war, daß sie sich seinem Griff überhaupt entzogen hatte.

Nach diesem kleinen, aber bedeutsamen Zwischenfall hielt der Forscher sämtliche Berichte, die er bisher über Palladinos Sitzungen gehört hatte, für unwahr. „Wenn ich", so argumentierte er, „nicht weiß, ob ich die Hand einer Frau halte oder nicht, ist es dann nicht möglich, daß auch andere, selbst Experten, durch die mit großer Schnelligkeit ablaufenden Geschehnisse dermaßen verblüfft sind, daß keine objektive Kontrolle mehr möglich ist?"

Der Forscher beteiligte sich noch an Sitzungen anderer Medien und nahm die Ergebnisse verschiedener Parapsychologen unter die Lupe. Er wurde immer skeptischer und kam schließlich zu dem Schluß, daß fast alle Phänomene, die sich während einer Séance ereignen, auf Betrug und Selbsttäuschung beruhen.

Überzeugter Okkultist

Es überrascht, daß ausgerechnet ein Mann soviel Skepsis zeigte, der selbst überzeugter Okkultist war: Es handelte sich um keinen Geringeren als Aleister Crowley, der berufsmäßig magische Rituale abhielt und in den zwanziger Jahren unseres Jahrhunderts als der „böseste Mann der Welt" galt. Er hielt nichts von spiritistischen Medien, glaubte aber fest an rituelle Magie. Dies war typisch für ihn – Widerspruch und Zwiespalt ziehen sich wie ein roter Faden durch sein ge-

Jan: 10 th 1910

Oben: Die Ehe („eine verabscheuungswürdige Institution", wie Crowley sie später bezeichnete) mit der Pfarrerstochter Rose Kelly verlief scheinbar glücklich – bis er entdeckte, daß sie Alkoholikerin war. Nach seiner Scheidung pflegte er seine zahlreichen Geliebten „scharlachrote Frauen" zu nennen.

Links: Allan Bennett war einer der wenigen Männer, die Crowley respektierte. Er bescheinigte Bennett einen „reinen, glasklaren und tiefgründigen Geist, der jedem anderen überlegen war". Er hatte ihn in der Magie unterwiesen, als sie beide noch Mitglieder im „Orden der Goldenen Dämmerung" waren. Später trennten sich ihre Wege: Bennett wanderte nach Sri Lanka aus und wurde Mönch, Crowley wurde das „Große Tier".

samtes Leben, seine Lehren und seine Beziehungen zu anderen.

Edward Alexander Crowley, wie sein ursprünglicher Name lautet, wurde im Oktober 1875 geboren. Seine Eltern, Mitglieder der „Brüder von Plymouth", einer äußerst strengen protestantischen Sekte, zogen ihren einzigen Sohn streng religiös auf. Ihr Glaube besagte, daß jedes Wort der vom Heiligen Geist inspirierten Bibel die lautere Wahrheit ist, daß die katholische und die anglikanische Kirche „Synagogen des Teufels" sind und die Mehrzahl der Menschen von einem gerechten Gott dazu verdammt wäre, nach ihrem Ableben ewig im Höllenfeuer zu schmoren.

Als der Vater 1887 starb, war Aleister gänzlich dem religiösen Fanatismus seiner Mutter ausgesetzt. Mehr als einmal bezichtigte sie ihn als das „Große Tier", von dem die Offenbarung des Johannes berichtet und dessen Zahl angeblich 666 lautet. Bis zum Ende seines Lebens sollte Aleister alles daransetzen, diesem archetypischen Bild gerecht zu werden. Viele behaupten, er war zum Schluß selbst davon überzeugt, daß er dieses biblische Wesen verkörperte.

In der Schule für die Kinder dieser Glaubensgemeinschaft erlebte Aleister vieles, was ihn von seinem elterlichen Glauben abbrachte – ja, er entwickelte dort sogar einen regelrechten Haß auf die Brüdergemein-

SEXUALMAGIE

Crowleys pornographische Abhandlung *The Scented Garden* (Der Garten der Düfte) ließ bereits zu einem frühen Zeitpunkt erkennen, welche beiden Leidenschaften sein Leben entscheidend prägen würden: Magie und sexuelle Ausschweifungen. Ende 1931 experimentierte er in Paris erstmals mit verschiedenen magischen Ritualen. Dabei versuchte er, mit einem Pentakel den Gott Merkur anzurufen. Der Neophyt Victor Benjamin Neuburg, den Crowley noch von Cambridge her kannte, vollführte dazu rituelle Tänze, ließ sich das Gesäß versengen und in die Haut über seinem Herzen ein Kreuz einritzen. Anschließend führten die beiden Männer Analverkehr aus. In einem Zustand extremer Besessenheit dachte Neuburg einmal, Merkur hätte ihm befohlen, zum äußersten zu gehen und im Rahmen eines sexualokkulten Aktes eine Frau zu vergewaltigen und anschließend zu töten, ihren Leichnam zu zerstückeln und die Teile als Opfer darzubringen. Davor schreckte aber selbst Crowley zurück, und die Zeremonie soll auch nie stattgefunden haben. Crowleys Anhänger betonen jedoch, daß seine *Magick* (Crowleys eigene Schreibweise von Magie; er definierte sie als Wissenschaft und Kunst, Veränderungen willentlich herbeizuführen) ihm niemals als Vorwand für sexuelle Aktivitäten diente. Crowley war vielmehr der Überzeugung, daß Sex, ebenso wie Magie, höchste Konzentration und Experimentierfreudigkeit erfordert, wenn man darin zu neuen Ufern vorstoßen will, und daß Sexualität bei magischen Praktiken hilfreich sein kann. Nach Crowley kann man mit *Magick* auch einen anderen dazu bringen, sich in einen zu verlieben. In seinem Buch *Magick* schreibt er: „Angenommen, ich möchte eine Frau gewinnen, die mich aber ablehnt und einen anderen liebt. Ich muß erreichen, daß mein Geist den ihren beherrscht ... ihr Geist wird sich mit der Ablehnung auseinandersetzen, ihr Wille wird sie dazu bringen, den anderen aufzugeben, und ihr Körper wird sich meinem unterwerfen, als Besiegelung ihrer Hingabe. Hier existiert eine magische Verbindung ... ich kann sie natürlich ganz normal umwerben, aber auf magischer Ebene greife ich ihren Astralleib an, so daß ihre Aura unsicher wird und sie sich von dem anderen abwendet."

schaft und ihren Glauben, der sein ganzes ereignisreiches Leben lang anhalten sollte.

Im Oktober 1895, im Alter von 21 Jahren und im Besitz seines Erbes von £ 30 000, trat Aleister in das Trinity College von Cambridge ein. Er verbrachte drei glückliche Jahre an dieser Universität: Er sammelte seltene Bücher, schrieb viele Gedichte, widmete sich dem alpinen Bergsteigen – und begann sich für Okkultismus zu interessieren.

1898 wurde er als Neophyt in den „Hermetischen Orden der Goldenen Dämmerung" aufgenommen, eine halb geheime Sekte, die sich mit dem Studium der okkulten Künste und Wissenschaften sowie mit Geisterbeschwörungen, Weissagungen und Alchemie befaßte.

Die meisten seiner Sektenbrüder waren für Aleister Crowley „absolut unbedeutende Figuren", zwei davon allerdings beeindruckten ihn durch ihre magischen Fähigkeiten: Cecil Jones und Allan Bennett. Mit letzterem teilte er seine Londoner Wohnung, wo die beiden zahlreiche okkulte Experimente durchführten, darunter eine Konsekration, das heißt die Weihung eines Talismans mit magischen Kräften zur Heilung von einer schweren Krankheit.

Dieser Talisman wurde entsprechend präpariert und der kranken Lady Hall überbracht; leider jedoch hielten sich weder Lady Hall noch ihre Tochter an Crowleys minutiöse Anweisungen. Als man der ehrwürdigen alten Dame den Talisman auflegte, erlitt sie eine Reihe von Herzanfällen und wäre um ein Haar daran gestorben.

Rechts: Trotz der oftmals lächerlichen Posen, in denen sich Crowley gefiel, schien es ihm im Kern mit seiner Magick ernst zu sein. Seine vielzitierte und häufig mißverstandene Maxime „Tue, was du willst, soll das ganze Gesetz sein" wurde untermauert durch die Forderung „Liebe ist das Gesetz; Liebe unter Willen". Er forderte seine Anhänger stets dazu auf, ihr wahres Selbst zu entdecken, weil er dies für den göttlichen Sinn und Zweck der menschlichen Existenz hielt. Möglicherweise bezog er diesen Gedanken von Dr. Dee, einem Magier der Elisabethanischen Zeit, der geschrieben hatte: „Tue, was dir am liebsten ist ..." Ein Uneingeweihter konnte dies leicht als Aufforderung für moralische Zügellosigkeit auffassen. Nun, mehr als einmal verfiel auch Crowley selbst dieser Versuchung.

Die Konsekration, die diese unerquickliche Wirkung hervorrief, fand vermutlich im „Weißen Tempel" in Crowleys Wohnung statt – einem mit Spiegeln ausgekleideten Raum, den Crowley der Weißen Magie (Zauberpraktiken zum Wohle der Menschen) geweiht hatte. In seiner Wohnung befand sich aber auch noch ein anderer Raum, der sogenannte „Schwarze Tempel". Hier ruhte ein Altar auf dem Bild eines schwarzen Mannes, der auf seinen Händen stand; außerdem gab es ein Skelett, dem Crowley angeblich Spatzen opferte.

Unsichtbare Vandalen

In der ganzen Wohnung muß eine ausgesprochen düstere Atmosphäre geherrscht haben. Eines Abends im Jahre 1899 gingen Crowley und ein befreundeter Okkultist zum Abendessen aus. Bei ihrer Rückkehr fanden sie die verschlossene Tür zum Weißen Tempel auf mysteriöse Weise geöffnet vor: die Möbel verrückt, die magischen Symbole wild verstreut. Beim Aufräumen sahen Crowley und sein Freund hellseherisch angeblich „halbmaterialisierte Wesen ... die in schier endloser Prozession im Raum herummarschierten".

Im Jahre 1900 spaltete sich der „Orden der Goldenen Dämmerung" in zwei konkurrierende Lager. Crowley schaffte es, sich mit beiden anzulegen, verlor aber im Laufe der folgenden drei Jahre das Interesse am westlichen Okkultismus. Er schrieb Gedichte, reiste um die Welt und heiratete eine Frau, die er „Quarda die Seherin" nannte, obwohl sie über Okkultismus kaum etwas wußte.

Im März des Jahres 1904 hielt sich das Paar in Kairo auf. Crowley wollte seiner Frau seine okkulten Fähigkeiten demonstrieren und hielt eine Reihe magischer Rituale ab. Wenn man Crowleys Aufzeichnungen Glauben schenken kann, geschah dabei etwas Ungeheuerliches: Er empfing von irgendwoher eine Botschaft, in der ihm verkündet wurde, daß sehr bald eine neue geschichtliche Epoche beginnen würde und daß er, Crowley, als Prophet dieses neuen Zeitalters ausersehen wäre. Auch Crowleys Frau erhielt eine

an die Wahrheit und die Bedeutung des *Buchs des Gesetzes,* aber um 1910 war er vollkommen von dieser Idee beherrscht und verbrachte von da an den Rest seines Lebens damit, seine Botschaft zu verbreiten und andere davon zu überzeugen, daß er, Crowley, ihr neuer Messias sei.

> „TUE, WAS DU WILLST, SOLL DAS GANZE GESETZ SEIN."

Er schrieb zu diesem Zweck mehrere Bücher und gründete zwei okkulte Orden, hielt in der Londoner Caxton Hall öffentliche okkulte Zeremonien ab und richtete in einem halbverfallenen Bauernhaus auf Sizilien eine „Abtei" ein, deren Bewohner sich der Ausübung des neuen Glaubens widmeten.

In den Jahren vor dem Ausbruch des Ersten Weltkrieges führten Crowley und seine Anhänger in England eine großangelegte Glaubenskampagne durch. Sie war ziemlich erfolglos, obwohl Crowley und seine Freunde viel Geld in die Sache investierten. Nur eine Handvoll Menschen ließ sich bekehren, und Crowley hatte eine ziemlich schlechte Presse. 1914 brach er auf nach Amerika, wo man, so hoffte er, seiner Glaubensbotschaft aufgeschlossener gegenüberstehen würde – und auch seiner Lehre von der *Magick,* einer Verknüpfung westlicher okkulter Praktiken mit den Lehren aus dem *Buch des Gesetzes* und aus dem Tantrismus, einer Yogalehre, deren rituelle Sexualpraktiken er aus fernöstlichen Quellen bezogen hatte.

Die neue Welt zeigte sich von Crowleys Heilslehre jedoch noch unbeeindruckter als die alte, und der selbsternannte Prophet verbrachte in Amerika sechs

Links: Die Violinistin Leila Waddell assistierte Crowley bei seinen rituellen Zeremonien. Bei der Aufführung seiner Eleusinischen Riten in der Londoner Caxton Hall im Jahre 1910, zu der die Öffentlichkeit Zutritt hatte, spielte sie Violine. Crowley behauptete, er habe sie magisch von einer „fünftklassigen Fiedlerin" in ein musikalisches Genie verwandelt – allerdings nur für diesen einen Abend.

Gegenüberliegende Seite links: Crowley mit Leah Hirsig, einer seiner Geliebten, und ihrem kleinen Sohn Poupée, vor der berüchtigten Abtei Thelema in Sizilien (1921). Das Leben in der Kommune mit Anhängern seiner Magick war von Anfang an ein gescheitertes Experiment und endete 1923 mit dem Tod eines Mitglieds und dem Verbot der Kommune.

Gegenüberliegende Seite rechts: Jane Wolfe (links im Bild), eine ehemalige Film- und Theaterschauspielerin, und Leah Hirsig vor der Abtei im Jahre 1921. Zahlreiche Besucher aus aller Welt strömten hierher. Viele fühlten sich allerdings von den Gebräuchen abgestoßen (vor allem, wenn Crowley ihnen „Kuchen der Erleuchtung" darbot, der aus Dung bestand). Die meisten Besucher waren tief enttäuscht.

Botschaft: Ihr Mann sollte sich an drei aufeinanderfolgenden Tagen mit Stift und Papier jeweils eine Stunde lang bereithalten. Die Götter würden ihm dann das Evangelium dieses neu heraufziehenden Zeitalters diktieren, wobei nur er als der Auserwählte ihre Stimmen hören könnte.

Crowley befolgte diese Anweisungen. Er hörte – vermutlich aus den Tiefen seines eigenen Geistes – tatsächlich eine Stimme und schrieb die Worte auf. So entstand das *Buch des Gesetzes,* ein lyrisches Prosawerk, von dem er glaubte, daß es auf die gleiche Weise inspiriert wurde wie vormals die Bibel.

Die Bedeutung einiger Textstellen in diesem *Buch des Gesetzes* liegt im dunkeln, und Crowley gab zu, daß er einige Passagen selbst nicht verstand. Die Grundbotschaft war jedoch eindeutig: Crowley war der Prophet einer neuen Ära – dem sogenannten Zeitalter des Horus. In dieser Ära würden die alten Religionen – Christentum, Islam und Buddhismus – alle vergehen und durch einen neuen Glauben an „Kraft und Feuer" ersetzt werden, als dessen Grundprinzip die vollständige Selbsterfüllung galt. „Jeder Mann und jede Frau ist ein Stern", so wurde ihm mitgeteilt – mit anderen Worten, jeder hat das Recht, sich auf seine Weise zu entfalten. „Tue, was du willst, soll das ganze Gesetz sein", hieß es in dem neuen Evangelium. „Du hast kein Recht, als zu tun, was du willst" und „Das Wort der Sünde heißt Einschränkung."

Um Crowley und seinen Anhängern gerecht zu werden, muß man darauf hinweisen, daß er selbst immer betont hat, daß die Maxime „Tue, was du willst" kein Aufruf zur schrankenlosen Willkür sei, sondern vielmehr bedeutet, daß jeder seinen wahren Willen, seinen eigenen Weg finden muß, der mit seiner inneren Natur in Einklang steht.

Einige Jahre lang glaubte Crowley nur halbherzig

Oben: Crowleys Skizze eines menschenverschlingenden Dämons.

Rechts: „Der Teufel", von Lady Frieda Harris nach einem Entwurf von Crowley gezeichnete Tarotkarte. Für die Arbeit an diesen Karten waren ursprünglich drei Monate vorgesehen; daraus wurden dann fünf volle Jahre.

XV

♃ The Devil ♑

nicht besonders glückliche Jahre. Er war ständig in Geldnot und konnte nur wenige Amerikaner konvertieren.

1920 kehrte er mit zwei Mätressen nach Europa zurück (Crowley hatte stets ein ausschweifendes Liebesleben geführt) und gründete in Sizilien die Abtei Thelema (griechisch: Wille). Die Sizilianer erwiesen sich Crowley und seiner *Magick* gegenüber als überraschend tolerant. In der folgenden Zeit suchte eine ganze Reihe von treuen Anhängern und interessierten Neugierigen seine Abtei auf, derunter die ehemalige Schauspielerin Jane Wolfe, der Mathematikprofessor Norman Mudd und Raoul Loveday, ein hochbegabter Oxford-Absolvent, der sein Leben Crowleys neuer Religion verschrieb.

Loveday starb während seines Sizilienaufenthaltes, vermutlich an einer Dünndarmentzündung. Seine Frau jedoch glaubte, daß sich ihr Mann während einer magischen Zeremonie durch das Trinken von Blut eine Vergiftung zugezogen hatte und startete nach ihrer Rückkehr nach London in der Presse eine Hetzkampagne gegen Crowley, in der er als „Teufel in Menschengestalt" denunziert wurde. Schließlich mußte er seine Abtei schließen und wurde offiziell aus Italien ausgewiesen.

Crowleys letzte Lebensjahre verliefen ziemlich ereignislos. Er reiste ziellos durch Europa – ein einsamer und zunehmend verbitterter Mann, bis er 1947 starb.

Oben: Dieses pornographische Wandgemälde stammt aus der Abtei Thelema.

Zu diesem Zeitpunkt hatte er nur noch eine Handvoll Anhänger. Heute hingegen glauben wieder Tausende an seine Botschaft, und in mancherlei Hinsicht scheint Crowleys Glaubenslehre heutzutage besser anzukommen als zu seinen Lebzeiten.

„CROWLEY WAR DER PROPHET EINER NEUEN ÄRA – DEM SOGENANNTEN ZEITALTER DES HORUS. IN DIESER ÄRA WÜRDEN DIE ALTEN RELIGIONEN – CHRISTENTUM, ISLAM UND BUDDHISMUS – ALLE VERGEHEN UND DURCH EINEN NEUEN GLAUBEN AN ‚KRAFT UND FEUER' ERSETZT WERDEN, ALS DESSEN GRUNDPRINZIP DIE VOLLSTÄNDIGE SELBSTERFÜLLUNG GALT."

Leuchterscheinungen, wie sie immer wieder bei Heiligen und bei Kranken beobachtet worden sind, versetzen die Menschheit seit Jahrhunderten in Erstaunen.

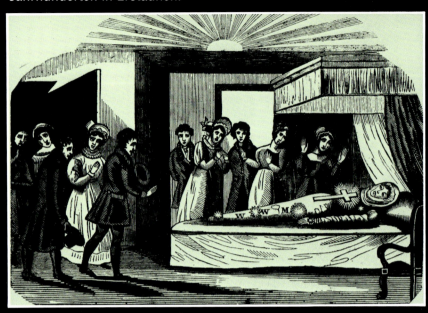

geschwürs, von dem ein so starkes Leuchten ausging, daß man bei völliger Dunkelheit im Raum auf einer mehrere Meter entfernten Uhr die Zeit ablesen konnte. Hereward Carrington (1881–1958), ein amerikanischer Parapsychologe, berichtete von einem Kind, das an akuter Magenverstimmung gestorben war und nach seinem Tode am ganzen Körper seltsam bläulich leuchtete.

Den Fall eines leuchtenden Menschen, der kerngesund war, entnehmen wir einem Brief an die Zeitschrift *English Mechanic* vom 24. September 1869:

„Eine Amerikanerin entdeckte beim Zubettgehen, daß der vierte Zeh an ihrem rechten Fuß phosphoreszierte. Dieses Leuchten wurde durch Reiben noch verstärkt und breitete sich über den ganzen Fuß aus. Außerdem stieg ein seltsamer Dampf auf, der das Zimmer verpestete. Es half auch nichts, als sie den Fuß in ein Wasserbecken hielt. Selbst kräftiges Abseifen vermochte das Leuchten nicht abzuschwächen. Erst nach einer dreiviertel Stunde verglomm das Licht allmählich. Ihr Mann war Zeuge dieses Geschehens."

Für leuchtende Tiere wie Glühwürmchen beziehungsweise Leuchtkäfer hat die Wissenschaft eine Erklärung gefunden: Deren Biolumineszenz ergibt sich aus der Oxidation von Luciferin unter der Einwirkung des Enzyms Luciferase unter Einwirkung von Adeno-

LEUCHTENDE MENSCHEN

Während sie schlief, ging von Anna Moranas Brüsten ein seltsames blaues Leuchten aus. Dieses Phänomen trat über Wochen hinweg mehrmals auf und war immer nur wenige Sekunden lang zu sehen. Niemand hatte dafür eine Erklärung.

Zum ersten Mal wurde dieses Leuchten am Körper der Italienerin im Jahre 1834 bemerkt, als sie einen Asthmaanfall erlitt. Sie geriet damals sofort als „die leuchtende Frau von Pirano" in die Schlagzeilen. Das blaue Leuchten, das von ihr ausging, wurde fotografiert und war auch von vielen Ärzten gesehen worden. Ein Psychiater erklärte es als die Wirkung „elektrischer und magnetischer Organismen, die sich im Körper der Frau in großer Zahl entwickelt hatten" – was nicht gerade zur Klärung der Sache beitrug. Ein weiterer Arzt spekulierte, daß ihr Blut aufgrund ihrer schwachen Konstitution und wegen ihres religiös bedingten Fastens einen überhöhten Sulfidspiegel aufwies und diese Sulfide auf natürlichem Wege, nämlich durch die ultraviolette Strahlung, zum Leuchten angeregt würden. Selbst wenn das stimmte, würde dies nicht erklären, warum das Leuchten nur auf den Brüsten zu sehen war und immer nur dann auftrat, wenn die Frau schlief.

Berichte über leuchtende Menschen finden sich sowohl in der medizinischen Literatur wie auch in religiösen Schriften und in vielen Legenden. In toxokologischen Berichten ist oftmals von „leuchtenden Wunden" die Rede, und in dem *Anomalies and Curiosities of Medicine* (Enzyklopädie der medizinischen Anomalien und Absonderlichkeiten) betitelten Werk der Engländer Dr. George Gould und Dr. Walter Pyle beschreiben die beiden Mediziner den Fall eines Brustkrebs-

Oben: Als Jane Pallister 1833 auf dem Totenbett lag, erschien um ihren Leichnam herum ein himmlisches Leuchten in Form eines Kreuzes und mehrerer Sterne. Ihr Sohn und andere Augenzeugen schrieben dies ihrer großen Tugendhaftigkeit zu.

Rechts: Das kalte, grünlichgelbe Glühlicht dieser beiden flügelosen, weiblichen Leuchtkäfer (Familie Lampyridae) wird aus einem Organ an ihrem Hinterleib ausgesendet. Der Leuchtstoff wird durch eine chemische Reaktion erzeugt und dient zur Anlockung der Männchen.

Gegenüberliegende Seite oben: Bei der Verklärung Jesu begannen seine Kleider hell und weiß zu leuchten. Dieses Phänomen wurde auf dieser Darstellung durch die ihn umgebenden runden und spitzwinkligen Formen bildlich wiedergegeben.

Gegenüberliegende Seite Mitte: Auch bei der Konversion des Paulus auf dem Weg nach Damaskus spielte Licht eine wichtige Rolle: Ein gleißender Blitzstrahl schien ihn vom Pferd zu stoßen.

Angesichts glänzte, weil er mit Gott geredet hatte." Als die Menschen dies sahen, „fürchteten sie sich, ihm zu nahen", so daß Mose eine Decke auf sein Angesicht legte. Von ähnlichen Leuchterscheinungen weiß die Bibel im Zusammenhang mit der Vision des heiligen Paulus im Moment seiner Konversion zu berichten, und auch bei der Verklärung Jesu sollen dessen Kleider gestrahlt haben, wie keine Bleicherde sie weißer und heller hätte färben können.

Der Ungar Nandor Fodor (1895–1964), Autor zahlreicher parapsychologischer Bücher, beschreibt, daß die Heiligen und Mystiker des Mittelalters vier verschiedene Auren unterschieden: den Nimbus, den Halo, die Aureole und die Glorie. Nimbus und Halo gingen vom Kopf aus, während die Aureole den ganzen Körper umgab. Die Glorie ist eine verstärkte Form von Nimbus und Aureole – eine wahre Lichtumflutung.

Die Theosophen wiederum kennen fünf Auren: die Gesundheitsaura, die Lebensaura, die karmische Aura, die Charakteraura und die Aura der geistigen Natur. Auch sollen die verschiedenen Aurafarben auf bestimmte emotionale Zustände oder Wesensmerkmale hinweisen. Ein grelles Rot zeigt beispielsweise Ärger und Gewalt an, ein warmer Rotton steht für Leidenschaft und Sinnlichkeit, Braun für Geiz, Rosa für Zuneigung, Gelb für gute intellektuelle Fähigkeiten, Violett für Spiritualität, Blau für religiöse Hingabe, Grün für Betrug, Dunkelgrün für Mitleid. Das polnische Medium Stefan Ossowiecki sah im 19. Jahrhundert gelegentlich auffallend dunkle Auren, die einen nahen Tod ankündigten.

Natürliche Flammen

Die meisten von uns sind mit der christlichen Darstellung des Halo vertraut. Weniger bekannt dürfte sein, daß Könige und Priester Kronen und Kopfputze trugen, um sich damit symbolisch mit einem Halo zu umgeben. Fast alle großen Kulturen zeigen ihre großen Lehrmeister und Heilige von einer Aureole umgeben – man findet entsprechende Darstellungen überall auf der Welt, in Peru, Mexiko, Ägypten, Sri Lanka, Indien und in Japan.

Der als aufgeklärt geltende Papst Benedikt XIV. (1740–1758), wegen seiner Toleranz selbst von Friedrich dem Großen und Voltaire geschätzt, äußerte sich zu Leuchtphänomenen wie folgt:

„Es scheint wirklich so zu sein, daß es natürliche Flammen gibt, die manchmal den menschlichen Kopf sichtbar umgeben, und daß zuweilen vom ganzen Körper eines Menschen ein natürliches Feuer ausgeht – jedoch nicht in Form einer emporschlagenden Flamme, sondern als Funken, die ringsum entstehen. Auch können manche Menschen in gleißendem Glanz erstrahlen, obgleich dieser nicht von innen heraus entsteht, sondern an ihren Kleidern haftet oder an dem Stab oder dem Speer, den sie tragen."

In der Hagiographie (Heiligengeschichte) gibt es unzählige Begebenheiten von Priestern, die dunkle Zellen und Kapellen mit einem Licht durchfluteten, das aus ihrem Körper zu kommen schien oder das von einer unbekannten Quelle von oben her direkt auf sie herabströmte. Als im 14. Jahrhundert der Kartäusermönch John Tornerius einmal nicht rechtzeitig zur Frühmesse erschien, wollte ihn der Sakristan holen – und fand die Mönchszelle in hellstes Licht getaucht. Wundersamerweise breitete sich dieses wie die Mittagssonne rings um den säumigen Priester herum aus.

sintriphosphat (ATP). Menschliches Leuchten wurde jedoch nie auf derlei chemische Reaktionen zurückgeführt.

Viele Mystiker und Okkultisten glauben, daß jeder Mensch von einem wechselfarbigen Strahlenfeld – der sogenannten Aura – umgeben ist, das für das trainierte Auge eines Okkultisten oder für von Natur aus Sensitive erkennbar ist. Die Leuchtintensität ist von Mensch zu Mensch unterschiedlich ausgeprägt, soll aber bei spirituell arbeitenden Personen oder bei Menschen, die sich in Ekstase befinden, besonders stark hervortreten. Vielleicht steckt hinter dem Ausdruck vom „glückstrahlenden Gesicht" ja mehr als eine alltägliche Redewendung.

Im 2. Buch Mose 34 heißt es: „Als Mose vom Berge Sinai herabstieg, hatte er die zwei Tafeln des Gesetzes in seiner Hand und wußte nicht, daß die Haut seines

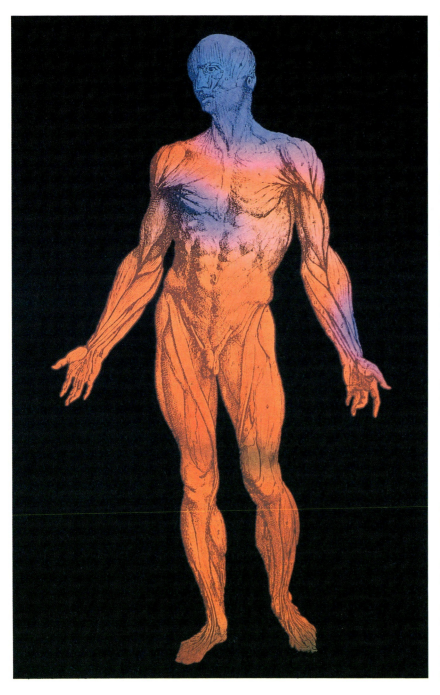

Bei der Seligsprechung des Franziskaners Thomas von Cori berichteten Augenzeugen, daß trotz des wolkenverhangenen Himmels an diesem Morgen die ganze Kirche durch ein Strahlen erhellt wurde. Die vermutlich älteste überlieferung berichtet von dem hl. Giles von Assisi (gestorben 1262), den eines Nachts „ein so helles Licht umstrahlte, daß das Licht des Mondes dadurch völlig verdunkelt wurde".

In anderen Darstellungen wird beschrieben, wie das Haus der hl. Aleidis von Scarbeke einmal in hellen Flammen zu stehen schien, als sie gerade darin betete, und dieses Leuchten von ihrem Gesicht ausging. Und in der Klause des hl. Louis Bertran soll ein Licht geschienen haben, „als sei sie mit den hellsten Lampen erleuchtet". Der deutsche Kleriker Thomas à Kempis schrieb im 15. Jahrhundert über die hl. Lydwina: „Obgleich sie stets im Dunkeln lag und materielles Licht ihren Augen unerträglich war, empfand sie das göttliche Licht als sehr angenehm, und ihre Kammer war des Nachts oft so wundersam von diesem Leuchten durchflutet, daß jedermann meinte, dort wären überall normale Lampen oder Feuer aufgestellt. Selbst ihr Körper war in diese göttliche Helligkeit getaucht."

Heiliges Leuchten

In seinem vielbeachteten Buch *Die körperlichen Begleiterscheinungen der Mystik* kommentiert Pater Herbert Thurston diese Heiligenberichte folgendermaßen:

„Eine große Zahl dieser Berichte basiert auf recht unzureichenden Augenzeugenbeschreibungen, aber es gibt andere, die sich nicht so einfach von der Hand weisen lassen … Es gibt demnach keinen Grund, weshalb man Berichten über derlei Erscheinungen nicht Glauben schenken sollte, wenn sie Menschen widerfahren, deren außerordentliche Helligkeit und wunderbare Gnade allgemein anerkannt sind."

Pater Thurston zitiert hierzu zwei verblüffende Fälle aus dem 17. Jahrhundert, zum einen den des heiligen Bernardini Realini und zum anderen den von Pater Francisco Suárez.

Die Seligsprechung von Pater Bernardino (gestorben 1616) erfolgte in Neapel im Jahre 1621. Tobias de Ponte, ein Herr von Rang und Ansehen, bezeugte, daß er um das Jahr 1608 den Pater aufgesucht hatte, um ihn um einen Rat zu fragen. Bevor er den Raum betrat, bemerkte er rings um die nur angelehnte Tür ein helles Leuchten. Er wunderte sich, daß der Pater mittags im

Oben: Menschen, die ähnlich wie auf dieser Darstellung zu leuchten begannen, führen dies häufig auf ihre Helligkeit oder eine höhere spirituelle Natur zurück. In religiösen Darstellungen werden göttliche Personen in der Tat sehr häufig von einer sichtbaren Aura umgeben, zum Beispiel mit einem Halo um den Kopf, was ihre Helligkeit symbolisieren soll.

FARBENTALENT

Der berühmte amerikanische Seher und Heiler Edgar Cayce (1877–1945) behauptete, daß er schon als Kind Menschen stets in Verbindung mit Farben gesehen hatte – bei jedem, den er traf, sah er aus dem Kopf und den Schultern stets rote, grüne und blaue Strahlen hervortreten. Cayce: „Für mich ist die Aura eine Art Wetterfahne der Seele. Sie zeigt mir, in welche Richtung der Wind des Schicksals gerade weht." Es handelt sich dabei um eine Fähigkeit, die sich seiner Meinung nach jeder aneignen könnte. Mehr noch, er war davon überzeugt, daß die meisten von uns die Aura ihres Gegenübers sehen, sie aber nicht bewußt wahrnehmen. Wenn wir darauf achten, welche Farben jemandem am besten stehen und welche die betreffende Person für ihre Einrichtung wählt, können wir uns ihrer Aura gewahr werden, und auch, wie sie sich je nach der augenblicklichen Verfassung des Betreffenden verändert.

„Wir wissen doch alle, welche Farben einem Freund schmeicheln und sein Wesen besonders unterstreichen", schrieb Cayce. „Dies sind die Farben, die die gleichen Schwingungen aufweisen wie seine Aura."

Links: Dieses türkische Gemälde aus dem 16. Jahrhundert zeigt Mohammed von Flammen umlodert.

Mitte links: Eine altmexikanische Stele mit Quetzalkoatl, einem aztekischen Gott, hier in Gestalt des Morgensterns.

Mitte rechts: Padmasamphava, der große buddhistische Lehrer, auf einer tibetanischen Darstellung aus dem 18. Jahrhundert, umgeben von einem Heiligenschein.

Unten: Die vier Könige der Hölle auf einem chinesischen Rollbild, deren bekrönte Häupter jeweils von einem hellen Lichtkreis umgeben sind.

bra in Portugal lehrte. Eines Tages suchte Jerome da Silva, ein älterer Laienbruder, den Pater auf, um ihn über die Ankunft eines Besuchers zu unterrichten. Ein Stock an der Tür wies zwar darauf hin, daß der Pater nicht gestört werden wollte, aber der Laienbruder hatte Anweisung, ihn in jedem Fall sofort zu benachrichtigen, und so trat er ins Zimmer. Der Vorraum war gegen die Mittagssonne völlig abgedunkelt. In seiner Biographie über Suárez zitiert Pater de Scoraille Silvas eigene Worte: „Ich rief nach dem Pater, erhielt aber keine Antwort. Der Trennvorhang zu seinem Arbeitszimmer war zugezogen, und durch den Spalt zwischen Türpfosten und Vorhang bemerkte ich eine starke Helligkeit. Ich schob den Vorhang zur Seite und betrat den Raum. Dort sah ich, daß das Licht von dem Kruzifix ausging – so gleißend hell wie ein Sonnenstrahl, der sich auf einer Glasscheibe spiegelt. Ich konnte nicht länger hinsehen, ohne völlig benommen zu werden. Dieses Licht strömte aus dem Kruzifix direkt auf die Brust und das Gesicht von Pater Suárez, der inmitten dieser Helligkeit vor dem Kreuz kniete, mit entblößtem Kopf und gefalteten Händen. Sein Körper schwebte etwa einen Meter über dem Boden und befand sich auf gleicher Ebene wie der Tisch mit dem Kruzifix. Als ich das sah, zog ich mich zurück … mir standen die Haare zu Berge …"

Etwa eine Viertelstunde später kam Pater Suárez

April ein Feuer angemacht hatte, und öffnete die Tür etwas weiter. Im Raum erblickte er den Pater, kniend und in Trance versunken und mehr als einen halben Meter über dem Boden schwebend. De Ponte war so sprachlos, daß er sich eine Weile hinsetzen mußte und dann heimging, ohne sich zu erkennen zu geben.

Auch andere haben in Pater Bernardinos Antlitz verschiedentlich ein außergewöhnliches Leuchten bemerkt. Sie hatten ihn zwar nicht in Levitation gesehen, wohl aber, wie überall von seinem Körper Funken ausgingen. Andere bestätigten, daß sie sich vor dem gleißend hellen Licht in seinem Antlitz oftmals geblendet abwenden mußten und seine Gesichtszüge nicht mehr erkennbar waren.

Pater Francisco Suárez, von dem Thurston als zweitem Fall berichtet, war ein spanischer Theologe, der von 1597 bis 1617 an der Jesuitenschule in Coim-

heraus und war überrascht, daß dort Bruder da Silva auf ihn wartete. Weiter heißt es in dem Bericht: „Als ich dem Pater sagte, daß ich sein Zimmer betreten hatte, ergriff er meinen Arm … dann schlug er seine Hände zusammen und flehte mich mit Tränen in den Augen an, niemals jemandem etwas von dem zu erzählen, was ich erblickt hatte … solange ich lebe."

Sein Bericht wurde in einem versiegelten Umschlag aufbewahrt, und erst nach seinem Tod wurde er weiteren Menschen zugänglich gemacht.

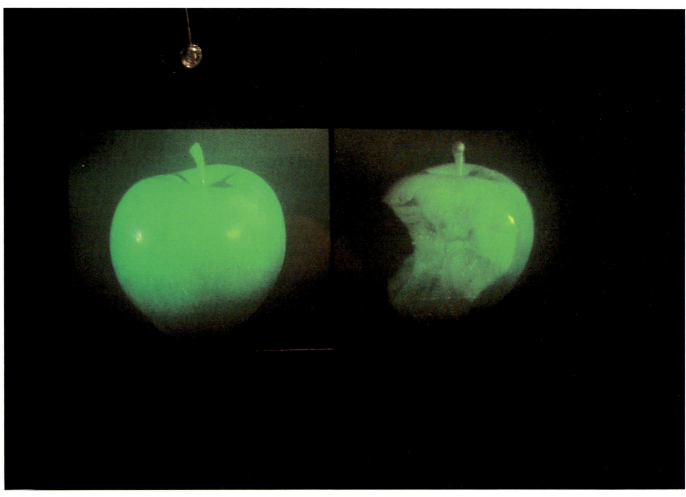

SINNES-TÄUSCHUNGEN

Bei der Wahrnehmung der Realität gibt es von Mensch zu Mensch beträchtliche Unterschiede. Damit stellt sich die unvermeidliche Frage, ob überhaupt Dinge wirklich exakt wahrgenommen werden können.

In der psychiatrischen Fachliteratur gibt es zahlreiche Fälle von geistig völlig gesunden Menschen, die zeitweise Halluzinationen hatten. Sie wußten zwar, daß dies nur Illusionen waren, verhielten sich aber so, als wären es reale Begegnungen: Sie konnten regelrecht um die Erscheinungen herumgehen, die offenbar leibhaftig genug waren, um Licht und andere Gegenstände zu verdecken und in Spiegeln sichtbar zu werden. Wenn ein anwesender Psychiater seitlich

Oben: Unsere Wahrnehmung der Welt entspricht nicht immer der Realität. Dieses Hologramm eines Apfels sieht zwar recht real aus, ist aber nur ein mittels Laserstrahlen erzeugtes Abbild.

Rechts: Tiere wiederum sehen die Welt völlig anders als wir Menschen. Für eine Biene stellt sich ein Vogelauge wie ein riesiges, zerstückeltes Etwas dar.

Gegenüberliegende Seite unten: Delphine sehen mittels Sonarortung; man nimmt sogar an, daß sie eine Art Röntgenblick besitzen.

gegen die Augäpfel des Betreffenden drückte, wurden diese Trugbilder sogar als Doppelbilder gesehen, genauso, wie das bei echten Objekten der Fall ist. Da sie jedoch objektiv nicht wirklich existierten, konnte unmöglich Licht von ihnen aus auf die Augen treffen, im Gehirn registriert und in ein Bild umgesetzt werden.

Trotzdem geht kein Weg daran vorbei, daß in diesen Fällen definitiv ein Bild existiert, zumindest für eine bestimmte Person. Es kann also hier nur eine Umkehrung der Wahrnehmung stattgefunden haben – das Gehirn selbst produziert ein Bild und projiziert es auf unerklärliche Weise an die Stelle, an der es dann wahrgenommen wird. Ähnliches muß auch bei anderen Formen der Trugwahrnehmung stattfinden, zum Beispiel bei akustischen oder haptischen Sinnestäuschungen. Es gibt die unterschiedlichsten Halluzinationen, die jederzeit auftreten können, im Wachzustand, im Schlaf, in Trance, in Hypnose oder auch im Halbschlaf.

Alles nur ein Traum?

Jedem von uns sind Träume vertraut. Träume verarbeiten die Erlebnisse des Tages und können Ausdruck aufgebauschter Ängste oder verdrängter Triebe sein, die aus dem Unterbewußtsein emporkommen. Zuweilen sind sie auch nur Ausdruck eines körperlichen Unbehagens, etwa wenn man davon träumt zu ersticken, weil einem das Kopfkissen über das Gesicht gerutscht ist. Außergewöhnliche Träume, die der Betreffende sehr intensiv und plastisch erlebt, können auch präkognitiv sein, das heißt Zukünftiges vorwegnehmen. Dabei laufen regelrechte „Spielfilme" ab, die mit der äußeren Wirklichkeit, die der Träumer oder irgendein anderer Mensch zu diesem Zeitpunkt sinnlich wahrnehmen könne, nicht das geringste zu tun haben.

Rechts: Königin Mary I. (1516–1558), die während ihrer Ehe mit Philipp II. von Spanien eine Scheinschwangerschaft entwickelte. Dieses Gemälde stammt von Sir Anthony Moore und hängt im Prado-Museum in Madrid. Im Fall einer Scheinschwangerschaft weisen alle äußerlichen Anzeichen auf eine fortschreitende Schwangerschaft hin: Die Menstruation setzt aus, und die Betreffende leidet unter morgendlicher Übelkeit und ähnlichen Zuständen – aber es existiert kein Baby. Anscheinend kann diese grausame Illusion einer bevorstehenden Mutterschaft durch das übermächtige Verlangen einer frustrierten Mutter nach einem Kind hervorgerufen werden.

Im Mittelalter war die Furcht vor männlichen und weiblichen Dämonen weit verbreitet, die mit schlafenden Menschen sexuell verkehren sollten. Angeblich riefen sie wollüstige Träume hervor. Das mag lächerlich klingen, aber selbst die moderne Psychologie kennt Fälle, in denen manche Somnambulisten (Schlafwandler) in ihren Träumen sexuellen Phantasien derart freien Lauf lassen, daß sie bis zum Orgasmus gelangen. Eine andere bemerkenswerte Form

EINE SINNESTÄUSCHUNG?

Vor einigen Jahren wurde der Schriftsteller David Christie-Murray gebeten, an einer Schule einen Vortrag über Parapsychologie zu halten. Vor dem Vortrag lud ihn der Lehrer, der die Veranstaltung organisiert hatte, zu einem Essen ein. Unter den Gästen war auch die Mutter zweier Schüler, die Christie-Murray von folgender Begebenheit erzählte.

Sie hatte sich stets eine Tochter gewünscht, und als ihre beiden Buben im Teenageralter waren, adoptierte sie ein kleines Mädchen, das sie sehr liebgewann. Kurz darauf kam das Kind bei einem Autounfall ums Leben. Das schlimmste war, daß sie am Steuer gesessen hatte und den Unfall selbst verschuldet hatte. Die trauernde Mutter quälte daher nicht nur der Verlust ihres Töchterchens, sondern auch ein schier unerträgliches Schuldgefühl.

Einige Zeit nach dem tragischen Unfall wachte sie wie so oft nachts plötzlich auf. Von Elend und Trauer überwältigt, sehnte sie sich nach etwas Trost und Beistand und wollte ihren Mann wecken, aber dieser schlief so fest, als läge er in einer Art Koma. Schließlich gab sie es auf, ging voller Verzweiflung in das Kinderzimmer hinüber und setzte sich an das Bettchen ihres verstorbenen Kindes.

Auf einmal stand das kleine Mädchen vor ihr, streckte ihr die Hände entgegen und sagte: „Mami!" Die Mutter öffnete unwillkürlich ihre Arme, und das Kind kletterte auf ihren Schoß und schmiegte den Kopf an ihre Schulter. Es war unglaublich: Ihre Tochter war tot, und doch war sie hier, warm und leibhaftig, aus Fleisch und Blut, ein lebendes Wesen, dessen Köpfchen sie warm an ihrer Brust fühlen konnte. Kurze Zeit saßen sie in inniger Umarmung. Dann stieg die Kleine von ihrem Schoß herunter, sagte: „Mami, ich muß jetzt gehen" und verschwand auf ebenso mysteriöse Weise, wie sie aufgetaucht war.

Nach diesem Erlebnis war die Mutter von einem tiefen Gefühl der Freude erfüllt, das genauso intensiv war wie die Verzweiflung, die sie vorher empfunden hatte. Von Stund an war sie fest davon überzeugt, daß es ein Leben nach dem Tode gibt und der Körper in irgendeiner Form weiterexistiert.

David Christie-Murray kommentierte diesen außergewöhnlichen Vorfall folgendermaßen: „An ihrer Ergriffenheit und Aufrichtigkeit beim Erzählen dieser Begebenheit besteht kein Zweifel. Sollte sie es darauf abgesehen haben, einen angesehenen Parapsychologen mit irgendeiner Phantasiegeschichte hereinzulegen, dann hätte sie höchst überzeugend geschauspielert. Wenn sich der Vorfall jedoch so zugetragen hat, und ich hege daran keinerlei Zweifel, dann beweist er zumindest, daß nicht alle ‚überirdischen' Begegnungen furchteinflößend, unheilvoll oder krankhaft sind."

Diese Geschichte scheint die Überzeugung der Spiritualisten zu untermauern, daß verstorbene Seelen sich auf irgendeine Art materialisieren können. Andere mögen solche Erlebnisse als schlichte Sinnestäuschungen abtun.

können, ihnen eine gewisse Realität zuzubilligen. Untersuchungen haben ergeben, daß Halluzinationen oftmals durch kulturelle Prägungen vorgegeben sind. In Epochen, in denen der Aberglaube eine große Rolle spielte, in denen Drogenkonsum, Fasten, Kasteiungen und Meditation an der Tagesordnung waren, erlebten die Menschen sehr häufig die Orgien der Hexensabbate oder Visionen und Botschaften von Engeln, der Jungfrau Maria oder Christus. Das 20. Jahrhundert bringt seine eigenen Spielarten hervor, wie der Fall von der Frau beweist, die neben ihren Freunden in einem Auto saß und einen fortlaufenden Kommentar dazu abgab, wie sie gerade von einem UFO entführt wurde.

In vieler Hinsicht weist dieses Erlebnis Ähnlichkeit mit Halluzinationen auf, die unter Hypnose entstehen. Hierbei werden besonders rezeptive Personen dazu gebracht, Leute zu sehen, die in Wirklichkeit gar nicht anwesend sind, und andere, die anwesend sind, nicht wahrzunehmen. Wie „real" ist also der Löffel Senf, der sowohl der Versuchsperson als auch dem Hypnotiseur auf der Zunge brennt – obwohl nur letzterer ihn in den

von Halluzinationen ist die Scheinschwangerschaft: Das berühmteste Beispiel hierfür ist wohl Mary I. von England, die von 1553 bis 1558 regierte. Sie sehnte sich so sehr nach einem Kind, daß sie volle neun Monate lang alle äußeren Anzeichen einer bevorstehenden Mutterschaft erkennen ließ.

Noch verblüffender sind Fälle von Geistervergewaltigungen. Eine Vielzahl von Frauen haben solche Vergewaltigungen erlebt, sowohl im Wach- als auch im Schlafzustand, und während dieser geisterhaften Angriffe alle möglichen Quetschwunden, Kratzer und Bisse davongetragen, die sie sich unmöglich selbst zugefügt haben können – nicht einmal im Zustand der Hysterie, wie sie aus Triebverdrängung und Schuldgefühlen erwachsen kann. So jedenfalls pflegt die Schulmedizin diese Phänomene zu erklären. In Einzelfällen haben sogar die Angehörigen des Opfers gesehen, wie sich der gespensterhafte Angreifer vor ihren Augen in Nichts auflöste.

Mystische Wundmale

Es gibt auch noch andere, ähnlich gelagerte Erlebnisse, die im Geist der betreffenden Person zu entstehen scheinen. So erlebte ein Mann unter dem Einfluß von Drogen beziehungsweise unter Hypnose im Geiste eine Schlägerei. Plötzlich erschien auf seinem Gesicht eine Schnittwunde. Ein Mädchen hielt sich für die Reinkarnation einer Sklavin, die totgepeitscht worden war. An der Stelle, an der sie angeblich gestorben war, brach sie zusammen, und wie aus dem Nichts zeichneten sich Peitschenstriemen auf ihrem Rücken ab. Derartige Wunden könnten durch die Kraft des Geistes hervorgerufen werden. Und bei dem geisterhaften Vergewaltiger, der auch von anderen schemenhaft wahrgenommen wurde, könnte es sich um eine hysterische Vision handeln, die im Kopf des Opfers entstand und den Außenstehenden telepathisch mitgeteilt wurde.

Manche dieser Trugbilder treten kurz vor dem Einschlafen auf (hypnagogische Phänomene), andere kurz vor dem Aufwachen. In diesen beiden „Dämmerzonen" des Tages sind wir alle besonders empfänglich für Halluzinationen und vielleicht auch für Besucher aus einer anderen Dimension. Diese Trugwahrnehmungen werden dermaßen intensiv und deutlich erlebt, daß selbst hartnäckige Zweifler nicht umhin

Oben: Dieses Gemälde von Hieronymus Bosch zeigt den hl. Anton, der völlig weltabgeschieden lebte und ständig von Dämonen heimgesucht wurde. Er hielt sie für so real, daß er sie sehen und mit ihnen reden konnte, vermochte sie aber dank seines Glaubens auch willentlich zu verscheuchen. Es heißt, daß Mystiker in Ekstase Dinge sehen und wahrnehmen, die sich so sehr von der Alltagsrealität unterscheiden, daß sich diese Erfahrungen nicht in Worte fassen lassen.

Rechts: Eine ungewöhnliche Mystikerin war die Schriftstellerin Emily Brontë, die im 19. Jahrhundert lebte. Ihre ekstatischen Trancezustände schienen so gar nicht zu ihrem sonstigen beschaulichen Leben zu passen – sie buk gern Brot und versorgte ihre Familie in Yorkshire vorbildlich.

Mund genommen hat? Oder der Nadelstich beziehungsweise das Kneifen, das die Versuchsperson deutlich spürt, in Wirklichkeit aber nur dem Hypnotiseur zugefügt wurde?

Es scheint sehr viele unterschiedliche Realitäten zu geben. Eine davon ist besonders weit von unserer alltäglichen Welt entfernt – die Realität der Mystiker und Seher, die in einem veränderten Bewußtseinszustand mit dem gesamten Universum und dessen Ursprung plötzlich eins werden. Dem Betreffenden ist dieser Moment der Erleuchtung so glasklar gegenwärtig, daß ihm die alltägliche Realität dagegen verschwommen und unbedeutend wie ein Traumgebilde erscheint. Vielleicht liegen die übrigen Ebenen der Wirklichkeit irgendwo auf halbem Weg zwischen dem banalen Alltag und der letzten Stufe der Wahrheit, die den Mystikern begegnet. Vielleicht sind es aber nur Abwege eines gestörten Geistes.

Ein riesiger, gesichtsloser Humanoide, die seltsame Teleportation von Rindern und ein UFO, das ein Auto verfolgte – dies sind nur ein paar der Phänomene, die die Familie Coombs aus Wales eine Zeitlang in Atem hielten.

Im Herbst 1977 bot eine geschäftstüchtige Hotelbesitzerin in West-Wales Wochenendaufenthalte für UFO-Forscher an. Als besonderen Service konnten sich die Besucher von einem erfahrenen Führer die Stellen zeigen lassen, an denen angeblich häufig UFOs auftauchten. Garantiert wurde das natürlich nicht. „Pembrokeshire ist in diesen Dingen ziemlich fortschrittlich", meinte die Hotelbesitzerin und war selbst recht erstaunt darüber, wie viele Interessierte schriftlich oder telefonisch nähere Auskünfte einholten.

DAS RÄTSEL VON RIPPERSTON

Was die Gemüter der UFO-Enthusiasten – nicht nur aus England, sondern auch aus dem Ausland – so erregt hatte, war eine nicht abreißende Flut bemerkenswerter Berichte über ein Gebiet, das die Presse als das „Broad-Heaven-Dreieck" bezeichnete. Auf derart spektakuläre Sensationsmeldungen reagieren seriöse Ufologen aus Erfahrung zunächst eher skeptisch. Wenn eine Zeitlang überdurchschnittlich viele Meldungen über UFOs eingehen, kann das zwar darauf hindeuten, daß irgendwo tatsächlich verstärkt außerirdische Aktivitäten stattfinden. Es kann aber auch nur heißen, daß die Leute durch Presseberichte dazu ermutigt werden, Beobachtungen zu melden, die sie sonst für sich behalten hätten. Es kommen also lediglich mehr Meldungen zutage, was nicht bedeuten muß, daß wirklich eine auffällige Häufung derartiger Vorfälle vorliegt. Und dann besteht natürlich noch die Gefahr, daß die Berichte die Phantasie und die Geltungssucht der Leute anregen …

Diese Möglichkeiten sind jedem Forscher ein Greuel, der UFOs grundsätzlich für physikalische Erscheinungen hält und jegliche psychologischen Aspekte abstreitet. Bei den Vorfällen, die sich zwischen Frühjahr und Herbst 1977 in West-Wales ereigneten, wäre es allerdings denkbar, daß sich die Berichte über mysteriöse Vorfälle in einer Art Schneeballsystem vermehrten – besonders die erstaunlichen Ereignisse, die der Familie Coombs auf dem Ripperston-Hof widerfuhren. Die Öffentlichkeit war von diesen Begebenheiten

Gegenüberliegende Seite oben: Der Ripperston-Hof in der Nähe der St.-Brides-Bucht in West-Wales. Hier lebte die Familie Coombs, die im Frühjahr und Sommer 1977 eine Reihe offensichtlich übernatürlicher Vorfälle beobachtete. Auffällig dabei ist, daß Brian und Caroline Klass, die gleich nebenan wohnten, in diesem Zeitraum nie etwas Außergewöhnliches bemerkt haben – oder vielleicht auch nur beschlossen hatten, ihre Beobachtungen nicht publik zu machen.

Unten: Auf dieser Landstraße, die zum Ripperston-Hof führt, fuhr Pauline Coombs nach Hause, als ihr Auto angeblich von einem UFO verfolgt wurde.

Links: Hier eine Zeichnung des fraglichen Flugobjekts. Pauline und ihre Kinder waren vor Angst fast erstarrt, aber als kurz bevor sie ihren Hof erreichten, auch noch der Motor abstarb, die Scheinwerfer erloschen und das Auto nur noch im Leerlauf rollen konnte, packte sie eine entsetzliche Panik.

dermaßen in Bann gezogen, daß drei Bücher darüber erschienen. Auch Presse und Fernsehen widmeten sich diesem Thema in aller Ausführlichkeit. Leider wurde durch zahlreiche Ungereimtheiten soviel Verwirrung gestiftet, daß es zum Schluß fast unmöglich war, die wahren Ereignisse zu rekonstruieren. Die nachfolgende Beschreibung hält sich an die wahrscheinlichsten Vorfälle. Oft galt es allerdings, unter zwei widersprüchlichen Versionen auszuwählen, so daß eine absolute Genauigkeit nicht gewährleistet werden kann.

Billie Coombs war einer von drei Hirten, die auf dem Ripperston-Hof Milchkühe hüteten. Ihr Arbeitgeber war Richard Hewison, der auf der benachbarten Lower-Broadmoor-Farm lebte und seinerseits bei einem Unternehmen angestellt war, dem beide Höfe gehörten. Billie bewohnte mit seiner Frau Pauline und den fünf Kindern das Bauernhaus auf der Ripperston-Farm, gleich neben Brian Klass und seiner Frau Caroline, die ebenfalls auf dem Hof beschäftigt waren.

Pauline Coombs hatte ihrer Familie bereits früher von UFO-Begegnungen berichtet, aber der erste wirklich bemerkenswerte Zwischenfall ereignete sich am 16. April 1977. Damals fuhr sie nach Einbruch der Dunkelheit mit drei ihrer Kinder von der Arbeit nach Hause. Plötzlich bemerkte der zehnjährige Keiron am Himmel ein sonderbares Licht. Es hatte etwa die Größe und Form eines Rugbyballes, leuchtete oben gelblich, unterseits verschwommen-grau und schickte einen Lichtkegel, ähnlich dem einer Taschenlampe, geradewegs nach unten. Aufgeregt teilte Keiron seiner Mutter mit, daß dieses Ding eine Kehrtwendung gemacht hatte und sie nun verfolgte. Schließlich hatte es sie eingeholt und schwebte neben dem Wagen her. Die Autoscheinwerfer wurden immer schwächer, und als sie fast das Haus erreicht hatten, starb der Motor ab, so daß Pauline das Auto den Rest des Weges im Leerlauf rollen lassen mußte. Von Panik ergriffen, rannte sie ins Haus und rief nach ihrem Mann. Er und Clinton, der älteste Sohn, stürzten heraus und sahen gerade noch, wie das UFO langsam in Richtung Meer verschwand. Als sie das Auto startete, funktionierte alles wieder einwandfrei.

Einige Wochen später sah Pauline vom Küchenfenster aus ein weiteres UFO. Es hatte angeblich sechs Meter Durchmesser und schwebte etwa einen Meter über dem Boden. Das silberfarbene, mit Antennen bestückte Objekt hatte einen dreifüßigen Unterbau. Auch dieses UFO entschwand in Richtung Meer, hinterließ aber eine kreisrunde, verbrannte Stelle. Ein anderes Mal behaupteten zwei der jüngeren Kinder, sie hätten drei runde Flugobjekte am Himmel gesehen. Als sich eines davon nur noch 15 Meter über dem Boden befand, wurde eine Leiter heruntergelassen, auf der ein Wesen in silbernem Anzug herabkletterte. Ein hellroter, fluoreszierender Kasten wurde aus dem UFO abgeworfen. Die Kinder suchten später danach, konnten aber nichts finden.

Am 22. April sahen die Coombs spätabends noch fern, obwohl an diesem Abend starke Bildstörungen auftraten. Gegen 23.30 Uhr bemerkte Pauline draußen vor dem Wohnzimmerfenster ein befremdliches Leuchten. Etwa eine Stunde später sah ihr Mann am Fenster ein Gesicht. „Es war ein Mann – aber ein furchterregend großer, fast 2 Meter hoch", berichtet er später. Das Wesen war weiß gekleidet, und sein Gesicht – wenn es überhaupt eines hatte – war unter einer Art schwarzem Helm verborgen.

Höchst beunruhigt telefonierten die Coombs mit Richard Hewison, dem Hofverwalter, und benachrichtigten danach Randall Jones Pugh, einen Ermittler der „British UFO Research Association" (Britische Gesellschaft für UFO-Forschung). Pugh riet ihnen, die Polizei zu benachrichtigen. Hewison kam sofort vorbei, kurz danach auch die Polizei, aber sie fanden keine Spur von dem Eindringling. Etwa drei Wochen später machten die beiden achtjährigen Zwillinge eine ganz ähnliche Beobachtung. Sie spielten im Freien, als sie ein Wesen erblickten – silbrig gekleidet und mit einem schwarzen Kopf. Es ging etwa 15 Meter entfernt an ihnen vorbei und verschwand dann, offenbar geradewegs durch einen Stacheldrahtzaun hindurch.

Wundersames Verschwinden

Von all den Vorfällen, die sich auf der Ripperston-Farm ereignet haben sollen, ist der erstaunlichste wohl der, bei dem Kühe auf scheinbar übernatürliche Weise von einem Ort zum anderen gelangten. Mehr als einmal entdeckte Billie Coombs, daß seine Kühe – manchmal nur ein oder zwei Tiere, oft auch die ganze Herde – vom Hof verschwunden waren. Und mindestens einmal erhielt er einen verärgerten Anruf von einem Nachbarn, der ihn aufforderte, seine Kühe abzuholen. Billie beteuerte, daß er die Tiere fest angebunden und den Stallriegel sogar extra gesichert hatte. Um zum Nachbarhof zu gelangen, mußten die Kühe direkt an seinem Haus vorübergelaufen sein, aber weder er noch seine Frau hatten davon das geringste bemerkt. Einmal, so berichtet er, war zwischen dem Zeitpunkt, als er die Kühe noch gesehen hatte, und dem Moment, als sie auf einer anderen Farm auftauchten, nur so kurze Zeit verstrichen, daß die Tiere diese Entfernung unmöglich auf natürliche Weise zurückgelegt haben konnten. Alles deutete darauf hin, daß irgendeine spirituelle Kraft sie von einem Ort zu einem anderen befördert hatte. Die Kühe machten jedenfalls einen vollkommen verängstigten Eindruck und gaben am folgenden Tag merklich weniger Milch.

Diese außergewöhnliche Teleportation stellt die Glaubwürdigkeit der Augenzeugen auf eine besonders

Ziegel und Steine herum, obwohl die Fenster geschlossen waren. Gegenstände wurden auf rätselhafte Weise an andere Orte versetzt. Zwei Ochsen … wurde in einen anderen Stall befördert, ohne daß eine Menschenhand dabei im Spiel war … Ein Arzt und ein Parapsychologe stießen schließlich auf ein 16jähriges, stark mediumistisch veranlagtes Mädchen, das diese unfaßlichen Phänomene unbeabsichtigt ausgelöst hatte."

Dieser letzte Fall läßt an Poltergeister denken, und es stellt sich die Frage, ob solche vielleicht auch im Ripperston-Fall am Werk waren. Wenn ja, dann muß es sich um außerordentlich starke Kräfte gehandelt haben: Die Teleportation einer ganzen Rinderherde übertrifft wahrhaftig jede Poltergeistaktivität, von der bisher jemals berichtet wurde. Andere Vorfälle im Ripperston-Fall scheinen eine Poltergeisttheorie jedoch zu untermauern. Dazu muß man wissen, daß der Ort einen stark negativen Einfluß auf technische Gegenstände ausübte. Abgesehen von dem Motorversagen von Pauline Coombs Auto an dem Abend, als sie von dem UFO verfolgt wurde, berichtete auch Billie Coombs, daß er allein im Jahre 1977 sein Auto fünfmal zur Reparatur bringen mußte, und noch häufiger ging der Fernseher kaputt. Zudem war die Stromrechnung der Coombs so astronomisch hoch, daß sie das Elek-

harte Probe. Die UFO-Beobachtungen und die Beschreibung des fremden Wesens, so ungewöhnlich sie auch sind, bewegen sich noch im allgemein anerkannten Rahmen derartiger Erscheinungen. Die Teleportation von Tieren scheint allerdings in eine vollkommen andere Kategorie zu gehören.

Allerdings hatte sich etwas Ähnliches schon einmal zugetragen. In seinem Buch *Haunted Houses* (Spukhäuser) berichtet John Ingrams von einem Anwesen namens Birchen Bower in der Nähe von Oldham in Lancashire, England. Dort wurde ein makabrer Brauch gepflegt: Eine frühere Besitzerin, die fürchterliche Angst hatte, lebendig begraben zu werden, hatte verfügt, daß man ihren Leichnam einbalsamieren, alle 21 Jahre in das Haus bringen und dort eine Woche lang in der Kornkammer aufbewahren sollte. Das Vieh reagierte darauf höchst ungewöhnlich:

"Wenn man die Leiche wieder abholte, liefen die Kühe und Pferde stets frei herum, und manchmal fand man eine Kuh oben auf dem Heuboden. Es war ein völliges Rätsel, wie sie dorthin gelangen konnte, denn es gab keinerlei Zugang, der für ein Tier groß genug gewesen wäre … vor ein paar Jahren, als der damalige Hausbesitzer wieder einmal eine Kuh auf dem Heuboden fand, waren viele Leute vom Ort der festen Überzeugung, daß sich dies nur auf übernatürliche Weise zugetragen haben konnte … Wie die Kuh dort oben hinaufgekommen war, war jedermann ein Rätsel – Tatsache aber ist, daß sich der Besitzer von der Bower-Mühle Steinblöcke ausleihen mußte, um die Kuh durch die Heuluke aus dem Schober herauszuholen."

Die *Daily Mail* brachte am 18. Mai 1906 einen Bericht über ein anderes Spukhaus: "Aus der Scheune verschwand ein Pferd, das sich später im Heuschober wiederfand. Um es dort herauszuholen, mußte eine Trennwand eingerissen werden." Und im April 1936 meldete die italienische Zeitung *Ali del Pensiero*: "Auf einem Bauernhof in Prignano (Salerno) kam es kürzlich zu mysteriösen Feuersbrünsten. Haushaltsgegenstände wurden zerstört, und Menschen und Tiere kamen in den Flammen um. In den Räumen flogen

Oben: Ein solches UFO beobachtete Pauline aus dem Küchenfenster, ehe es in Richtung Meer entschwand.

Rechts: Auf dieser Karte sind die Ripperston-Farm und die Broadmoore-Farm eingezeichnet. Billie Coombs berichtete mehrfach, daß seine Rinderherde spurlos vom Hof verschwunden war – auch wenn er selbst das Gatter gesichert hatte –, um auf völlig unerklärliche Weise auf der etwa 800 Meter entfernt gelegenen Broadmoor-Farm wiederaufzutauchen.
Unten: Der lokale Ermittler Randall Jones Pugh nahm die Farm unter die Lupe, fand jedoch für die sonderbaren Phänomene keine Erklärung.

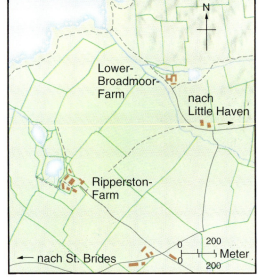

trizitätswerk um eine Zählerüberprüfung baten. Seltsamerweise fand man keinen Fehler.

Möglicherweise waren auch paranormale Kräfte am Werk. Hierzu muß man etwas über die Vergangenheit von Pauline Coombs wissen, die römisch-katholischen Glaubens ist. Bevor sie nach Ripperston zogen, lebten die Coombs in einem Wohnwagen im nahe gelegenen Pembroke Dock. Auch dort hatten sich bereits unerklärliche Vorfälle ereignet. So sah Pauline jeden Abend, während sie im Wohnwagen saß, draußen eine lebensgroße Erscheinung der Jungfrau Maria in einem weißen Gewand, mit einem Rosenkranz um der Hüfte und den kleinen Jesus im Arm. Später verwandelte sich die Erscheinung in Jesus selbst, der etwa eine halbe Stunde lang zu sehen war. Das Gerücht über diese Vorfälle breitete sich aus wie ein Lauffeuer, und schon bald drängten allabendlich Menschenmengen vor dem Wohnwagen, um einen Blick auf dieses Phänomen zu werfen. Schließlich fühlte sich der Wohnwagenbesitzer von diesen Volksaufläufen dermaßen gestört, daß er seinen Wohnwagen zerstören ließ. Der Bericht über dieses Ereignis ist jedoch recht lückenhaft. Für unseren Zweck aber genügt es zu wissen, daß Pauline Coombs offensichtlich etwas an sich hatte, das sie für übernatürliche Erfahrungen anfällig zu machen schien.

Unheimliche Besucher

Die vielen seltsamen Vorfälle auf der Ripperston-Farm boten natürlich im Frühjahr und Sommer 1977 immer wieder eine wahre Fundgrube für Reporter und Ermittler, und so war es vielleicht nur eine Frage der Zeit, bis merkwürdige Wesen auf der Farm auftauchten, die sehr an die finsteren, schwarzgekleideten Außerirdischen erinnerten, von denen UFO-Augenzeugen so häufig berichten. Eines Tages soll ein sonderbares Auto vorgefahren sein, das niemand hatte kommen hören. Drinnen saßen angeblich zwei Männer, die sich auffällig ähnlich sahen. Der eine, in einem sehr korrekten grauen Anzug und glänzenden Schuhen, stieg aus. Er inspizierte die Kühe im Hof, als Caroline Klass ihn von der Haustür nebenan erblickte. Auf unerklärliche Weise stand er dann plötzlich direkt neben ihr und fragte nach Pauline Coombs – offenbar wissend, daß sie es nicht war. Er sprach angeblich mit einem fremdartigen Akzent und wirkte irgendwie „außerirdisch". Auch besaß er „große, durchdringende Augen, die durch sie hindurchzusehen und ihre Gedanken zu lesen schienen."

In dem Bericht heißt es weiter, daß Clinton, Coombs ältester Sohn, vor den seltsamen Gestalten Angst hatte und sie auf ihr Klopfen nicht ins Haus ließ. Statt dessen schob er den Riegel vor und versteckte sich im ersten Stock. Als der Mann keine Antwort erhielt, kehrte er zu Caroline Klass zurück und fragte sie weiter aus. Bevor sie etwas herausstammeln konnte, schien er immer schon zu wissen, was sie sagen würde. Er fragte nach dem Weg zu seinem nächsten Ziel, und

Oben: Pauline Coombs vor dem Fenster, durch das ihr Mann am 23. April 1977 gegen ein Uhr nachts einen riesigen Humanoiden erblickte. Etwa eine Stunde vorher hatte sie ein merkwürdiges „Leuchten" vor dem Fenster wahrgenommen, ihrem Mann gegenüber jedoch nichts davon erwähnt, damit er nicht dachte, „ihre Nerven würden ihr einen Streich spielen". Dann sah ihr Mann die Kreatur, ein silberfarben gekleidetes, sehr großes Wesen, das sich ganz nah an die Scheibe drückte (rechts). Die Polizei fand später keinerlei Spur von dem Wesen. Unten: Kurze Zeit darauf hatten auch zwei Kinder der Coombs eine Begegnung mit einem fremdartigen Wesen, das einen silberfarbenen Anzug trug.

schließlich fuhren die beiden Männer in ihrem seltsamen Gefährt davon. Nur wenige Augenblicke später kam Pauline nach Hause. Die Untersucher wiesen darauf hin, daß die Straße, auf der sie gekommen war, keine Abzweigung aufwies, Pauline aber die beiden Männer nicht gesehen hatte. Wie war das möglich? Wenn all diese Dinge wirklich so stattgefunden haben, dann gibt es einigen Grund zu der Annahme, daß in Ripperston tatsächlich unheimliche Kräfte am Werk waren. Aus den zahlreichen Befragungen ergab sich allerdings nur ein „Beweis" – daß das Ganze ein Mischmasch aus irreführenden Aussagen und vorsätzlichen Erfindungen war. So deutet für viele Forscher nichts darauf hin, daß die beiden Männer „fremdartig" waren. Auch sahen sie sich nicht merkwürdig ähnlich, und ihre Fragen seien vollkommen normal gewesen. Und sie hätten durchaus nicht „ir-

gendwie gewußt", daß Caroline Klass nicht Pauline Coombs war, im Gegenteil, sie hatten Caroline gleich als erstes gefragt, ob sie Pauline wäre. Es stimmte auch nicht, daß sich Clinton voller Panik im Haus versteckt hatte. Und warum Pauline das Auto mit den beiden nicht bemerkt hatte – nun, auch darauf gibt es eine verblüffend simple Antwort: Caroline hatte ihnen eine Abkürzung empfohlen, und dieser Weg führte vom Hof weg in eine ganz andere Richtung.

Kurz und gut, viele Untersucher halten die ganze Geschichte so, wie sie erzählt wurde, für eine unverantwortliche Verdrehung eines schlichten, ganz normalen Vorfalls. Zudem handelte es sich hier beileibe nicht um den einzigen Bericht aus West-Wales, in dem Tatsachen und Schilderungen weit auseinanderklaffen.

EIN TIBETANISCHES
WUNDER

von Mohammed, und ein weltlicher Dichter fühlt sich vielleicht für einen Augenblick eins mit dem Universum und verbringt den Rest seines Lebens mit dem Versuch, dieser wunderbaren Empfindung Ausdruck zu verleihen.

Solcherlei Erfahrungen können zur Verbreitung der einen oder anderen Glaubensrichtung beitragen. Aufgrund der Tatsache, daß sie Menschen ganz unterschiedlicher Konfession, und auch Ungläubigen, widerfahren, können sie jedoch noch nicht als Beweise für die Gültigkeit einer bestimmten Glaubensform herhalten.

Die Geschichte von Petrus, der, obwohl „gebunden mit zwei Ketten und zwischen zwei Kriegsknechten", wunderbarerweise aus dem Gefängnis entkam (Apostelgeschichte 12), weckt selbst bei vielen Gläubigen etwas Skepsis. Und doch behauptet ein Christ aus dem 20. Jahrhundert, der Inder Sadhu Sundar Singh, daß ihm nicht nur etwas ganz Ähnliches widerfahren ist, sondern er zudem auch eine Vision hatte, die sein ganzes Leben veränderte.

Sundar Singhs Geschichte beginnt in Indien um 1890, wo er in einer reichen Sikh-Familie aufwuchs. Seine Mutter, eine tiefreligiöse Frau, hatte Sundar einmal zu einem Sadhu gebracht, einem Heiligen, der auf der Suche nach der spirituellen Wahrheit heimatlos umherwanderte. Die Begegnung mit diesem ehrwürdigen Mystiker hinterließ bei dem kleinen Sundar einen nachhaltigen Eindruck, und er beschloß, ebenfalls nach Gott zu suchen. Seine Mutter und sein älterer Bruder starben, als er 14 war. Ein Jahr später begann er, die westlichen Religionen anzugreifen – vermutlich unter dem Einfluß der Missionare, die zu der damaligen Zeit in Indien recht eifrig am Werk waren. Das Christentum war ihm ein Greuel, und er demonstrierte seinen Haß, indem er christliche Priester stei-

Sadhu Sundar Singhs Schicksal schien besiegelt, als er zur Strafe in einen tiefen, ausgetrockneten Brunnen gestoßen wurde – aber wie durch ein Wunder entkam er aus seinem tödlichen Gefängnis!

In jeder Religion gibt es Heilige, Mystiker und Seher, deren Erfahrungen die Sprache ihrer jeweiligen Kultur sprechen. Einem Katholiken erscheint vielleicht die Jungfrau Maria, während einem Quäker eher eine Erleuchtung durch das „innere Licht" widerfährt; ein Moslem empfängt vermutlich eine Botschaft

Rechts: Ein indischer Sadhu wie dieser inspirierte den jungen Sundar Singh, sich auf die Suche nach Gott zu begeben.

Gegenüberliegende Seite links und unten: Selbst das unwirtliche Himalaja-Gebirge konnte Sadhu Sundar Singh (links) nicht entmutigen – ebensowenig wie das eher unerfreuliche Empfangs-komitee, das ihn nach seiner Durchquerung des Himalaja-Gebirges in Tibet erwartete.

nigte und in seinem Heimatdorf öffentlich die Bibel verbrannte.

Drei Tage nach dieser Anprangerung soll Sundar das Zeichen erhalten haben, auf das er so inbrünstig gehofft hatte. Nach einer langen Nacht des Betens hatte er eine Vision: Jesus Christus erschien ihm und sagte in Hindustani: „Wie lange willst du mich noch verfolgen? Ich bin gekommen, um dich zu erretten. Du betest, um den rechten Weg zu finden. Schlag ihn ein."

Damit hatte sich Sundars Suche erfüllt, und niemand war erstaunter als er selbst, daß sie mit einer Erleuchtung durch den christlichen Gott endete.

Doch dies ist erst der Beginn seiner Geschichte. Seine Suche war vorüber, nun widmete er sich den Aufgaben eines Bekehrers. 1905 wurde er auf den christlichen Glauben getauft, entschied aber nach der anglikanischen Ordination, daß das herkömmliche Priesteramt nichts für ihn sei. Sein neuer Glaube war zwar fest gefügt, aber ebenso ausgeprägt war nach wie vor sein Sinn für die indische Kultur und Tradition. Sundar glaubte, er könne seine Vision von Christus nur dann verbreiten, wenn er sich keinen konfessionellen Zwängen unterwarf. Mit den steifen, hohen Kragen und den Anzügen, die er andere konvertierte indische Priester tragen sah, hatte er nichts im Sinn. Ebensowenig war er bereit, seinem Bewußtsein der allgegen-

ges festgenommen und wegen Verbreitens des christlichen Glaubens zum Tode verurteilt.

Im Angesicht des Todes

Die buddhistische Lehre verbietet das Töten eines Menschen, so daß man Verbrecher auf so geschickte Weise ums Leben brachte, daß kein Buddhist sich eines Vergehens schuldig machte. Sundar hätte auf verschiedenste Weise umgebracht werden können. Es gab zum Beispiel die Möglichkeit, jemanden in eine wasserdurchtränkte Ochsenhaut einzunähen und dann in die Sonne zu legen, so daß die Haut beim Austrocknen zusammenschnurrte und den Unglückseligen allmählich erdrückte. Sundars Schicksal war nicht minder grausam: Man schlug ihn, riß ihm die Kleider vom Leib und stieß ihn gewaltsam in ein tiefes, ausgetrocknetes Brunnenloch, das oben mit einem schweren Eisendeckel verschlossen wurde. Der Boden, so erzählte er später, war mit menschlichen Knochen und verfaulten Leichen bedeckt.

Es schien nur eine Frage der Zeit, wann Sundar Singh entweder an dem ekelerregenden Todesgeruch ersticken oder vor Hunger und Durst sterben würde. Etwas jedoch hielt ihn aufrecht. Als Christus ihm das erste Mal erschienen war, hatte er ein sehr starkes Gefühl von Glück und Frieden verspürt. Diese Empfindung trug er immer in sich, auch in Zeiten der Verzweiflung und der Verfolgung. Und diese Vision, die sich, wie er einmal betonte, von den vielen anderen mystischen Erfahrungen, die er in seinem späteren Leben machte, gänzlich unterschied, hielt ihn während seiner Einkerkerung aufrecht.

Sundar verbrachte die Zeit mit Beten. Dann, in der dritten Nacht, hörte er über sich einen Schlüssel am Schloß kratzen und wie jemand rasselnd den Eisendeckel wegschob. Ein Seil fiel herab, und jemand rief ihm zu, er solle es ergreifen. Da sein Arm gebrochen war, war das unmöglich, aber glücklicherweise war an dem Seil eine Schlinge, in der er einen Fuß hineinschieben konnte. Er wurde nach oben gezogen – und

HERR, ERLÖSE UNS

Apostelgeschichte 12: 1–17 berichtet von einem Wunder, für das es keine einleuchtende Erklärung gibt. Im Zuge einer antichristlichen Kampagne des Herodes wurde Petrus ins Gefängnis geworfen. Angekettet zwischen zwei Wachsoldaten wurde er eines Nachts von einem Licht in seiner Zelle geweckt. Ein Engel erschien vor ihm, schlug die Ketten von ihm ab und geleitete ihn in die Freiheit – offenbar ungehindert aller Riegel, Gitter und Schlösser.

„Und der Engel sprach zu ihm: Gürte dich, und tue deine Schuhe an! Und er tat es. Und er sprach zu ihm: Wirf deinen Mantel um dich, und folge mir nach!" Auf der Gasse erst kam Petrus zu sich – bis dahin hatte er das Geschehen für einen Traum gehalten. Als ihm aber gewahr wurde, daß er wirklich frei war, ging er zu dem Haus eines Freundes, in dem eine Magd, als sie seine Stimme hörte, berichtete, daß sein Geist draußen stünde. Als Petrus' Freunde ihn erkannten, waren sie höchst verblüfft, und er erzählte ihnen, was sich zugetragen hatte. Fast 2000 Jahre später sollte Sundar Singhs wundersame Flucht ähnliche Überraschung und Ungläubigkeit hervorrufen.

wärtigen spirituellen Welt zu entsagen – einer Welt, die auch den Herzen der einfachen Menschen nahe war, unter denen er lebte und später auch predigte.

Um dieses Dilemma zu lösen, tat er einen einzigartigen Schritt: Er wurde ein christlicher Sadhu, der seinen Glauben ohne materielle Mittel lehrte und von Almosen lebte. Als solcher hatte er Zutritt in Bereiche, die ihm sonst verschlossen gewesen wären, und als indischer Heiliger, obschon ein christlicher, fand er zu den Menschen, die er bekehren wollte, leichter Zugang.

Sadhu Sundar Singh hatte sich zur Aufgabe gemacht, seinen Glauben in Tibet zu verbreiten. Und in ebenjenem geheimnisumwitterten Land geschah dann später das Wunder. Mehrmals überquerte er das Himalaja-Gebirge zu Fuß. Sein missionarischer Eifer blieb stets ungebrochen, obwohl es kein leichtes war, den Buddhisten den christlichen Glauben nahezubringen. Während einer dieser Reisen wurde er eines Ta-

Oben: Drei tibetanische Lamas vor einem Pilgerschrein. Sie tragen ihre traditionellen rituellen Requisiten – Gebetsmühlen und Rosenkränze. Der in Tibet praktizierte Buddhismus ist eine Mischung aus dem indischen Buddhismus und einheimischen Glaubensrichtungen.

war frei! Er behauptete, gehört zu haben, wie der Eisendeckel wieder aufgelegt und festgeriegelt wurde, gesehen aber hatte er niemanden. Sobald er an der frischen Luft war, verschwand der Schmerz in seinem Arm. Sundar soll sich bis zum Morgengrauen ausgeruht haben und dann zu der nächsten Karawanserei gelaufen sein, eine Art Gasthaus, in dem sich Reisende erfrischen konnten. Dort blieb er für kurze Zeit, bevor er seine Wanderpredigten wiederaufnahm.

Als der Totgeglaubte plötzlich wieder leibhaftig auftauchte, herrschte große Aufregung. Sundar wurde erneut verhaftet und vor den Obersten Lama geführt, dem er erklären sollte, wie er es geschafft hatte zu entkommen. Der Lama ging davon aus, daß jemand den Schlüssel gestohlen haben mußte. Als er jedoch feststellen mußte, daß dieser nach wie vor an seinem Gürtel hing, den er niemals abgelegt hatte, soll der Lama vor Schreck erblaßt sein, denn dies konnte nur bedeuten, daß Sundar die Flucht durch irgendeine göttliche Fügung ermöglicht worden war. Sundar mußte den Ort sofort verlassen und sich so weit wie möglich von der Stadt entfernen.

Dies also ist das Wunder, das sich in Tibet ereignet haben soll, als Sundar seinem qualvollen, sicheren Tod entkam. War es nun aber eine göttliche oder eine menschliche Hand, die ihn rettete? Sundars Schilderung weist zweifellos gewisse Schwächen auf. Wie schaffte er es zum Beispiel, nach seiner Freilassung trotz seiner Nacktheit unbehelligt zu der Karawanserei zu gelangen? Zugegeben, der Anblick eines nackten Wanderers war in Tibet nicht so aufsehenerregend, wie es zum Beispiel in Deutschland der Fall gewesen wäre. Denkbar wäre auch, daß doch jemand den Schlüssel gestohlen und ihn später wieder heimlich am Gürtel des Lamas befestigt hatte. Vielleicht hatte es ja auch einen zweiten Schlüssel gegeben. Jeder, der drei Tage lang unter solchen Umständen wie Sundar eingesperrt verbringen mußte, wäre nach seiner

plötzlichen Freilassung sicherlich verwirrt und desorientiert. Dies könnte erklären, weshalb er keinen Menschen bemerkt hatte, als er aus dem Brunnen entwichen war. Zu bedenken wäre auch, woher er angesichts seiner Lage überhaupt wußte, daß er drei Tage lang in dem stockfinsteren Brunnen verbracht hatte – es sei denn natürlich, man hätte ihm das später erzählt.

Jeder Skeptiker wird auch sofort darauf hinweisen, daß die ganze Geschichte lediglich auf der unbeweisbaren Aussage eines einzelnen Zeugen beruht – eines Mannes, dem laufend mystische Visionen widerfuhren und der schon vielerlei Wunder erlebt hatte. So hatte er einmal behauptet, mit einer geheimen indischen Bruderschaft Kontakt aufgenommen und sie gedrängt zu haben, sich öffentlich zu bekennen. Auch will er im Himalaja-Gebirge einen uralten Rishi (indische Heilige oder Seher, sieben an der Zahl, die das heilige Wissen der Veden, der heiligen Texte des Hinduismus, bewahren und weitergeben) getroffen haben, den Maharishi von Kailash, der 4000 Meter über dem Meeresspiegel in einer Höhle hauste und ihm eine Reihe apokalyptischer Visionen mitteilte. Hiervon existieren allerdings keinerlei Aufzeichnungen, und auch die geheime Bruderschaft gab sich nie zu erkennen. Und schließlich ließe sich auch noch einwenden, daß der Sadhu trotz seines strengen christlichen Glaubens vielleicht auch ein bißchen romantisch veranlagt und nicht so ganz gegen Hirngespinste gefeit war …

Himmlische Mächte

Es sei noch angefügt, daß Sundar selbst stets bemüht war, seine übernatürlichen und mystischen Erfahrungen wie auch seine Heilgabe herunterzuspielen. Er ahnte, daß seine Wundertaten die Sensationslust der Menschen anstacheln und ihre Aufmerksamkeit von Christus weg auf seine Person lenken würden. Er selbst hielt das Ereignis in Tibet für eine himmlische Fügung, jedoch wäre er der Letzte gewesen, das sogenannte Wunder in irgendeiner Weise für seine Zwecke auszuschlachten. Jede Glorifizierung seiner Person war ihm gänzlich fremd.

In den zwanziger Jahren war Sadhu Sundar Singh zu einem feststehenden Begriff geworden. Er unternahm viele Reisen nach Ceylon, Burma, Malaysien, China, Japan, Amerika, Australien und Europa. Er predigte, wo immer er sich aufhielt, und begegnete vielen berühmten Geistlichen, unter denen er einen hohen Ruf genoß. Auf seinen Reisen hinterließ er bei Tausenden von Menschen aller Rassen einen tiefen Eindruck. Jedoch gab es auch viele Skeptiker, die ihn des Vertrauensmißbrauchs bezichtigten und ihm unterstellten, er würde Lügen erzählen, um eine Sache zu untermauern, an die er glaubte. Er besuchte weiterhin auch Tibet, und dieses Land, in dem er seine höchste Erleuchtung erfahren hatte, sollte auch der Ort sein, wo er sein Ende fand. Im Jahre 1929 verschwand Sundar Singh eines Tages irgendwo im Himalaja, ohne eine Spur zu hinterlassen.

> „ER AHNTE, DASS SEINE WUNDER-TATEN DIE SENSATIONSLUST DER MENSCHEN ANSTACHELN UND IHRE AUFMERKSAMKEIT VON CHRISTUS WEG AUF SEINE PERSON LENKEN WÜRDEN. ER SELBST HIELT DAS EREIGNIS IN TIBET FÜR EINE HIMMLISCHE FÜGUNG, JEDOCH WÄRE ER DER LETZTE GEWESEN, DAS SOGENANNTE WUNDER FÜR SEINE ZWECKE AUSZUSCHLACHTEN."

Neben der hellhäutigen Jungfrau Maria gibt es noch eine weitere legendenumwobene Madonna – schwarz und geheimnisvoll und möglicherweise von ganz anderer Herkunft als ihr hellhäutiges Gegenstück.

Bis spät ins 18. Jahrhundert hinein beteiligten sich Pilger nach Chartres traditionell an einem komplexen und faszinierenden christlichen Ritual. Nach dem Gebet in der Abtei und der Anhörung der Messe in der Kathedrale begaben sie sich über einen nordwärts gelegenen Durchgang hinunter zu einer alten unterirdischen Krypta, direkt unterhalb der Kirche. Hier verharrten sie dann in frommer Andacht für die *Notre-Dame de Sous-Terre* (Unsere Jungfrau der Unterwelt) – einer schwarzen Ebenholzstatue einer sitzenden Frau, die ihr Kind auf den Knien hielt. Auf dem Kopf der Statue befand sich eine Krone, an ihrem

Unten: Die Schwarze Madonna in der Kathedrale von Chartres stand ursprünglich auf einer Steinsäule, die durch die Küsse ihrer inbrünstigen Verehrer abgetragen worden sein soll.

Sockel eine römische Inschrift – „Virgini Paritures" (die Jungfrau, die gebären wird). Nach ihrer Andacht wurden die Pilger mit Wasser aus einem heiligen Brunnen der Krypta gesegnet. Es war ihnen auch gestattet, von dem Wasser zu trinken. Dann setzten sie ihre unterirdische Wanderung fort und kamen über einen südlichen Durchgang wieder ans Tageslicht.

Im Benediktinerkloster von Montserrat im Nordosten Spaniens genießt eine hölzerne Statue der Jungfrau mit Kind besondere Verehrung. Montserrat ist vor allem ein Wallfahrtsort für Jungvermählte, und von der schwarzen Statue dort wird behauptet, daß sie über Ehe, Sexualität und Fruchtbarkeit gebietet. Überlieferte Legenden besagen, daß Gebete an dieser Statue Unfruchtbarkeit verhindern sollen.

In der Nähe von Crotone, in einem Vorgebirge am Golf von Taranto in Süditalien gelegen, findet man die Überreste eines der Hera Lacinia gewidmeten Tempels. Sie ist die römische Göttin des Mondlichts, die Frauen, insbesondere bei der Entbindung, beschützt. Sie sollte Fruchtbarkeit bringen und über den Zyklus der Geburt – Empfängnis, Schwangerschaft, Wehen

JUNGFRAUEN MIT HEIDNISCHER VERGANGENHEIT

Links: Der berühmten Schwarzen Madonna aus dem polnischen Czestochwa, von den Gläubigen „Unsere Jungfrau von Czestochwa" genannt, werden, wie allen schwarzen Madonnenstatuen, übernatürliche Kräfte zugeschrieben.

„BERNARD VON CLAIRVAUX SELBST SOLL SEINE BEWEGENDSTE RELIGIÖSE ERLEUCHTUNG BEI DER SCHWARZEN MADONNA VON CHATILLON ERFAHREN HABEN. ES WIRD BERICHTET, DASS SIE, ALS ER VOR IHR DAS AVE MARIA AUFSAGTE, IHRE BRUST DRÜCKTE UND DARAUFHIN DREI TROPFEN MILCH IN DEN GEÖFFNETEN MUND DES ZISTERZIENSERMÖNCHES FIELEN."

und Entbindung – herrschen. Die Kirche von Crotone, wie auch Chartres und das Kloster bei Montserrat, beherbergt eine schwarze Frauenstatue. Auch diese Statue ist zu einem Wallfahrtsort für Pilger geworden. Am zweiten Sonntag im Mai wird sie von der Kathedrale in Crotone zur „Kirche unserer Jungfrau" von Capo Colonne getragen. Bei Nacht wird sie dann über Wasser in einer Prozession von mit Fackeln erhellten Fischerbooten wieder zurückgebracht.

Offiziell sieht die römisch-katholische Kirche schwarze Madonnenstatuen als ganz normale Madonnen an. Ihnen wird kein besonderer Status und auch keine besondere Bedeutung zuerkannt. Für viele Pilger aber, die die Schwarzen Madonnen aufsuchen, haben sie eine Bedeutung und auch Macht, die weit über das hinausgeht, was die katholische Kirche ihnen zugesteht.

Außer den drei erwähnten Schwarzen Madonnen existieren noch mindestens 35 weitere, die nicht nur über ganz Europa verteilt sind, sondern sich auch in so entfernten Ländern wie Mexiko befinden. Zu den bedeutendsten Orten mit einer Schwarzen Madonna gehören Einsiedeln in der Schweiz, Rocamadour, Dijon, Avioth und Le Puy in Frankreich, Orval in Südbelgien und Loreto, Florenz, Venedig und Rom in Italien.

Wie der Name bereits sagt, sind die Statuen

„VIELE SCHWARZE MADONNENSTATUEN WERDEN MIT SEXUALITÄT, FORTPFLANZUNG UND FRUCHTBARKEIT ASSOZIIERT – WAHRLICH NICHT DIE TRADITIONELL DER JUNGFRAU MARIA ZUGESCHRIEBENEN EIGENSCHAFTEN."

schwarz und bestehen aus Stein, Ebenholz oder libanesischer Zeder. Sie sind in kostbare Gewänder gekleidet und werden bei festlichen Anlässen oft mit Edelsteinen geschmückt. Alle Statuen tragen eine Krone. Oftmals sind sie auch von bildlichen Darstellungen des Mondes und/oder von Sternen umgeben, was auf die heidnische Verehrung weiblicher Gottheiten zurückgeht. Sämtliche Madonnen werden mit einem Kind im Arm dargestellt und sind zum Anziehungspunkt für Pilger geworden. Die Älteren unter ihnen erinnern auf merkwürdige Art an den Mittleren Osten, möglicherweise Byzanz oder Ägypten. Viele, wie zum Beispiel die Schwarze Madonna von Chartres, wurden während der Französischen Revolution zerstört. Andere wiederum wurden vor allem in den letzten 150 Jahren offiziell durch konventionellere Statuen der Jungfrau – die nicht schwarz sind – ersetzt. Viele der ursprünglich schwarzen Madonnenstatuen sind im Lauf der Jahrhunderte absichtlich weiß übertüncht worden.

Schwarze Madonnen sind von Legenden umgeben, und viele der Madonnen sollen unter geheimnisvollen Umständen erschienen sein. Die Schwarze Madonna von Tindari, Sizilien, ist angeblich in einem Sarg an die Küste gespült worden. In Loreto soll am 10. Mai 1291 über Nacht ein „seltsames Gebäude" mit einer Schwarzen Madonna darin erschienen sein – von diesem Ereignis behauptete der Gemeindepfarrer, daß es in einem Traum angekündigt worden sei. 880 n. Chr. sollen Schafhirten die Schwarze Madonna von Montserrat in einer Höhle entdeckt haben, zu der sie nächtliche himmlische Lichter und Engelsgesang geführt hatten. In Avioth, im Nordosten Frankreichs, ist überliefert, daß die Schwarze Madonna plötzlich in einem Dornenbusch Gestalt annahm. In Le Puy soll sie zuerst in einer Vision erschienen sein und dann angewiesen haben, ihr zu Ehren an dieser Stelle eine Kirche zu errichten. Der Grundriß für das Gebäude soll im Hochsommer durch einen Schneefall angezeigt worden sein. Die Einweihung der Kirche, etwa ein Jahrhundert später, wurde angeblich von himmlischen Lichtern und Chören begleitet.

Himmlische Milch

Die Madonna, und insbesondere die Schwarze Madonna, nahm im Christentum erstmals während des Mittelalters und der Kreuzzüge eine zentrale Stellung ein. Im wesentlichen war dies auf den Einfluß des hl. Bernard (1090–1153), dem berühmten Abt von Clairvaux in Frankreich, zurückzuführen, der wahrscheinlich mehr als jeder andere zur Verbreitung des Jungfrauenkultes beitrug. Bernard von Clairvaux selbst soll seine bewegendste religiöse Erleuchtung bei der Schwarzen Madonna von Châtillon erfahren haben. Es wird berichtet, daß sie, als er vor ihr das „Ave Maria" aufsagte, ihre Brust drückte und daraufhin drei Tropfen Milch in den geöffneten Mund des Zisterziensermönches fielen.

Die „Königin des Himmels" wurde auch zum offiziellen Schutzpatron der Tempelritter und später des Deutschritterordens, dem deutschen Äquivalent. Häufig wurde sie auf Ritterfahnen und Bannern dargestellt, und die Ritter zogen ihr zu Ehren in den Kampf, wobei ihr Schlachtruf oft einzig aus ihrem Namen bestand. Auf gewisse Weise verkörperte sie die gesamte christliche Dreifaltigkeit – Vater, Sohn und Heiliger Geist. Als „Braut Gottes" verdrängte sie in vielerlei Hinsicht sogar erfolgreich die Dreifaltigkeit. Obwohl die Jungfrau mit-

Unten: Die mit Gold und Juwelen reich verzierte Schwarze Madonna von Einsiedeln läßt das hohe Maß der Verehrung erkennen, die diesen ungewöhnlichen Statuen entgegengebracht wurde und wird.

> „LASSEN SIE MICH ERKLÄREN, WARUM ICH GLAUBE, DASS MAN DIESES DOMINIERENDE ABBILD DER HOFFNUNG AUF LIEBE SCHWARZ DARGESTELLT HAT … WEIL SIE DAS SYMBOL FÜR ALLES UND DAS TOR ZU ALLEM IST, WAS WIR IN DER SCHEINBAREN SCHWÄRZE JENSEITS DES SICHTBAREN LICHTES BEGREIFEN KÖNNEN."
> **Peter Redgrove, The Black Gooddess and the Sixth Sense**

unter als „Braut Gottes" bezeichnet wurde, war sie auch als die „Mutter Gottes" bekannt. Man glaubte, das gesamte Leben würde von ihr abhängen. Häufig wurde sie mit dem Heiligen Geist gleichgesetzt, der, wie auch die Jungfrau, oft durch eine Taube symbolisch dargestellt wurde.

Heiliger Mittler

Im Mittelalter konzentrierte sich der christliche Glaube – besonders im Bewußtsein des Volkes – vorrangig auf die Jungfrau. Er wurde tatsächlich eher zu einer matriarchalischen als einer patriarchalischen Religion, also einer Religion, die sich mehr am femininen als am maskulinen Prinzip orientierte. Gott, der Vater, hörte auf, in der Vorstellung des Volkes zu dominieren, wie es vorher der Fall gewesen war. Jesus, dem Sohn, wurden immer mehr feminine Charaktereigenschaften zugeschrieben, wobei seine Sanftmut, seine Güte und Widerstandslosigkeit betont wurden. Die Jungfrau wurde zur Mittlerin zwischen Gott und dem Menschen, in vielerlei Hinsicht die Hüterin des gesamten westlichen Europas.

Die großen gotischen Kathedralen aus dieser Zeit wurden zu Tempeln und Palästen der Madonna. Zwischen 1170 und 1270 errichtete man allein in Frankreich nicht weniger als 80 Kathedralen und 500 Kirchen „Für Unsere Jungfrau". Ein Großteil dieser Gebäude entstand an Plätzen, die bereits aufgrund der Anwesenheit nicht nur einer Madonnenstatue, sondern einer Schwarzen Madonna als heilig verehrt wurden. Obwohl man keinen eindeutigen Beweis dafür erbringen kann, behaupten manche, daß alle größeren „Unserer Jungfrau" geweihten Kathedralen eigentlich an Stätten erbaut wurden, an denen man vorher eine Schwarze Madonna verehrt hatte.

Trotzdem scheint die römische Kirche, wie wir gesehen haben, bisweilen von den Statuen der Schwarzen Madonna eher peinlich berührt zu sein. Offiziell weigerte sie sich, einen Unterschied zwischen ihr und der häufigeren, hellhäutigen Madonna zu machen. Gleichzeitig wurden aber viele von ihnen weiß übertüncht oder, wie es bei der Schwarzen Madonna von Avioth der Fall war, fleischfarben angestrichen. Es gab auch ausgeklügelte Versuche, eine rationale Erklärung für das schwarze Aussehen der Statue zu finden. Einige dieser Erklärungen waren durchaus glaubwürdig. In einigen Fällen könnte sich das Holz durch Rauch und das hohe Alter schwarz gefärbt haben. In anderen Fällen könnte das Silber, von dem die Statuen häufig umgeben waren, auch oxydiert sein und so das Holz verfärbt haben. Trotzdem ist es eine unbestreitbare Tatsache, daß die meisten dieser Statuen ursprünglich aus Ebenholz – einem schwarzen Holz – oder aus schwarzem Stein gearbeitet wurden. Mit anderen Worten, es scheint, als ob die schwarze Farbe von Beginn an beabsichtigt war. Das wird anscheinend auch durch den Umstand bestätigt, daß schwarze Madonnenstatuen erst in relativ junger Zeit entstanden und mit Sicherheit bewußt schwarz gestaltet wurden wie die Schwarze Madonna bei Orval.

Es wird vermutet, daß die Verehrung Schwarzer Madonnen sich nie wirklich in Übereinstimmung mit dem geltenden katholischen Dogma befand. Eine Vielzahl der mit Schwarzen Madonnen verbundenen Glaubensbekenntnissen hat nicht nur dem Wesen nach und von der Herkunft her keine Verbindung zum Christentum – sie sind sogar eindeutig heidnisch. Viele schwarze Madonnenstatuen werden mit Sexualität, Fortpflanzung und Fruchtbarkeit assoziiert – wahrlich nicht die traditionell der Jungfrau Maria zugeschriebenen Eigenschaften. Die Schwarze Madonna von Montserrat wird bei Festlichkeiten sogar mit einem kreisförmigen orgiastischen Tanzritual geehrt, das eindeutig heidnischen Ursprungs ist. Andere Schwarze Madonnen, wie die von Chartres, werden mit der „Königin der Unterwelt" identifiziert.

> „VIELE DER URSPRÜNGLICH SCHWARZEN MADONNENSTATUEN SIND IM LAUF DER JAHRHUNDERTE ABSICHTLICH WEISS ÜBERTÜNCHT WORDEN."

DIE VERMEHRUNG DER JUNGFRAU MARIA

Maria, die Mutter Jesu, den sie vom Heiligen Geist empfing, spielt eine Schlüsselrolle in der römisch-katholischen Kirche. Aus ihrer Würde als „Gottesgebärerin" ergeben sich für sie alle Gnadenvorzüge, so wurde sie vor der Erbsünde bewahrt und auch dem Leib nach in den Himmel aufgenommen. Die Marienfeste reichen im Osten bis zu den Anfängen des Christentums zurück, im Westen wurden sie im 6./7. Jahrhundert übernommen.

Viele Forscher sind der Überzeugung, daß die Madonnenverehrung ihren Ursprung gar nicht im christlichen, sondern im heidnischen Glauben hat. Es gibt viele Interpretationsversuche, die den Ursprung der Verehrung der Schwarzen Madonnen auf heidnische Kulte zurückzuführen bemüht sind. So wird angenommen, daß der Mensch lange vor dem Erscheinen männlicher Götter einen weiblichen Schöpfer angebetet hat. Diese Göttin soll, da sie vor dem Mann erschien, eine Jungfrau gewesen sein. Der Zyklus der Geburt war von Geheimnissen umgeben. Da nicht jeder Geschlechtsverkehr

zur Zeugung führte, glaubte man, daß eine Geburt auch ohne diesen möglich war – beispielsweise, indem man einen Grashalm aß oder indem man sich gegen den Wind stellte. Allein die Göttin übte die Macht über den rätselhaften Zyklus von Fruchtbarkeit, Empfängnis und Geburt aus. Zu Beginn unserer Zeitrechnung wurde der Jungfrau Maria nicht mehr Verehrung entgegengebracht als anderen Heiligen auch. Um aber den Schock nach der Plünderung von Rom im Jahre 410 n. Chr. zu überwinden, wandte sich das frühe Christentum – so eine häufige These – Maria, der Mutter Christi, zu. Der Jungfrau Maria wurden Eigenschaften zugeschrieben, die vormals der Göttin zukamen. Beide wurden als „Königin des Himmels" und „Beschützerin" und „jungfräuliche Mutter" bezeichnet. Statt des christlichen Konzeptes der rein männlichen Dreifaltigkeit betonte die Kirche jetzt die Stellung Marias, das weibliche Prinzip. Die Ostkirchen stimmen mit der frühchristlichen Mariologie überein, nicht aber mit den späteren Dogmen.